高校英语教学与
教师信息化素养研究

叶　龙◎著

吉林出版集团股份有限公司

图书在版编目（CIP）数据

高校英语教学与教师信息化素养研究 / 叶龙著. --
长春 : 吉林出版集团股份有限公司, 2023.7
ISBN 978-7-5731-3987-0

Ⅰ. ①高… Ⅱ. ①叶… Ⅲ. ①英语－教学研究－高等学校②高等学校－英语－教师－师资培养－研究 Ⅳ. ①H319.3②G645.12

中国国家版本馆 CIP 数据核字（2023）第 142871 号

高校英语教学与教师信息化素养研究

GAOXIAO YINGYU JIAOXUE YU JIAOSHI XINXIHUA SUYANG YANJIU

著　　者　叶　龙
责任编辑　王　平
封面设计　林　吉
开　　本　787mm×1092mm　1/16
字　　数　225 千
印　　张　12.25
版　　次　2023 年 7 月第 1 版
印　　次　2023 年 7 月第 1 次印刷

出版发行　吉林出版集团股份有限公司
电　　话　总编办：010-63109269
　　　　　　发行部：010-63109269
印　　刷　廊坊市广阳区九洲印刷厂

ISBN 978-7-5731-3987-0　　定价：78.00 元

前　言

由于高校英语教学承担着培养语言基本功扎实、跨文化技能娴熟、国际视野宽广、中国情怀博大、专业基础宽厚、国际规范熟悉的国际化人才的使命，建设科学、完善的高校英语课程体系就成为实现这一目标的保障。针对教育部所启动的高校英语新一轮教学改革的要求，结合目前高校英语教学现状和已有资源，积极探索建设科学、综合、立体、有机的新型高校英语课程体系，以更好地满足社会的需求，符合学校的办学目标，对接院系的专业需要，助推学生的发展。

教育信息化是国内外教育发展的趋势之一。在过去 20 年，我国高校英语教学信息化历经三轮，即计算机作为英语教育的辅助手段、计算机与英语教育进行初步整合、信息技术与英语教育的深度融合。高职英语教学与信息化是互进互促的关系。一方面，推进教育信息化需要有课程来支撑。在高职人才培训方案中，英语课程的定位有公共必修课、公共选修深、专业基础课等，从教者和学习者众多。这些课程实施或推进信息化教学，覆盖面大，影响广。另一方面，高职英语教学肩负用人企业、教育主管部门、学校、家长、学生等多重期望，因此增强教学效能、提升育人价值是其长期以来追求的目标。高职英语教学通过信息化，有望实施“课程革命”，建成建全数字化、移动化、互动性强的教学资源，全面提升师生信息素养，教法学法在融合应用中创新发展。

由于笔者水平有限，书中难免存在疏漏和不妥之处，恳请广大读者、同行和专家批评指正。

目　录

第一章　高校英语教学概况

第一节　英语教学概述

高校英语教学是一种建立在一定的理论基础之上的科学性教学。但是，由于研究者的思想不同，对理论研究的侧重点不同，最终形成的理论对英语教学也会有不同的影响。本节从哲学理论、语言学理论和心理学理论三个方面，对现有的英语教学理论进行了概述和总结，以期对英语教学实践发挥理论指导作用。

一、英语教学的语言学理论基础

历史比较语言学主要研究和比较各种语言变化和发展的历史，比较各种语言的语音、词汇、语法形态结构的变化和发展历史，以便获得各种语言的相同和不同的构造语系。历史比较语言学研究认为，各种语言起源于一种始源语言。语言起源于原始人的喊叫，或对自然界声音的模仿，或始于身体各部位的动作，或对客观事物的象形。英国学者琼斯于 1786 年发表的论文认为拉丁语言、希腊语与梵语的词根和语法结构形态很相似，它们都源于同一始源语，并由此得出各种语言可以相互翻译的结论。由此，历史比较语言学就成了翻译法的理论基础，同时开创了语言学成为外语教育教学的理论基础的先河。为此，外语教学法的研究与教学也开始关注语言学理论对外语教学的指导意义，并力求从语言学理论中寻求外语教学的理论基础。

（一）知识与能力

知识是什么？能力是什么？这是一个当前外语教育界争论的热点问题。外语教育要把知识与能力的概念和含义辨认清楚。为此，首先必须加强对哲学、语言学（当然也包括心理学、教育学等）的语言知识观和语言运用能力观的理论关注，加深对知识观与能力观的历史发展变化特征的认识，吸收知识观与能力观新的理念，使传统与现代、历史与现实、理论与实践相辅相成和沟通融合。然后，回过头来反思、分析外语教育中知识与能力的问题和探索其未来的发展方向，就能看得更清楚、领悟得更透彻、体会得更深刻，就能更好地提升外语教育理论的科学性和实践的有效性。

任何事物，它的内部都包含本身独有的矛盾，这样就制造出一事物区别于其他事物的特殊本质。概念的内涵是反映其事物内部固有的特殊矛盾和区别于其他事物的特殊本质，是反映事物的本质特点。因此，明确事物的概念及其内涵，能提示它的本质特征和实质内涵。交际运用语言能力，是外语课程中最关键的术语和最核心的概念。以哲学和语言学为理论基础，认识语言知识与交际运用语言能力的概念及实质、内涵和潜藏的因素及其关系，就能直接作用和深刻影响外语教育的方向、性质、价值观、教育目标、教学内容、教学过程、教学策略方法和教学评价等。以哲学和语言学为理论基础，反思、辨别和论证语言知识与语言运用能力的概念、本质特征和潜藏因素及其来龙去脉，就显得特别重要。

（二）语言与言语

德国哲学家、语言学家洪像特曾在《语言结构的多样性》① 中指出，语言是人脑内在的一种结构，是说话者的智能部分，是大脑的一种创造性的能力。人们能运用有限的语言手段创造出无限的语言行为。他还提出语言的概念，认为语言是一种外显行为。著名的瑞士语言学家索绪尔强调语言在社会中的作用，语言在人类生活中的作用，人们是怎样运用语言和语言使用规律的。在他的学生根据他讲课内容整理的、号称“语言学领域哥白尼式革命”的语言学著作《普通语言学教程》② 一书中，索绪尔首先用法语区分了语言（langue）和言语（parole）这两个既不同又相对应的核心概念。语言学界对这种区分予以高度的评价，认为区分语言和言语两个相对应的术语，对语言学研究语言本质特征做出了重大的历史贡献。因为区分语言和言语这两个概念，是最能体现语言本质特征的。

1. 语言

语言等同于语言体系。作为代代相传的一种体系，语言包含语音、词汇、语法结构规则，是一种潜在于人的头脑中（或语言社团中）共有的一种抽象的和稳定的体系，是内在于大脑中的一种语法系统或一套普遍规则。因此，语言具有社会性的特征，它决定每个人听、说、读、写的具体形式。

2. 言语

言语是指语言运用，是指语言“运用”的范畴，是人们说出和听到的话，是人们写出和理解的内容。言语是人们说话表达内容时的内在心智符号和心理生理机制相组合的外化结果。也可以说，言语是语句的产出、表达和运用。言语就是运用语言或语

① 张帆．我国高校英语教师的文化教学观念与教学实践研究 [J]. 佳木斯职业学院学报，2023, 39(5):3.

② 郁莹珺，钟炳伟．智慧教室环境下地方高校教师信息化教学能力提升研究 [J]. 进展：科学视界，2023(1):3.

言运用，是表现出来的具体内容。它反映讲话人的特点，并与具体的情境或环境、语境和情意紧密相连。因此，常因时因地而无限动态地变化。

相对于语言来说，言语具有具体性和变化性等特点。语言和言语既有区别，又有联系。语言是言语的形式，它有三个要素：语音、词汇和语法；言语是语言表达的内容，是听到和说出的话语，是运用语言表情达意。这是语言与言语的区别特征，但语言与言语又是紧密联系的两个方面。言语，是一个言语社团说出的话和内容；语言，是从言语中归纳出来的结构形式。一个言语社团说出话的总和，就是该言语社团的语言。

（三）语言结构与实际话语

美国描写主义语言学和结构主义语言学的代表人物，有博厄斯及其学生萨丕尔。他们对美洲印第安人百余种土著语言的描写，开创了描写语言学和结构语言学的先河。布龙菲尔德出版的《语言学》[①]，标志着结构主义语言学的诞生。20 世纪 30 年代初至 50 年代末，它成为世界上占统治地位的语言学流派。布龙菲尔德完全赞同索绪尔把语言区分为语言和言语两个方面的观点，并根据这一观点，把语言区分成语言结构和实际话语两个因素。

1. 语言结构

语言结构的特征对社团来说都是一样的，是语音、语法范畴和词汇等组成的一个严格系统。语言系统是一个语音、词汇、语法习惯的稳定结构，是一个语言社团可能说出的话的总和。

2. 实际话语

实际话语（言语）的特征是语言系统未固定的方面，各方面各不相同，而且在系统的特征上都是因时因地和因具体情境无限变化的。实际上，布龙菲尔德描述习惯的、稳定的和严格的语言结构系统与实际话语的区别特点，与索绪尔的语言与言语的内涵完全一致。

（四）语言和言语行为

奥斯汀把说出的语句分成三种言语行为。一是说出语句行为，主要是指用语言组成的声音，构成符合语法的句子或用表达某些事物意义的综合体来完成的行为。二是用语言做事行为，是指在特定的语境中、特定的条件下，抱有特定的意向说出语句来完成的行为。三是用语言取效行为，主要是指用语句完成事件并取得效果的行为。塞尔在此基础上又补充了第四种行为：命题行为。他认为，用语言做事包含命题和言外之意。词面、句面意义和言外之间，是紧密联系的。所以，说出语句时，四

① 任志芬，邓新侦 . 地方高校英语师范专业教师教学能力发展研究 [J]. 外国语文，2023, 39(2):9.

种行为——说出语句行为、用语言做事行为、命题行为和用语言取效行为，是同时实现的。

塞尔根据用语言做事行为四个条件（或四条标准），进一步对用语言做事行为进行分类。这四条标准，一是基本条件，即说出语句的意向（目的）；二是真诚条件，即呈现出的心态；三是先决条件，即合适的方向，语句与世界的关系；四是命题条件，即命题。他还根据这四条标准把用语言做事行为分成五类：

（1）断言行为：指描述世界上的状况或事件的言语行为，诸如 assertion、state、affirm、deny、report、conclude 等。

This is a Chinese car.

（2）指示行为：指具有使听话者做某些事的功能的言语行为，诸如 suggestion、order、request、command、demand、ask、insist

Why don' t you close the window? (suggestion)

（3）承诺行为：指说话者将承担做某些小的吉语行为，诸如 promise、swear、threat、guarantee、offer、pledge 等。

PH take you to the movies tomorrow. (promise)

（4）表达行为：指说话者表达对某事的情感和态度的言语行为，诸如 thank、apologize、congratulate、complain、 welcome、deplore 等。

Thank you for help. （thank)

（5）宣告行为：指改变某事状况的言语行为，诸如 name、define、declare、resign、nominate 等。

I now pronounce you man and wife. (declare)

奥斯汀和塞尔提倡的言语行为，在语言教学和教学大纲设计中常被用作语言功能。

索绪尔、奥斯汀和塞尔对语言和言语区分的观点基本相似。他们都把言语看作说话，是语言运用，是听、说、读、写运用语言，仅仅是后者把说话进一步看作言语行为，用语言做事的行为。

（五）语言行为潜能和实际语言行为

以捷克语言学家马泰休斯、波兰社会人类学家马林诺斯基、英国语言学家弗斯及其学生韩礼德为代表的英国社会语言学派。该学派即功能语言学派，把语言看作社会现象，是人类生活的一种方式，是人们社会活动的有机组成部分。由此，他们跳出了语言形式研究的局限性。

韩礼德根据言语行为理论，进一步发展研究语言功能理论。正如韩礼德所说：“语言学……应关注……言语行为或文本，只要通过使用语言，即所有的语言功能的研究，那么所有意义部分就凸显成为中心。”①言语行为是用语言做事，语言功能是指有意义地使用语言，也指用语言做事。语言功能实际上就是言语行为。韩礼德描述，儿童学习使用母语时的七个基本语言运用功能如下：

（1）工具功能：用语言取物。

（2）调节功能：用语言控制他人的行为。

（3）互动功能：用语言与他人互动。

（4）个人功能：用语言表达情意。

（5）启示功能：用语言学习和发现。

（6）想象功能：用语言创造一个想象的世界。

（7）陈述功能：用语言交流信息。

韩礼德选用语言行为潜能和实际语言行为两个概念来替代索绪尔的语言与言语和乔姆斯基的语言能力与语言运用的概念。三人在言语问题上的观点基本上是一致的。他们都认为，言语是说话者实际说出的话。韩礼德对语言问题则有自己独特的看法。他认为，语言不是一种“知识”方式。语言是一种“做事”的方式，是说话者在语言和文化上选择的范制，即言语行为、能做的事。语言是说话者“能做”的事，言语是说话者“实际做”的事。言语要得体，要根据特定的时间、地点、人物、怎么说、说什么话。人们可通过语境变化、交际文体差异、交际双方的社会身份和关系来预见学生用语言做事。

（六）语言与交际能力

英国社会语言家海姆斯基于言语行为理论和功能语言学理论——语言功能是言语行为，是用语言做事的观点，对比区别乔姆斯基的“语言能力”后，首先确定了的是交际能力的概念。海姆斯认为，一个获得交际能力的人，必须获得语言知识和使用语言的能力。

海姆斯和威德森等认为，语言是为了交际，作为语言知识的语言能力则是交际能力的一个组成部分。一个获得交际能力的人，他必须既获得语言知识又获得使用语言的能力。他运用掌握的语言知识，造出了适合语法的句子，还运用掌握的语言规则非常得体地使用语言。因此，如果不懂使用规则，只是单纯地掌握语法规则，也是没有用的。交际能力的四个特征表现如下：

（1）能分辨并造出适合语法的句子。

（2）能判断语言形式环境并在其中得体地使用语言。

（3）能在实际的语言环境中非常恰当地使用语言。

① 沈洁，任玮．高职专业教师信息化教学能力四维培养模式与评价体系研究 [J]. 工业技术与职业教育，2023, 21(2):4.

（4）能清楚语言是实际交往中常用的和受限定的。

海姆斯提出交际能力实际上包含了语言知识和语言运用两个方面，并规范了它的可接受性、可行性、适合性和实用性的四个特征（或四个标准）。由于定义交际能力不存在一个具体客观的标准，因此海姆斯的交际能力的四个特征并未达到公认的权威性和科学性，也未能为社会语言学家、功能语言理论提倡者所一致接受。

《牛津语言学词典》中对交际能力是这样定义的："一个说话者在一个社团中支配熟练地运用语言规则和惯例等的整套知识。这是 20 世纪 60 年代后期，海姆斯用以区别乔姆斯基把能力概念限制在语法知识范围内。"

根据这个交际能力的定义，对比包括海姆斯在内的语言学家和语言教学法家所赋予交际能力的特征可以清楚地看出如果把个别人的策略能力剔除在外，那么上述各家的特征基本上都包含在这条定义规定的范畴之内，而海姆斯和理查兹等人提出的四个特征，也更趋同于该交际能力的定义。因此，交际能力主要蕴含语言知识和语言运用两大因素：

（1）语言知识即语言能力，是指语言的语音、词汇、语法结构和使用语言规则的知识，以及用语言做事的功能等的知识。

（2）语言运用即社会语言能力和语用能力，是指运用语言实现交际功能的能力。

（七）知与行

1991 年 4 月美国总统签署的《美国 2000：教育战略》、2002 年 1 月 8 日美国国会通过的《不让一个孩子掉队法》，以及 1996 年颁布、1999 年修订公布的《迎接 21 世纪外语学习标准》中多次明确提出外语教育的目标："要求学生完成知道什么和能做什么事的任务"。这与威德森提出的知和做两个概念是完全一致的。威德森说得非常简练和清晰，语言学习包含两个方面：知和做或行。知是反映知道语言知识，即语音、词汇、语法等语言结构的知识。做或行是指用语言做事，即言语、语言运用能力、言语行为、交际的能力和交际运用语言能力。其实，美国外语学习中知与行概念和功能的区分，恰恰又回归到我国优良传统、博大精深的知行统一、学问思辨行的好学、文化、教育的理念之中。

二、英语教学的心理学理论基础

（一）主要的心理学理论

心理学原属哲学范畴，直到 19 世纪下半叶，它才脱离哲学成为一门独立的学科。在短短的一百多年时间里，心理学获得迅速发展。从心理学成为独立学科起，它就对课程与教学产生越来越重要的影响，并成为外语教育、课程和教学的主要理论基础。

回顾外语教育、课程与教学的历史，它们的变换、更替、发展和创新无不打上心理学理论的烙印。先后对外语课程产生影响的心理学理论有官能心理学、联想主义心理学、行为主义心理学、认知心理学、人本主义心理学等。

1. 官能心理学

官能心理学起源于古希腊的灵魂官能说和笛卡儿的心灵实体论的哲学观。它在一定程度上影响了欧洲文艺复兴时期的拉丁语外语教育、课程与教学。17—19世纪，西方学校教育以官能心理学为理论基础，始终把拉丁语、希腊语、阿拉伯语等古典语言作为训练心灵的最佳学科。

官能心理学的创始人是沃尔夫。他认为人的心灵可划分为不同的官能，它们是可以单独加以训练发展的。而繁杂的古典语言拉丁语的文法是训练学生记忆能力和促进逻辑思维能力的理想材料，通过讲解、操练语法规则，阅读、翻译课文和原著可以达到发展学生智慧的目的。外语课程翻译结构形态及后来教育中流行的形式训练说，都是在官能心理学的理论基础上发展起来的。

2. 联想主义心理学

在心理学史上，英国哲学家洛克第一个提出了“联想”这个概念。早期的联想主义认为，人类是通过经验获得知识和观念的，学习是由观念联想构成的。

桑代克是用动物进行实验研究的代表人物之一，他用迷津状态下的猫进行了动物学习的实验，揭示了动物式学习的过程。在他看来，人与动物的学习方式无异，都是刺激和反应联结的加强，无须意识参与，不过人类的学习方式可能要复杂些。他根据实验的结果，提出了准备律、效果律、练习律等学习定律。直接法主张外语的词语与实物、行动之间建立联想关系，这与联想主义心理学相关。外语课程中的直接和情境结构形态的联结也深受联想主义心理学的影响。他们的代表人物斯威特认为，语言的整个学习过程是形成联想的过程。帕默也认为语言学习是形成习惯和自动化的过程。

苏联的巴甫洛夫用狗做了经典条件反射作用的实验。实验结果认为，条件反射是在非条件反射型础上形成的暂时神经联系，使动物适应生活环境的变化，如果暂时神经联系获得进一步巩固，就会形成动力定型，养成自动化的习惯。晚年他还创建了两种信号系统学说:第一信号系统学说(以具体事物为条件刺激)和第二信号系统学说(以词语为条件刺激)，引起动物条件反射。两种信号系统学说认为，词语第二信号系统与具体实物第一信号系统一样都能引起动物条件反射。外语自觉对比法依靠本族语的原则就是建立在已有的母语第二信号系统的理论基础之上的。

3. 行为主义心理学

行为主义心理学是20世纪上半叶在北美乃至世界各地占统治地位的心理学流派。华生是行为主义心理学的奠基人，他把行为而不是意识当作研究的客观对象，否定人的意识作用，认为人的学习行为，包括情绪反应，是“刺激、反应、联结”的结果。

行为主义心理学在20世纪20年代有了新的发展，其中有影响的代表人物是托尔曼、赫尔、奥斯古德等。他们认为在刺激与反应之间存在着中介变量，而以斯金纳为代表的新行为主义影响最大，他用白鼠和斯金纳箱做实验，除了证明经典条件作用应答性的行为学习之外，他还首创了操作性条件作用的原理，而操作性条件作用模式则又是可用来解释基于操作性行为的学习行为。他称此为“强化类条件作用”，并用公式表示：刺激（S）反应（R）—强化（R）。在他看来，言语行为同非言语行为一样，也是由一连串S-R联结和获得强化而形成的习惯行为。

联想和刺激、反应、强化是学习和记忆的基础，它们是听说法的理论基础。听说法认为，外语学习是形成一个习惯的过程，而习惯是通过刺激（S）—反应（R）—强化（R）来形成和巩固的。

4. 认知心理学

美国的乔姆斯基提出的理性主义猛烈抨击了语言学习经验主义的行为主义理论。他创立的转换生成语法理论认为，语言是受规则系统支配的语言，人类的绝大多数语言运用不是行为模仿，而是从隐含着的抽象规则中创造出新的句子，句子不是模仿和重复所得的，而是由学习者的语言能力（内在的语言知识结构）转换而成的。与此同时，认知心理学反对刺激、反应二元说，认为在刺激和反应之间还存在有机体的思维活动（S—O—R），强调人的心理认识过程。皮亚杰的新旧知识同化成新的结构S-（AT）—R理论，个体同化（A）于认知结构（T）之中的观点；布鲁纳的掌握知识的基本结构观点和发现法；奥苏贝尔的有意义学习等，都成了外语课程认知结构形态、交际结构形态和教学法体系的认知心理学的基础理论。

5. 人本主义心理学

人本主义心理学的创始人是马斯洛和罗杰斯。此理论产生于20世纪60年代的美国。人本主义心理学是当时盛行的行为主义心理学派和精神分析学派这两股思潮相对抗的结果。由于它不同于两股心理学思潮，所以称“第三思潮”或“第三力量”。它认为行为主义是机械的，忽视人的情感反应，而弗洛伊德心理学则过分强调人的无意识情绪，怀疑个人动机。与这两股思潮相反，马斯洛强调人的主观活动，第一次把“自我实现”和“人的潜能”引入心理学。以人本主义心理学为基础的教育是以“人的能力的发展”为目的，期盼把人培养成自由的人，达到实现自我价值的目标。这意味着人格的其他部分发展成长与智力发展同等重要。这样的人才是知情合一的人，是完整的人。学生是作为完整的人而存在的。人本主义心理学强调认知与情志的统一，形成自我实现的人格。由此可见，学校教育要以学生的发展为中心，强调学生的实践，防止抑制学生学习中的身体活动、认知能力和语言活动，并且发扬学生之间、师生之间的探究合作，发展良好的人际关系，营造一种宽松的心理氛围。这些学说无疑给传统的教育思想带来了极大的冲击，也向教师提出了严峻的挑战。

人本主义心理学的思想影响了 20 世纪 70 年代的外语教育，先后出现了一系列外语课程结构形态，如社团学习、沉默、暗示、全身反应、自然和合作学习结构形态和方法体系等。

（二）心理学的知识观对英语课程与教学的作用

知识问题是教育的基本问题，也是现代心理学讨论研究的基本问题。什么是知识？知识有哪些类型？学习者怎样获得知以？对这些问题的认识直接影响着学校教育的课程形态、教学特点、学习方式和评价方式。笔者从现代心理学知识点的角度，探讨其对我国英语课程与教学的作用和影响。

1. 心理学的知识观

我国教育对知识的定义是从哲学认识论的角度来进行描述的："所谓知识，就它反映的内容而言，是客观事物的属性与联系的反映，是客观世界在人脑中的主观印象。就它反映的活动形式而看，有时表现为主体对事物的感性知觉或表象，属于感性知识；有时表现为关于事物的概念或规律，属于理性知识。"知识是"对事物属性与联系的认识，表现为对事物的知觉、表象、概念、法则等心理形式"。

认知心理学（信息加工心理学）、心理语言学则是使用信息加工理论来定义知识的。知识是"个体通过与其环境相互作用后获得的信息及其组织，被储存于个体内，即为个体的知识；通过书籍或其他媒介储存于个体外，即为人类的知识"。[①] 它与传统知识观从哲学认识论角度研究知识不同，认知心理学、心理语言学侧重研究的是个体习得的知识的性质、类型及获得的过程与条件。它不仅研究知识如何被储存和提取，还研究知识如何被应用。认知心理学区分了认知领域的知识，即复述性知识、流程性知识及方法性知识。

复述性知识是个人能够提取线索，能直接复述信息来回答"是什么、为什么、怎么样"的问题，可以用语言来表达和传递，如英语单词的意思，现在进行时的概念、构成形式、意义和用法等。

流程性知识也称智慧技能，是指个人在无意识的情况下来提取线索，所以它的存在只能借助某种形式间接推测而形成知识。如能用动词的适当形式完成句子、概括课文主旨等都表明该学生具备了相应的程序性知识。

方法性知识也称认知策略，是一种特殊类型的程序性知识，主要用于调控自身认知过程，以提高学习效率。如为了记忆一个英语单词，学生可运用联想、构词法、同义、

① 梁春兰.新形势下的地方高校外语教师能力素养研究：现状，挑战与对策[J].海外英语，2023(3):3.

反义、组同等不同的策略。

我国教育知识观中的知识相当于认知心理学中的一种陈述性知识，主要是核心的事实和概念，只涉及知识的储存和提取，是一种记忆性知识，而技能与能力又是单列的。

2. 心理学知识观对英语课程与教学的影响

（1）心理学的知识分类与英语课程的目标框架。

在英语学科中，课程的目标体系不仅需要体现学科特点，还需要反映课程改革的总体指导思想。

其实，课程不仅要关注认知领域（陈述性知识和程序性知识），夯实知识与技能双基，还需要将目光投向交际运用语言能力（也属于程序性知识）、人的思想情感和伦理道德品质、信念，甚至需要关注智力、个性发展，跨文化知识与能力和自学能力的培养，旨在体现学生全面发展的价值取向。外语课程的建设、发展和实施的目的在于恢复英语学科本身的多元价值，拓展与深化英语学科的教育功能，使学生在发展英语素养的同时发展智慧能力、情感意志、思想文化、自学能力，以及形成积极有效学习、辩证思维和正确思想观念。这不但体现了语言学科工具性和人文性的学科性质，还反映了学生全面发展的素质要求。

（2）英语教科书中的知识类型与教师对教科书的理解和使用程度。

由于教科书自身固有的话语体系和话语方式，教科书内容比较容易呈现出陈述性知识，而在提示程序性知识方面有一定的局限性。传统教科书受“学科中心”和“教科书中心”思想的束缚，过分强调英语学科的知识体系（语法、结构等）或陈述性知识。而改革开放以来，新的英语教学大纲、课程标准、英语教科书试图通过一些言语活动和语言活动的设计来提示教师，为陈述性知识向程序性知识的转化提供了多种可能。但是，教科书的编写也存在一定的“拿来主义”现象。另外，教科书只是教师进行教学的工具和辅助材料，教科书中的活动或练习未必都能适合教师自己的英语教育教学情境，不假思索地照本宣科，不但达不到两类知识的转化目标，还可能因知识缺失而挫伤学生学习的积极性。如若教师心中只有交际能力和跨文化交际能力，那么使用教科书就会忽视夯实双基，其结果会导致学生只关注英语知识，或只重视发展跨文化交际能力，却忽视了英语素养和人的全面发展。

（3）英语教学要重视知识类型之间的转化。

人们一般认为，教师在教学中起主导作用，这个“导”主要是指引导。从现代心理学和心理语言学的信息加工理论知识观的角度，教师主“导”主要体现在教师引导学生掌握陈述性知识、程序性知识、策略性知识及各类知识之间的相互转化过程上。

在英语教学中，过去人们只重视语音、语法、词汇等语言知识的教学，教师偏重演绎式的讲解和传授，学生机械地死记硬背，结果学生记了一大堆的语言知识却不知怎样应用。学生的技能（听、说、读、写）学习也是畸形发展、残缺不全，听、说训练完全被忽视，造成了普遍性的“聋子”和“哑巴”现象。即便最受重视的“读”，也只停留于字面意义的理解，缺少思维的深层意义和文化含义的深度挖掘，而对于阅读技能和策略的学习则更是少有问津。至于“写”，则是不到应考冲刺阶段不“现身”，原因是担心其挤占原本有限的知识教学时间。当然，造成这种现象的原因是十分复杂的，但从心理学的知识观看，这反映了对陈述性知识的过分重视，而对程序性知识的片面理解和对策略性知识的漠视。

21 世纪以来，轰轰烈烈的英语课程与教学改革的钟摆又摇向另一极端，在二语习得“用中学、做中学”“在交际中培养交际能力”的影响下，强调培养学生交际能力、跨文化交际能力和外语思维能力，却淡化了语法知识，忽视语音、词汇、语法知识的学习和操练，结果学生在使用中出现大量的语言知识性错误，又未及时纠正。另外，缺少或缺失语言扎实的双基基础，学生的用、做也变得畸形，交际能力或跨文化交际能力也难以呈现。

（4）英语教师要重视知识转化。

针对我国英语教学中的问题，教师需在促进学生知识转化问题上有所作为。

第一，从陈述性知识向程序性知识转化。在陈述性知识如何向程序性知识转化的问题上，关键是陈述性知识的程序化问题。安得森曾对“程序化”问题做过阐述。这一过程的核心是陈述性知识的技能化或能力化、程序化或自动化；在英语学科中，必要的语言知识是学生形成语言运用能力的基础，但仅掌握语言知识是不够的，它必须经过大量的练习和运用才能使其程序化，才能转化为语言技能和交际运用语言的能力（程序性知识）。以英语现在进行时的教学为例，如果学生掌握了进行时的概念和构成形式，但在实际交际情境中却不知其意思，也不能理解和运用，这就说明它缺乏一个程序化的过程。教师必须增加变式的练习，随着练习的增加，陈述性知识就能转化为程序性知识，最终形成自动化的交际技能，这时，学生就不用死记硬背那些语言知识，也能初步进行交际了。

第二，从流程性知识向复述性知识转化。语言学习不仅能从陈述性知识转化为程序性知识，还可以反向运行，即在使用程序性知识过程中加深对概念的理解，获得新的陈述性知识，实现程序性知识向陈述性知识的转化。为此，在交际过程中教师可以明示某些陈述性知识，让学生通过有意识的重构，将程序性知识转化为陈述性知识。如果没有这一步，很多学生可能在交际中流利表达，却漏洞百出，长此以往，就会导致语言的“石化现象”。为防止这一现象发生，约翰逊也提出程序性知识必须“陈述化”，如目前中小学使用的教科书大多先行培养学生的听、说能力，教师须在学生掌握了一定的程序性知识后使陈述性知识明晰化，才能让学生对学过的知识重新认识，以提升他们的语言意识，防止出现“课上兴高采烈，考场黯然神伤”的现象。当然，掌握陈述性知识不是教学的终极目标，学生在理解知识、结构和概念后，还可以进一步在创设的或真实的交际情境中广泛应用，以达到对语言形式的自动化运用。因此，知识转化不一定是复述性知识向流程性知识的单向运行，也可以是两种知识的双向转化。从陈述性知识向程序性知识转化和从程序性知识向陈述性知识转化代表了两种不同的学习路径，它们本质上无优劣之分，更多的是互为补充。选用何种路径受到各种因素的影响，理想的学习效果是两者并用。

第三，程序性知识和策略性知识之间的转化。策略是一种特殊的、技巧性的程序性知识。如学生在运用知识进行听、说、读、写过程中，都会有意或无意地使用一定的技巧性策略，这种策略实际上就是一种关于如何有效交际的程序性知识。学生学习英语不仅要从陈述性知识（语言知识）向程序性知识（听、说、读、写）转化，也要学会从一般的程序性知识向策略性知识转化，以提高运用语言的效率。如在英语阅读中，学生针对不同的阅读目的和任务采取不同的阅读策略，为了了解文章大意进行浏览阅读，为捕捉具体信息而采用跳读策略，对生词也可实施多种猜词策略。一方面，教师要在学生掌握一定语言知识的基础上，逐步培养学生的阅读能力。通过大量阅读练习，学生能获得阅读的策略性知识，从而实现程序性知识向策略性知识的转化。另一方面，教师可有意识地训练学生的这种策略意识，以提高学生运用语言（程序性知识）的能力和效率。

另外一种策略虽然不涉及学生的认知过程，却对学生学习起着自我管理和自我监控的作用，那就是元认知策略；它在一般意义上回答了如何更有效地学习和思维，对自己的学习过程进行调控。如明确自己的学习目标、制订学习计划以把握学习机会、反思经验与不足、总结有效的学习方法和进行自我评价，等等。

总之，策略性知识不仅可以帮助学生提高学习的效率，让学生学得轻松、学得高效，还有利于学生进一步了解自己、管理自己，使学生最终成为具有较强自学能力的自主学习者。

综上所述，从现代心理学和心理语言学知识观的视角看英语课程与教学，不仅有利于识别英语课程、教科书、教学中不同的知识类型，还使教师认识到不同知识类型之间的连续性及其相互之间的转化，从而使教师更加辩证地看待英语教学中的知识、技能和能力之间的关系问题。

（三）默会知识和外语课程与教学

1. 默会知识论

（1）明确知识和默会知识。

1958年，英国科学家和哲学家波兰尼在《人的研究》①一书中明确区分了“明确知识”和“默会知识”：“人类有两种知识。通常所说的知识是用书面文字或地图、数学公式来表述的，这只是知识的一种形式。还有一种知识是不能系统表述的，例如我们有关自己行为的某种知识。如果我们将前一种知识称为明确知识的话，那么我们就可以将后一种知识称为默会知识。”②

明确知识是能够通过语言、文字或符号等方式表达出来的知识，其他类型的知识则为默会知识。默会知识是一种不能明言的知识，它“只能意会，不可言传”。人们在日常生活中都能感觉到它的存在。从数量上看，它甚至超过明确知识。相比默会知识，明确知识犹如冰山一角，而大量的默会知识则隐藏在冰山底部。

波兰尼不仅强调默会知识的存在，还强调默会知识的优先性。心灵的默会能力在人类认识的各个层次上都起着主导性的作用。任何通过语言和其他符号呈现的明确知识都依赖默会知识的存在，都必须有默会知识的支撑，人类的认知过程本质上是默会的。无论是明确知识还是默会知识，都是物质世界和现实社会生活在人的意识观念中的反映。因此，在外语课程与教学中教师要关注明确知识，更要重视默会知识。

（2）默会知识具有个体性特征。

默会知识还具有个体性特征。波兰尼的默会知识论强调认识和认识主体的不可分割性，反对“没有认识主体的认识论”，反对人的“淡出”。默会知识是一种个人知识。在明确知识学习过程中，对知识获得起作用的是默会知识。学习者接受明确知识的程度或结果取决于本人能否用自己的默会能力赋予名言、符号以意义，取决于本人能否充分发挥主观能动性和创造性，而且不同学习者凭借各自的默会知识，主观能动性和创造性对同样的知识会赋予不同的理解。很难想象，没有个体默会的“协同性因素”，这种理解能得以产生。

作为一种不能明言的知识，默会知识具有一系列与明确知识不同的特征，主要有五个：非逻辑性、非公共性、非批判性、情境性和文化性。

2. 默会知识论对英语课程与教学的启示

传统教育过于注重学习书本知识或明确知识，教学就是教师传递书本知识和发展技能、能力的过程。学校教育的一切如教育目的、内容、过程、方法、评价都围绕着课本知识进行。默会知识似乎不是真正意义上的“知识，也不是有价值的知识。由于

① 张艳红．信息技术与高校英语课堂融合的教学实践研究 [J]. 现代英语，2023(3):4.
② 张晓燕．高职英语信息化教学现状与改善路径分析 [J]. 陕西教育：高教版，2023(2):3.

其获得的偶然性和随意性及不同于明确知识的传播途径，它不易为学校教育所重视和支持。默会知识在传统教育中没有合法地位，学校教育从根本上忽视默会知识的存在及其作用。波兰尼提出的默会知识论，为研究教育问题提供了一种新思维。他让人们认识到，学校教育中不仅存在着大量的明确知识，还存在着大量的默会知识。“从类型上看，既存在着教师的默会知识，也存在着学生的默会知识；既存在着有关具体的教学内容的默会知识，又存在着有关教授和学习行为的默会知识，还存在着有关师生交往和学生之间交往的默会知识；既存在着与语言知识学习有关的默会知识，又存在着与社会知识学习、自然知识学习等有关的默会知识；既存在着与教学过程有关的默会知识，又存在着与教学空间有关的默会知识，如此等等，不可计数。”默会知识论的价值不仅在于它区分了两种不同类型的知识，更在于它论证了人类认知过程的默会本质，由此拓展了人们对知识的复杂性的认识，从而改变了知识只有以明言方式传递才是合理的看法。

如果说波兰尼从认识论的角度论证了默会知识，而心理学家则通过心理学实验和分析证实了内隐学习的存在。有关默会知识（隐性知识）的研究已经明确无疑地显示，人类可以在无意识努力的情况下学习知识，并且这种学习似乎大有潜力。这一研究结果激发了人们的想象，激励并挑战教育工作者将理论运用于学校教育的实践，其应用的前景十分广阔。

语言学习是一个反复实践的过程，仅靠明确知识的学习不足以达到运用语言进行人际交流的目的。学习者必须依赖默会知识理解明确知识，并且通过大量的语言实践发展默会认知的能力。从默会知识论角度看待英语教学，可得到如下启示：

（1）关注学生的默会知识，凸显学生个体的主体性。

传统的教学只重视明确知识的传递过程，教师把自己定为知识“传递者”的角色，将学生视为“无知”的知识接受体，学生个体的默会知识完全被忽视。应该认识到，学习者来到课堂不仅带来了眼睛、耳朵和嘴巴，还带来了各自的默会知识。他们身上存在着一系列影响个体学习知识的个体协同性因素，包括个体经验、情感、判断、评价、想象、理智、激情、信仰或者困惑、责任、良心等。尽管这些知识的存在是隐性的、不明确的或不完善的，但对于学习者的学习具有支撑作用。教师不仅要认识到这种默会知识的存在，还要发现和研究它们。

教师教学时必须将学生不能明言的默会知识纳入考虑范围。教科书呈现的一般都是明确知识，学生依赖自己的默会知识对教科书内容进行各自独特的理解、阐释、综合和运用。默会知识具有个体性特征，学习者接受明确知识传授的结果取决于本人能否用自己的默会能力赋予明言符号以意义。学生是学习认知的主体，因此，教师在研究教科书内容、结构及教学方法的同时，必须考虑：学生已经掌握了哪些明确知识?

学生在相应问题上可能存在哪些默会知识和默会的认识模式？学生由于生活背景、学习经验和文化背景的差异，其英语学习的默会知识和默会认识也有所不同，如何帮助学生显现默会知识和默会的认识模式，并对它们进行检验、反思、修正和利用？如教师在引导学生阅读篇章时，应对学生具备的知识有所估测。教师不仅要善于调动和利用学生的默会知识对文章中的知识、内容和结构进行理解，还要引导学生进行合理的猜测、推理和判断。当学生因文化背景不同导致其默会知识干扰了他们的正确理解时，教师也要给予一定的修正。总之，教师要善于挖掘和利用学生的默会知识，使深藏于冰山之下的默会知识对学习明确知识发挥积极的作用。

（2）提供大量“理解性输入”，促进语言学习和习得。

克拉申曾经提出“输入假设”，认为学习者提供大量“理解性输入”有助于语言习得。他区分了语言“习得”和“学习”两个概念，认为习得是在非正规教学（自然环境）中无意识地获得语言能力的过程，而学习是在正式教学中有意识地学习语言规则的过程。尽管克拉申提出的学习是习得之果，而非习得之因，学习不能导致习得的观点过于片面，但在自然情景中无意间习得有助于在正式情境中的有意识学习。因此，自然的语言输入就显得十分重要。如果从默会知识论的角度来看，习得强调默会获得语言能力的过程，学习则是明确知识的接受过程，而且明确知识的接受也必须以默会知识为基础。克拉申十分强调语言输入（听和读）对语言习得的重要性，承认语言学习有一个“沉默期”，当输入进行到一定时候，学习者就可以自动地输出（表达）了。由此笔者认为，他相信学习者用默会的认识方式来习得语言的运用能力，而学习者学习语言知识（明确知识）也必须借助他们的默会知识。不难看出，语言习得说也十分同意并强调默会知识。

“理解性输入”是指稍超出学生现有水平的语言输入，克拉申曾用“i+1”加以说明：“i”指的是学习者目前的语言水平，“i+1”则是学习者按习得顺序紧随其后的阶段，即稍超出目前水平的阶段。学生凭借一定的情境和语境、超语言信息以及有关世界的知识使理解得以产生，从而使学生从“i”阶段过渡到“i+1”阶段。这种看起来自然的理解过程正说明了学生默会知识的存在和重要作用。因此教师在课堂教学情境中应为学生提供足量自然的可理解性语言输入，让他们充分调用自己的默会知识，促进学生的内隐（默会）学习过程。默会知识本质上是一种理解力。因此，与传统的语言知识的灌输相比，让学生接受大量的语言输入以促进其默会学习的方式变得更为自动、自然，从某种意义上说也更为有效。

（3）为教学内容提供更多情境支持，提高学生的理解力。

无论在语言习得前阶段，还是在语言表述阶段，默会知识都具有极大的影响作用。儿童以惊人的速度习得母语来实现人际交流与应对外部信息和事件，这可归结于儿童默会的力量。当学习者在母语环境中学习外语或第二语言时，由于缺乏足够的默会知识的支持，他们也就不能像运用母语那样自如地运用外语。

默会知识的作用启示人们，即使学生在语言学习初期，也不必先进行明确的语法知识教学，而应当通过提供适当的语言情境，促使学生运用默会的方式学习语言技能和习得语言运用能力。情境以整体的方式作用于人，人通过对情境的直觉把握和领悟，从而理解语言、运用语言。教科书中的知识多为明确知识，而明确知识的讲授必须根植于学生默会的理解之中。由于默会知识具有情境依附性特征，教师必须针对教科书内容设置丰富多样的情境，让情境自动地唤醒默会知识，促使学习者默会地理解语言和语言运用的规则，为教学内容提供情境支持的本质目的是提高学生的理解和运用能力。

同时应认识到，无论承认与否，默会知识都在教育教学活动中自发地产生影响。它对明确知识的影响既可能是正面的，也可能是负面的。我国学生学习英语的最终目的是能进行跨文化交际和沟通思想情感，而跨文化交际的障碍不仅来源于显性的社会规则，也来源于隐性的社会规则。人们的交际行为都受到那根植于社会文化传统潜规则的支配。因此，教师设置情境也要考虑到默会的社会、人文知识体系，使学生的默会知识体系得到检查、修正或应用，克服其对教学过程的消极影响。

（4）重新看待英语学习过程中活动和语感的价值。

在我国，英语是作为一门外语来进行教学的。当发现有的学习者十分熟练地运用英语，他能自如地运用却又不知道为何能够如此运用时，习惯上称他具有良好的“语感”。语感究竟为何物？其实，我们可将语感视为对语言的默会认知能力，是对语言的直觉把握和领悟。那么，学习者如何获得这种默会能力呢？

明确知识一般是通过正规的教育教学传播，为人共享，而默会知识的获得则主要通过经验来获得，即实践途径。这是波兰尼及其他研究者的共识。因此，教师不能忽视默会知识的存在。教育教学既要强调实践能促进明确知识，又要重视默会知识对明确知识的推动作用。英语教学也如此，既要加强教科书中的练习或课堂中的语言活动、操练语言技能，巩固语言知识，也应重视默会知识对理解和交际运用英语能力的促进作用。如今英语教学界比以往任何时候都重视活动或语感，但除了巩固语言知识、操练语言技能、交际运用语言能力以外，很少有人想到它有别的价值，这都是明确知识观在起作用。如果从默会知识的角度来看，活动或语感不仅能唤起学习者已有的默会知识和默会认知模式，帮助他们完成任务，还能通过人与人的交流和互动，检查、显现和修正各自的默会知识和默会认知模式，更为重要的是，活动过程中生成和发展了除明确知识以外的默会知识，激发学生的内障学习过程，这一过程实际上也是形成语感的过程。不但如此，这种默会的认知过程已经超出了语言学习的“语感”范畴，还拓展到与问题情境相关的默会认识模式以及情感、态度、信念和价值观念等。

第二节　高校英语教学改革历程与现状

一、中国现当代高校英语课程的演进

现代英语教学大体分为四个阶段：第一阶段是 1949 年至 1985 年的起步与摸索阶段，这一阶段的主要特点是高校英语教学的教科书、教学方法、教学要求等内容均尚不明确；第二阶段是 1985 年至 1999 年的规范与发展阶段，这一阶段的主要特点是高校英语教学在国家教委的统领下，走向规范、秩序发展，制定并实施了全国统一的教学大纲，编写了高质量的教科书，探索了新的教学方法；第三阶段是 1999 年至 2002 年的调整与改革阶段，这一阶段的主要特点是高校英语教学为了适应学生日益提高的英语水平和社会需求，探索新的教学目标、教学任务；第四阶段是 2002 年至今的提高与深化阶段，这一阶段的主要特点是高校英语教学走向多元化、自主化的发展模式。

下面我们就每个阶段进行详细的介绍与总结，以展示中国现当代高校英语教学的发展过程。

（一）高校英语教学的起源与探索阶段

1949 年中华人民共和国成立后，我国当时的高等外语教学工作重心在俄语教学上。到 1952 年院系调整时，全国仅剩北京大学、南京大学、复旦大学、武汉大学等八所院校开设英语系。一直到 1956 年制订第二个五年规划时，中央才发现 1952 年的院系调整过度减少了英语教学的覆盖率，其结果不利于吸收发达国家的科学技术和发展同西方发达国家的友谊，于是同年颁布草案决定扩大英语教学的覆盖率：高中英语课教学面扩大、高等院校（特别是综合院校和师范院校）英语专业陆续恢复和增设，高校英语教学秩序也得到恢复。同年，上海交通大学凌渭民教授编写的供理工科学生使用的英语教科书《英语》也获得出版。

1978 年改革开放政策的实施，英语受到了越来越多的重视，高校英语教学工作走上正轨，教育部于 1980 年制定了第一个统一的高等院校教学大纲——《高等学校理工科公共英语教学大纲》。该大纲“首次以政府文件的形式确定了英语在高校教育中的地位，结束了公共英语教学各自为营的无组织状态，提出了国家对高校公共英语课教学的统一要求”。该大纲在实施过程中遇到了诸多困难，且教学对象仅限于理工科本科生，于是国家教委于 1985 年和 1986 年又先后颁布了文理工科用《高校英语教学大纲》，进一步规范高校英语教学。自此，我国的高校英语教学进入了一个有文件指导和约束的稳步发展时期。

（二）高校英语教学的规范与发展阶段

统一的教学大纲（特别是1986年颁布的《高校英语教学文理科大纲》）公布以后，我国高校英语教学有了明确的奋斗目标（岑建君，1997），开始走上了有纲可依的规范化发展道路。以教学大纲为依据，陆续出现了《高校英语》（文理科本科用）（1986年上海外语教育出版社）、《新英语教程》外1987年清华大学出版社）、《大学核心英语》（1987年高等教育出版社）等符合我国英语教学实际的教科书，并在实践中不断改编、修订，逐步受到了国内高校教师及学生的青睐，成为我国此阶段英语发展的主要教科书。

为了检测高等院校学生对英语基本技能的掌握情况，国家教委于1987年开始实施全国高校英语考试。该考试分为两个等级，达到一般要求的为四级（CET4），达到较高要求的为六级（CET6）。作为一种大规模、标准化测试，CET不仅是对我国高校英语教学成果的一种检验，更对我国高校英语教学具有指导作用。通过标准化测试，教师不仅可以发现院校之间、院系之间、学生之间的不同情形，从而分类指导，还可以发现学生对英语的掌握情况，以便为英语教学与大纲的制定提供参考。事实证明，高校英语四、六级考试不仅对高校英语教学有着深远影响，在社会上也很受重视，被用人单位作为衡量大学毕业生素质的一个主要指标，得到了社会的普遍认同。从这些方面来说，高校英语四、六级考试的设立是非常成功的。受教学秩序的稳定、师资水平的稳步提高和英语教学的稳定发展等因素的影响，高等学校新生的英语水平较1985年和1986年教学大纲制定初期有了明显提高；随着改革开放的深入，社会对大学毕业生英语能力的需求量也有了较大提高。

（三）高校英语教学的调整与改革阶段

随着高校英语教学的发展，原有的教学大纲已不适合时代发展的需求。一方面，随着教学秩序的恢复、教学制度的完善、教育环境的稳定，我国小学、初中和高中的教育都获得了较大发展，英语更是获得了前所未有的重视，部分发达地区和大城市甚至从幼儿园或小学三年级开设英语课（蔡基刚，2005），社会办学的英语辅导班、兴趣班也迅速发展，其结果之一便是大学新生的英语水平较以往有很大提升，原有的教学大纲已不再适合新入学的大学本科生。另一方面，随着改革开放的深入和我国加入世界贸易组织，社会上对外语人才的需求急速增长，对应届大学毕业生的外语应用能力也提出了更高的要求，原有教学大纲已远远落后于时代需求。

鉴于此，国家教委高教司从1996年5月起，在广泛的、多层次的社会需求调程的基础上，吸取了专家、学者、一线教师的意见后，于1999年将原来的理工科教学大纲、文理科教学大纲合二为一，制定了统一的《高校英语教学大纲》（修订本），这是“教学大纲的一大进步”。1999 年颁布的修订本教学大纲强调学生的交际能力，并在继续强调阅读能力的同时，注重听、说、读、写、译的全面发展。在修订本教学大纲的指导下，一批内容全新的、理念先进的、体系完整的教科书逐步出版发行，比较具有代表性的是复旦大学和上海交通大学联合编写的《21 世纪高校英语》、浙江大学编写的《新编高校英语》、上海外语教育出版社的《高校英语》（全新版）和外语教学与研究出版社的《新视野高校英语》。这些教科书内容新颖、设计合理、时代感强、配套练习详尽，并配有多媒体课件及自学辅导书，受到了高校英语教师和学生的广泛好评。

与此同时，为了适应时代需求，高校英语四、六级考试自 1999 年 5 月起开始加入口语测试，以期全面提高学生的英语运用能力。口语考试的推行，使四、六级考试进入一个相对完善的新阶段；四、六级考试可以对学生的听、说、读、写、译等各项技能进行全面的鉴定，这在很大程度上推动了高校英语教学改革的进行。

需要指出的是，1999 年制定的针对全体非英语专业本科生的《高校英语教学大纲》（修订本），虽然认识到了听、说、写的重要性，但仍将阅读放在英语教学的第一位，“只看到了被动输入，没有看到主动输出的巨大作用”。陈国华甚至指出：“长期以来，我国的英语教育费时低效，一个重要原因就是重阅读而轻其他。”他还认为这是大纲落后于时代的“一个主要表现”。而且，这份教学大纲“受应试教学的影响，忽视听、说能力的培养，即使安排听、说课也是以备考为目的的听力训练，结果养成学生打勾画线、猜答案的思维习惯，这极不利于培养真实环境下的口头交际能力”。这也就是为什么在新大纲颁布后的第三个年头（2002 年），教育部就果断决定启动新一轮高校英语教学改革。

（四）高校英语教学的提高与深化阶段

在新媒体时代背景下，仅仅按照传统的教学方式教学已经不能适应当前的教育，因此，高校教师应充分重视对英语教学的改革与创新，充分利用新媒体的特性来有效弥补传统教学方式的不足。在实际的英语教学过程中，教师应该结合学生的实际情况制定有效的教学策略，注重教学手段以及教学内容的创新，全面提高学生的英语学习兴趣。通过利用新媒体技术手段，在原始教学模式的基础上进行创新，教师可以借助多媒体来为学生创造有利的教学情景，促使学生更好地融入教学环节中，提高英语课堂教学的效率。除此之外，教师利用多媒体进行教学，可以全方位拓展学生的思维，并提供给学生更多独立思考的机会，通过开展小组讨论活动，加强学生之间的互动与交流，同时为学生创造良好的学习环境，使他们能够充分体会到新媒体教学带来的乐趣，将注意力转移到英语学习中去。

英语是高校新生所必修的一门科目，尤其是针对英语专业的学生而言，英语学习水平直接关乎其日后的就业，因此，高校领导以及教师应该全面加强对英语教学的重视，如何才能更好地激发学生英语学习的积极性是高校英语教师共同面临的问题之一，新媒体的出现为解决这一问题提供了有利的条件，在新生刚进入大学校园时，高校可以充分借助新媒体工具来宣传英语在整个大学教学中的重要性，引导学生形成正确的英语学习观念，让大学生能够清楚地了解到英语学习的益处。新媒体背景下高校在开展英语课程时，应充分利用多媒体工具进行特色网络课件的研发，并利用移动互联网来加强与学生之间的互动。在研发的过程中，教师可以鼓励学生积极踊跃地参与其中，并提出自己的意见。这样有利于激发学生对英语学习的兴趣，提高学生主动参与的积极性。在课下，教师还可以组织各种各样的英语竞赛活动，并利用网络平台进行投票，通过这种方式来提高学生的参与度，同时还能够促进英语教学的有效推广。

以往，高校英语教学中所用到的教学方式向来都是传统的灌输式教学，整个课堂教学基本上都是教师在台上讲解，整个教学过程过于机械化，缺乏趣味性，从而导致学生逐渐失去对英语的学习兴趣，而且这种方式并不能够实现教师与学生之间以及学生与学生之间的有效沟通，使英语教学效果不理想。但是，自新媒体时代到来后，新媒体已经逐渐成为高校教学中的重要教学工具，进一步拓宽了学生获取知识的渠道，极大地丰富了英语学习内容。在新媒体时代背景下，教师应该及时转变自身的教学观念，英语教学的改革与创新需要重视实践教学环节。对此，高校可以采用主动式实训教学方式进行教学，这种方式更加侧重实践教学环节，有效弥补了传统教学中重理论、轻实践的问题。开展主动式实训教学不但有利于实现理论教学与实践教学的有效衔接，同时还有利于提升学生的综合运用能力，充分发挥出英语学习的效用，对改善当前的英语教学质量起到一定的促进作用。

二、高校英语教学改革的现状

（一）实施教学存在误区

具体而言，现行高校英语教学有忽视培养学生读、写能力的倾向。新一轮教学改革为广大英语教师提供了多媒体、网络等教学形式，教学大纲也着重发展学生的听、说能力，因此，部分高校英语教师在英语教学过程中有弱化学生读、写能力培养的倾向。正如王守仁指出的那样：“高校英语的教学对象是非英语专业学生，无论是在校学习还是毕业后在工作岗位上，大部分人接触英语的主要方式是阅读。为了适应信息社会的发展需要，同时为交际打下扎实的基础，应增加英语语言知识的输入，逐步加大学生的阅读量，拓展阅读的广度和深度。”[①] 因此，强调培养学生的听、说能力，并不意味着弱化读、写能力的培养，此外，新一轮高校英语教学改革的另一误区与语法能力的培养有关。

由于受交际教学法的影响，部分高校英语教师认为“语言教学的目的在于交际，学生只要能够达意，语言教学的任务也就完成了，对语言的准确性没有较高的要求”。而事实证明，语言的准确性和流利性是同等重要的，在培养学生交际能力的同时，应该采取交际语法教学法。另外，现行高校英语教学改革也存在过度依赖多媒体、网络等先进技术的趋势。毋庸置疑，多媒体、网络等现代教育技术为高校英语教学提供了样式新颖、材料多样、内容全面的教学手段，并已经在大学外语教学中取得了明显的效果，对高校英语教学改革和人才培养做出了积极的贡献。但教师仍需要发挥课堂教学在外语学习中的作用，切忌多媒体教学新模式一哄而上。

（二）教学过程呈机械化倾向

所谓机械化训练的倾向，主要是指用机械训练代替教学中应实现的丰富的教学任务。其主要表现在三个方面：

1. 英语教学过程不重视主动学习

传统教育观视教学过程为教师单向传授知识的过程。如今，教学过程是教与学统一的过程，这个情况已经众所周知。这是因为人们逐渐认识到教学具有教师向学生传递教学内容，并使学生掌握的本质特征。但是，这个过程并不是传统所理解的将知识直接灌输给学生，学生直接拿来就可以。学生必须积极主动地学习，独立思考、独立研究，真正地学会独立学习。当然，这并不意味着教师在教学中处于被动应答的地位。教学过程既不仅仅是教授的过程，也不仅仅是学习的过程，它是教师与学生交互作用的统一的过程。教与学的关系是相互缠绕、彼此依赖、相互构成的关系。

但在实践中，我们经常可以发现两种情况：

第一种情况是教师在课堂上常常将英语知识以词、句、篇的方式简单直接呈现给学生。部分有兴趣的学生能够记忆式地接受教师给予的知识，进行记忆式学习，积累一定的语言点，教与学的过程在浅层次上进行，缺乏深层次的思索与对话。而无兴趣的学生并未受到教学活动的激发，也就未真正发生学习行为。这种情况的课堂教学活动只是局部性教学活动。

第二种情况是教师很注重学生口语能力的提升。35~40 分钟的课堂教学中，教师从一开始便设定一个个问题，让学生口头交流回答，自己基本不做指导。表面上看这样的课堂活跃了，学生敢于开口了，深究下去便会发现学生的英语交流只是原有英语

① 刘艳奋 . 基于信息化的高职英语课堂生态教学的探讨 [J]. 2023.DOI:10.3969/J.ISSN. 1672-7274.2022.11.048.

口语能力的简单输出，只是其之前学习状态的呈现，教师并未在学生语言输出的基础上，给予一定量的语言输入去提升和丰富学生的英语能力。那么，这样的学习并不是真正意义上的英语学习，只不过是英语口语技能的熟练化而已。这两种情况的共同特征是学生并未或不可能成为主动学习者。

2. 英语教学活动中教育意义的欠缺

英语教学的中心目标是丰富学生的英语语言知识和形成英语技能，使学生具备参与英语活动所需要的知识、技能和能力。但是，英语教学过程不只有此一项任务，它同时是教育过程。在英语教学传授该学科知识与技能的同时，应该使学生增长该学科特有的见识，对世界、对社会的基本判断力，并对人生形成基本价值观和态度。这些是学科教学中共有的教育性目标，英语教学也不例外，英语教学中教育性目标的达成并不是附着于英语知识与技能的教学或引申出来的，而是在教学活动开展的过程中孕育、渗透和养成的。也就是说，学生在教学中采用什么方式进行学习将会深深地影响他们的态度与性格，如果学生只是被动地接受教师所给予的东西，或是机械地模仿、死背教师灌输的东西，往往会养成盲从及屈从的态度与性格。与此相反，唤起学生积极的探究精神，引导他们逐步依靠自己的力量来解决学习课题、发现知识，就会养成学生独立地、创造性地、友善地实现目标的态度与性格，形成锲而不舍的顽强意志与人格。

当前英语教学中认知性目标与教育性目标的分离状态很普遍，其中一种情况是无视教育性目标，以英语知识和技能为目标，让学生在模仿中学习，在重复性操练中熟练化，认为只要学生掌握了相关英语知识与技能，考试成绩好便可以了。令教师很苦恼的是，在课堂教学中如果对学生进行思想品德教育，教学进度就会落后，自己的教学目标就无法完成。这类教师大多认为，教学中的教育就是利用课堂教学时间讲一些思想品德教育或结合形势的道理。

无论是删除还是添加教育性目标的做法，都不是真正意义上的教学中的教育。它所传授的学科内容及内在的教育价值的开发融于学习活动本身，才会产生教育的效果，这才是教学中的教育。

3. 语言知识掌握过程中弱化理解与思维

在英语教学中，英语知识的掌握是发展听、说、读、写的英语技能和形成文化意识的基本前提，因而受到教师们的充分重视。但是，在什么意义上把握知识的概念，许多教师并不清楚。所谓英语知识不仅包含相关的事实与现象，还包含英语的特质、相互间的关系和语言规则。因此，教师在教授英语知识时就不能将之仅作为信息来掌握，还要使学生能够在语言关系和规则的意义上进行把握，并将其转化为自身的理解与能力，能够在生活中灵活运用，如此就要求英语知识的教学与学生认识过程达成统一。当然，由于对学习英语的学生而言，英语知识具有间接性和人为性，学生在掌握的过程中就不可能像学习自然科学知识那样要经过科学探究的过程，而是要在英语材料的归纳与发现中，通过比较、分析、抽象和综合形成对英语知识的深层次把握。在英语教学中，学习知识过程与学生认识过程是统一的，这要求学生能够主动地学习，尤其是思维的真正激活。

目前，提倡学生在英语学习中提高主动性已成共识，课堂教学也有了诸多变革，比如在英语课上注意结合生活情境，并提出一些开放性的问题让学生问答，或是给学生提供开展小组活动的时间与空间。这些都反映教师在教学中努力把书本知识与现实生活相联系，尽可能地让学生主动参与学习活动的改革意识，这无疑是一种变化，但是，这些努力只是激发学生主动参与知识形成过程的第一步，而对于如何在激活学生思维的过程中让学生体验发现的喜悦，让学生相互间在思维与经验的碰撞中形成新经验与新认识，往往关注不够。

（三）研究视角存在局限性

英语教学如何结合学生英语学习的特点与潜能设定教学目标？如何结合学生英语学习的困难进行有效的转化？如何认识与把握不同年级学生学习任务与能力间的相关性，以便更有效地使英语教学真正成为学生主动、健康成长的育人资源？凡此种种，不逐一列举。

我国英语教学改革的思路基本还是在英语语言文化的框架内进行思考，对各年级英语教学的起点、问题、转换机制等缺乏实践性的认识，对各年级学生英语学习的特点、问题及其实现机制缺乏过程性认识，对各类型的英语教学目标、任务、过程逻辑与方法等也缺乏本土化的认识。

就整体与部分的关系而言，教师需要贴近生命成长的状态进行思考与实践，既要从生命成长过程整体审视某一年龄段学生的成长使命，也要从生命成长中整体审视某一学科教学对其特殊的价值与意义，更要从生命与教育实践真实的动态关系整体把脉教学的起点与最近发展区。

第三节 高校英语教学的发展趋势

每个人都出生于一定的社会和文化环境，比如家庭、社团、社会阶级、语言和宗教等，而且最终将建立起许多社会联系。一个孩子所处的社会环境状况，将影响他的思考和行为方式。个人如何对这些影响做出反应，或者说哪一种影响的效果最大，通常难以预料，但无法否认的是语言和交际是人类经验的核心。

一、三维关系中定位英语教学的当代使命

（一）我国当前社会背景下英语教学的时代使命

对当前我国时代发展与社会转型所内含的精神而言，可能一大串的列表也未必能够详尽描述这个时代精神特征的不同层面与不同维度，但有三个特征明显成为当代人或未来较长时段内人的生存事实，这三个特征可概括为：全球化、自主化与多元化。

1. 全球化

由于科技发展，人际空间距离逐渐缩小，密度加大；经济活动逐渐突破国界而走向“地球村”。21 世纪的社会是一个交流范围不断加大的社会，不同国家与民族之间不仅有竞争的关系，也存在相互依赖的关系。有些学者称这种社会为融合型的国际社会。而融合人的黏合剂则是外语教学，这种国际大交往的时代格局，便成为我国当代外语教学目的确立的基本时代背景。外语教学在 21 世纪的使命之一便是促进各国间的友好合作，既是为了弘扬我国优秀的文化传统，让中国文化走向世界，也是为了通过外语学习，更好地汲取外来文化，丰富我们自身。

2. 自主化

出生在 20 世纪 70 年代以前的人，对比这 40 多年来中国社会生活的变化，都会承认中国人正处在由原先那种一旦做出最初选择，一切便都有安排的社会，向着一个人们不得不为自己命运承担责任的社会转变，这种转变至今仍在继续：一元价值观向多元价值观演变，个人与单位间的身份关系越来越走向松散，进一步的变化所产生的结果是社会给人生存的空间度和自由度在日益加大，我们终于可以自己来编写人生大剧的脚本，而不用再去扮演别人为自己安排的角色；每个人都面临着这样一种机会或是挑战——自我塑造甚至重塑自我。人生并非已完全由生物遗传或神灵在命中注定，你可以使自己的人生成为一部杰作。所有这一切都说明，一个呼唤人的自主性的时代到来了。

3. 多元化

当今社会是一个多元文化并存与相互冲突的社会，传统文化与现代文化、中国文化与异域文化、主流文化与非主流文化竞相对学生的发展产生影响。学生如何面对不同的生存样式，同时又不迷失自己便成了一个两难的问题。能否处理好这种关系，则与他的多元文化素养有直接关系。为此，一个国家的教育应当致力于培养学生掌握不同的语言并了解他国的文化，以促使其养成在当代和未来多元文化社会成功生存与交际的能力。在学校课程中，能够承载这一教育使命的除了其他人文社科类学科外，外语教学显然也是不可缺少的学科。学生应当在学习外语的过程中掌握异域文化并形成

语言交际的能力，这也是当代外语教学的主要宗旨之一。

由雅克·德洛尔任主席的国际21世纪教育委员会1996年向联合国教科文组织提交的报告《教育——财富蕴藏其中》中，在回顾人类联合生活的冲突状况后指出，21世纪的教育在解决人类冲突方面的使命就是"教学生懂得人类的多样性，同时还要教他们认识地球上的所有人之间具有相似性，又是相互依存的。因此，从幼儿开始，学校就应抓住各种机会来进行这一双重教育。某些学科特别适合进行这种教育：从基础教育开始教授人文地理，晚些时候教授外语和外国文学"。

现在，我国处在时代发展和社会转型背景下，多元文化问题不再只是理论命题，更是一个现实问题。如何培养未来新人在适应多元生存环境的同时不至于迷失自我，不但是政府、学术界关注和思考的问题，更成为学校教育的基本使命之一。当前状况下，我国高校英语教学承担起培养学生的多元文化生存素养的时代使命。提高学生适应多元文化为背景的社会交际能力是时代的要求，英语课程是为此而提供的一种重要学习资源。英语课程改革必须关注并培养学生适应现代社会所要求的英语能力，为学生提供丰富的语言交际的机会，帮助他们掌握恰当的交际方式，促进思维发展，为他们进一步认识世界、适应社会打下良好的基础。

（二）语言与文化视角中英语教学的文化使命

一直以来，外语教学的关注重心一般是学生对外语的语言形式的学习，基本不顾及语言内容的价值，从而将语言形式与语言文化内容割裂开来。尤其在语法大纲主导的年代，许多教师严格按照语法大纲所组织的教科书进行教学，很少注意开发外语教学内容对于学生的养成性价值。比如听说法强调听与说，倡导通过刺激—反应、对话记忆、语法训练和口语技能等方面的学习。学生说外语其实只是重复教师的语言、背诵对话或进行各类机械训练。学习者也很少处在意义化的、情境性的语言输入环境中学习，没有将记忆性材料转化为自然语境中交际的机会。20世纪60年代，外语教学界倡导认知法，开始关注促进较有意义的语言运用与创造，但这种方法关注较多的是语法机械训练，学生仍然很少有时间在真实的语境中运用外语。

20世纪70年代，外语教学界掀起了交际语言教学法，开始关注学生的学习需要和交际的性质。

这一外语教学法很快风靡世界很多国家，逐步改变外语教学观，人们意识到外语不仅是语言学科，还是一门关于文化的学科，通过这门学科的教学应有效增加学生的文化知识，扩大学生的视野，重新将语言内容的学习放置到外语教学中。比如美国在1996年的《外语学习课程标准》中指出，外语语言文化学习的文化价值在于它可以使人们与不同文化背景下的人们进行有效沟通；学生能够走出自己文化的域限，开阔眼界；可培养学生认识自身语言和文化的洞察力；可促使学生能够更好地在对比中认清自己，理解其他文化中的人们，以及彼此间的紧密联系；有助于学生将来能够较充分地融入地球村和市场建设的行动；外语语言和文化的学习也是学生充实已有文化容量的直接途径之一。目前，我国也正处于多元文化的社会背景之下，培养学生健康、正确的文化意识与观念便成为当前各门学科教学不可回避的共同任务，英语教学作为了解异国文化的重要载体更具独特价值。

（三）青年成长中英语教学的育人使命

英语教学变革最终要落实到人的发展价值。目前，人们越来越深刻地认识到语言对人的精神发展的价值。其中，语言与思维的关系更是一直被关注的重心。

著名语言学家洪堡特指出："每一种语言都包含一种独特的世界观……每一种语言都在它所隶属的民族周围设下一道藩篱，一个人只有跨越另一种语言的藩篱进入内部，才有可能摆脱母语藩篱的约束。"① 因此，学习一门外语不仅是掌握一种工具、学习一项技能，更是接触和了解一种思维方式与思维习惯。具体地说，英语语言重逻辑形式思维、重个体思维的偏向，是一种典型的形态型、形足型语言，明显不同于汉语这种语义型、音足型语言。这就使得英语学习中的形合手段远远多于汉语，并使其语法呈现出显著的显性和刚性特征。显性首先表现在词类的标志上相当多的单词从词形上就能够判断其词义，如有 -ment、-ily、-alion、-er、-or、-ness 后缀的一般是名词，有 -ful、-al、-lve 后缀的一般是形容词，有 -en、-ify、-lze 后缀的一般是动词，有 -ly 后缀的一般是副词等。显性还表现在名词有数和格的变化，代词有性、数、格、人称的变化等。英语语法的刚性表现在"该有的一个也不能少"。也就是说，形态上要求的，一般必须遵守；形式上要求有的东西，通常也不能少，特别是虚词的使用。这些思维方式上的不同，一方面说明英语学习能够丰富学生的思维方式，另一方面说明英语教学能够注意引导学生通过掌握英语规则进行学习，也有助于学生思维水平的提升和英语学习效率的提高。

英语课程在培养学生素质方面的任务也日益受到我国的重视。比如我国《英语课程标准》指出："英语教学应该与其他学科教育共同努力，促进学生素质的全面发展，提高学生的人文素养，增强实践能力和创新能力。"② 当前高校英语教学所致力于回答的核心问题之一，就是将育人价值落实到不同年级、具体英语教学内容以及不同教学任务之中。

① 高莉莉 . 信息化教学环境下的高职英语分层教学实践研究 [J]. 海外英语 , 2023(1):4.
② 李晶 . 信息化元素在高校英语智慧课堂构建中的应用探究 [J]. 海外英语 , 2023(5):3.

二、当代英语教学的育人价值观

随着英语教学改革的发展，我国对英语教学目标及育人价值的认识一步步走向完善，并逐渐与国际接轨：从单纯的关注语言知识的学习，到语言知识与语言技能并重，最后到关注语言的技能掌握及语言综合素养对学生的发展价值，随着21世纪我国新一轮新课改的推进，英语课程改革也与整个课程的基本精神保持一致，站在学生发展的视野，突破了语言观对英语教学的影响。所有这些，都是我国近二三十年来英语界的巨大进步，丰富了人们的认识，在此基础上，结合实践探索，形成了当代英语教学的育人价值观。

（一）语言知识的教学价值

在以往语法大纲为主导的思路下，语言知识通常被理解为语音、词汇、语法等内容，但随着英语功能型大纲的推行，语言知识通常被理解为包括语音、词汇、语法、功能和话题等内容，尤其是功能和话题的加入，使得英语知识的社会性语言功能和意义功能得到重视，但过于突出话题和功能的意义，使其淡化或弱化了语音规则、词汇规则和语法规则对中国学生学习英语的价值。当代高校英语教学一方面认同语言知识的内涵应包括功能与话题，但认为对中国学生学习英语这门外语而言，引导学生注重发现英语语音、词汇和语法规则的特点，对于学生高效、规范地学习英语的价值同样不可忽视。胡春洞教授的基本观点："从语言学层次上看，有语言和言语两方面。前者包括语音、语法、语义、语用、句型和词汇，后者包括听、说、读、写和话语及功能。前者是社会普遍性的，后者具有个人特殊性；前者是构成语言能力的要素，后者则是语言的表现；前者规律性强，后者变异性强。在英语学习中言语要重视，语言也要兼顾，不要把两者对立起来。现在有一种偏激主张，认为只要学习功能项目和句型就行，用不着学习语法，其实英语语法本身就是功能和句型的进一步概括，是规律的总和。所谓交际功能只不过是基本语法功能的演化，而不是另起炉灶，现流行的所谓交际能力，同样是语言能力的发展，而不是平地起楼台。学英语应该学习语法，只是不要死抠语法，不要在语法概念和语法分析上纠缠不休。学习语法，主要是掌握词、句、文和话语的结构特点和规律，各种结构的关系和转换，以及一定的结构所具有的意义和功能，或一定的意义和功能所对应的结构。这样学习语法，就是用活动的方法学习活的语法。语言的其他方面，如语音和词汇的学习也应该采用活动的方法学习活动的语音与词汇，不死抠孤立的单音，不死记孤立的单词。这样的学习，就是以语言学习为手段，而且以言语学习为目的。"

具体说来，笔者认为语言知识教学的育人价值体现在以下几点：首先，重视学生主动构建知识、发现知识规律的过程。为此，凡是学生能够做到的，教师都不要插手，教师的作用是创设一定的环境，引导学生发现语言的内在规律，进行创造性的学习与运用。教学要具有挑战性，否则难以激起学生的学习兴趣。

其次，注重课堂教学中主要话题贯通全过程，语言内容与语言形式在教学推进中的统一，实现英语教学过程的意义化与言语化的内在统一，避免传统上只顾语言形式的机械学习而忽视语言意义，或是只注重语言内容而忽视语言形式，从而使英语教学上形成自然常识课或思想品德课的弊端。

再次，知识教学过程遵循理解、记忆和运用语言规律的顺序，呈现多次、递进、螺旋式上升的教学过程，使学生认知水平的发展体现出相应的层次性、逻辑性和递进性。

最后，提倡发现式学习，在开放性教学过程中，激发学生在主动探索中发现和掌握英语的语言规则，并能举一反三地在生活中运用。

（二）语言技能性教学（主要包括听、说、读、写）的育人价值

听、说、读、写对于中国学生言语技能的培养具有同等重要的价值，不应该忽视甚至简单抛弃读与写对于中国学生掌握英语的重要作用。因为中国学生接触汉字往往比英语晚，而中国的汉字是音足型，学生掌握汉字往往习惯于首先从字形上进行视觉理解与记忆；如果教学只强调通过听、说进行音形理解与记忆，那么，非但不能发挥学生原有的学习原型优势，还不符合中国儿童的记忆策略，学习效果会大大降低。平时，一些教师会发现，有的孩子能够讲得出较为流利的口头英语，但几乎无法进行同等水平的书而阅读，其原因之一便与教师忽视读、写技能的培养有关。

基于这种认识，当代高校英语教学改革观念具体理解如下：“听”与“读”是接受性学习，但未必是被动式学习；“说”与“写”是输出性学习，也未必是主动式学习，这取决于学生在学习过程中的状态。具体处理方式如下：

1. 听的教学

强调学生在教学过程中从多个层面把握语言材料：听懂关键词，掌握主要内容与情节，抓住中心思想。目的是培养学生在听的过程中形成捕捉、根据上下文猜测具体语言意义、关键信息的能力，以及根据情节整体推论语言思想的能力。

2. 说的教学

注重学生能够根据所学词汇、句型、语法和文章内容规范灵活地表达意义，以实现语言学习内化与外化的双向结合。

3. 读的教学

包括有声读与默读，精读与泛读，读词、读句与读篇等，不同读的类型任务也会不同。教师在阅读课教学中关注的是学生能够学会通过查词典自主掌握文章中的生僻

字词汇，或是根据上下文猜测词义，或是能够寻找主题句，形成快速掌握文章大意和中心思想的能力等。

4. 写的教学

不是为写而写，而是强调学生通过“写”掌握拼写、标点符号与大小写等基本写作知识；运用已学词汇与词组，培养逻辑思维，学会用英语组织段落与表达主题的能力。

（三）学习能力的养成价值

在英语教学改革中，教师在培养学生英语知识和技能的同时，还强调培养学生的英语学习能力。知识是能力的基础，能力是知识的运用与进一步发展的基础。两者既在学生成长中有不同的价值，又相辅相成。

在能力培养方面，许多人受交际法的影响，认为主要是培养学生外语交际能力。笔者以为这种认识仍停留在将语言作为交际工具的认识层面，而从学生作为一个终生的、整体的、主动发展的人的角度看，学生的思维能力、自主学习能力以及合作学习的能力更具有根本性。具体如下：

1. 培养学生思维能力，尤其是创造性思维能力

这是当代高校英语课堂教学价值追求的特色。在英语教学中让学生主动健康地发展，关键在于能否激活学生的思维。从观察、分析与实践中深切感受到，在英语教学中忽视发展学生思维能力的现象普遍存在，却未能引起学校领导和广大师生的注意。它表现在英语课堂教学中学生大量的学习活动是模仿、记忆和机械操练，较少注重提倡学生主动、积极的思维能力和提问能力的培养。甚至当学生在语言练习中根据已学知识灵活使用一个确切的同义词时，教师也不会给予肯定，而是要求学生改用教师规定的词汇表达意义；教学过程中只强调将语言点在规定的课时内教完，较少让学生思考如何总结学习和使用外语的规律，探索与创造适合学生自己的学习策略和方法。在改革教学方法时，有的教师为了活跃课堂气氛而采用一些外在刺激如奖品等方式取悦学生，未能真正激活和发展学生的思维。有的教师通过关注教学过程的逻辑性和层次性着力培养学生思维能力，这向培养学生的创造性思维迈出了第一步，逻辑思维是基础性的思维，然而批判性思维和创造性思维是具有原创性的思维能力，也是变革时代要求新人具备的重要思维能力。因此，如何在英语教学中培养学生的创造性思维能力成为“新基础教育”英语教学的主要价值追求之一。

有些人认为在英语教学中培养学生的创造性思维是不可能的，他们以为所谓创造性思维就是指要学生创造英语本身，这自然是不可能的。所谓“创造性思维能力的培养”，主要是指在教学过程中创造一定的教学条件，激发学生在学习过程中进行联想、想象或猜想，进行创造性学习，而这些方面正是学生创造性思维发展的具体展开过程。

比如在英语教学的导入环节，教师一般先出示一个带有想象空间的图画或给出一个开放性的问题，目的就是为了激活学生的想象思维和已学知识；在教学进行过程中，教师就即将开展的下一个教学环节的话题，事先以问题的形式提出来，让学生充分展开讨论，对教学话题的随后情节进行大胆的发散性猜测。这样，学生努力调动主动词汇进行表达练习，又使创造性思维能力在不知不觉中得到了培养与提升，同时还让学生之间因不同答案而相互启发，带动了生生互动。

当然，主张在英语课堂教学中培养学生的思维能力，并不是将之与英语学习中的模仿和机械操练完全地对立起来。模仿和机械操练也是必要的，对于激发学生兴趣和活跃课堂气氛也是必不可少的，但如果不鼓励学生多思考和自己探索英语学习规律与策略，不从发展学生思维能力的深度考虑学生的兴趣和课堂氛围，学生就会变成只会回答教师提问的“机器人”，语言操练将不能达到既定的教学目标，学生对外语学习的兴趣也不会持久。

2. 培养学生在理解学习策略基础上的自主学习能力

目前，全国课程标准中没有专门将自主学习能力提出来作为培养目标的，只是将学习策略列为英语教学的培养目标之一，并列出了学习策略四个方面的内涵：认知策略、调控策略、交际策略和资源策略。每种策略又有不同的内涵。交际策略一般是指学生在英语交际活动中，知道什么时候开始谈话、什么时候结束谈话及如何结束谈话等，强调的是人际交往方面的策略，而非英语语言使用上的策略，这并非英语学科所特有或突出的价值。再如课标中提到的“认知策略”也比较空泛，较难落实。实际上，学习策略只是学生学习的方法，是自主学习能力的基础和组成部分；但自主学习能力并不仅仅是策略，主要指能够独立自学、主动规划学习方式、实施自我监控，并能够借助工具书和相关学习资料进行英语学习的能力。

3. 培养学生合作学习的精神和能力

在开放、互动、生成的课堂教学中，英语教学离不开学生之间的两两合作、小组学习和全班互动交流的学习方式。但学生在两两合作、小组学习和全班互动交流中进行互动的能力并非自发形成的，它需要在教师有意识的指导下逐步形成。否则，课堂教学互动就可能流于形式，真正有效的、全体的和高质的教学效果就难以实现。所以，仅将合作学习理解为一种精神，尚不充分，还需要从能力意义上进行培养，这也是英语教学中大量语言练习交流所特有的价值。

当然，课堂上有了两两合作、小组合作的学习活动并不能保证学生合作学习的能力，因为学生有时在相处不融洽的小组内合作学习还不如独立学习。真正意义上的合作学习是指学生能够注意同班同学的言行，从中学习并随时准备向合作伙伴提供帮助，共同思考；与邻座的同学交谈和交换想法、参与辩论、建议和提出问题；与伙伴共同完成任务，需要帮助时会找合作伙伴；允许每名学生为小组代言，互相合作，为内在和外在的收获而努力。对此，美国的约翰兄弟从事过大量有说服力的研究，认为实质意义上的合作学习应当包括四方面：一是积极依赖能力，这是合作学习中最为重要的概念。二是承担个体责任的能力，这意味着每个参与者都对小组的学习和成功负有责任，而小组学习成功与否，取决于每个成员是否努力。三是积极互动的能力。四是平等参与的能力。由此可见，这些能力的养成并非自然形成的。我国很多所谓的合作学习只是形式上的，而非真正意义的合作学习，英语学习合作能力需要有意识的培养。

（四）学生文化视野的丰富

从一定的意义上讲，语言是形式，文化是内容，两者不可分离。学习英语不能脱离英语文化，了解英语文化是准确而得体地使用英语的基础。文化包括风俗、习惯、地理、历史、信仰、生产、生活等许多方面。学习英语，不但要比较英汉两种语言，还要比较两种语言所扎根的文化。丰富学生的文化视野，让学生了解英语国家的社会文化知识，就为培养跨文化的交际能力打下了基础。在英语学习中，一方面要注意文化求异，另一方面要注意文化认同和语言认同。汉语说“丢脸”，英语说“lose face”；汉语说“开车”，英语说“drive a car”，思维方法一致，表达方式也一致。凡两种语言表达的概念是人类生活共有的，语言上求同的可能性就存在，甚至在汉语中的“坏蛋”，在英语里都有对应同“bad egg”。汉语里的语言学名词“虚字（词）”在英语里对应的说法是“empty word”。这是因为无论在英国人的生活中，还是在中国人的生活中，这些事物的存在状态和作用范围都相同，所以在两个民族头脑里形成的概念相同，在两种语言里对应词语的意义和用法也相同。

在英语教学改革的过程中，当结合具体的学习内容认真分析与体悟时，师生会越来越深切地体会到英语因其特殊的语言文化形式向学生打开了一个个异域社会文化的窗口：一方面是了解所学语言地域的各类节日餐饮文化、社交礼仪、异国风情、文化传统、风俗习惯等民族社会文化知识；另一方面是培养学生在运用英语进行交际的过程中，如何根据实际需要恰如其分地运用已学的社会文化准则进行交际的技能，理解、说明与建立我国文化与英语语言文化之间的平等观念，以及发现异域文化新信息和使用新信息的能力。所有这些都是英语学科教学的独特育人价值。

因此，高校英语教学改革不再把英语国家的社会文化知识仅作为背景，而是明确将学习英语国家的社会文化知识作为育人价值彰显出来。为此，教师往往采用两种方式：一是渗透方式，将英语国家的社会文化知识融合于教学之中；二是以主题文化课的方式，通过中外文化比较的方式，在扩大学生的文化知识面的同时，培养学生平等的文化意识。

（五）学生良好英语学习品质的培养

在我国，英语作为一门外语，不像学习汉语时有一个语言环境可让学生浸染于其中，不知不觉地习得语言。除了课堂教学的有限时间外，英语学习尚需要学生能充分根据自己在课堂中的理解水平和形成的能力，在课外展开自主学习。而这就需要学生具有一定的意志力和坚持不懈的学习毅力。

此外，高校英语教学改革提倡从学生发展状态出发，激活学生思维和兴趣，从学生生活出发，贴近学生，使学生在学习的过程中不但有兴趣、有话可说、有内容可表达，形成积极的学习动力，也能够积极地进行创造性学习。这些有关学习的意志、毅力、兴趣、自信心、勇于实践和创造性学习的品质，似乎很抽象，在学生的英语学习中却是至关重要的因素。如果按照从小学到大学这个时段计算，与中文学习和数学学习相比，英语学习在当前学生的学习课程中所占的时间最长，至少需要 16 年的学习时间。如果这门学科的学习在中小学时期没有养成良好的习惯，就会对以后若干年英语学习的成效产生障碍。

总体而言，高校英语教学改革的育人价值最终指向的是学生整体素养的主动、健康成长，是在超越量的意义之外，更强调质的意义，学生能够通过英语学习成为一个能够掌握自己命运、自主发展、学会合作的全方位发展的人。

第二章　高校英语教学改革的方向与趋势

第一节　高校英语教学改革的方向

2003 年教育部启动的高校英语教学改革已走过 20 个年头。在这期间，高校英语的教学目标从“培养学生较强的阅读能力和一定的听、说、写、译能力”转向“培养学生的英语综合应用能力，特别是听说能力”；教学模式“从单一的教师讲授”转向“基于计算机网络的多媒体教学”。这一改革对提高学生的听说能力、培养学生的英语综合应用能力起到了积极的作用。但是，随着大学新生入学英语水平的提高及高等教育国际化的普及，高校英语教学内容的改革成为人们关注的焦点。一些学者纷纷呼吁 ESP（专门用途英语）应该成为我国新一轮高校英语教学改革的方向。他们的论点明确、论述充分，令人信服。但是，其中也出现了范畴不一、术语混乱等问题。这些问题如果不厘清，有可能影响 ESP 教学与研究在国内的发展，给高校英语的教学带来负面的影响。鉴于此，本节试图对 ESP 与高校英语教学的关系做进一步的探讨，对 ESP 能否成为高校英语教学的方向做进一步的论证。

一、ESP 的概念、特征和目的

ESP 是 English For Specific/Special Purposes（专门用途英语）的缩写。中外学者对 ESP 的概念有不同的表述。

最早提出 ESP 概念的英国学者 Halliday 认为：“ESP 是公务员的英语、警察的英语、法官的英语、药剂师和护士的英语、农业专家、工程师以及装配工的英语。”[①] 英国学者 Mackay 认为：“ESP 是指有明确实用目的英语教学，这种目的和职业要求紧密相连。”[②] 英国学者汤姆和艾伦认为：“ESP 作为一种语言学习方法，其教学内容和教学手段都取决于学习者的目的。”英国的 ESP 研究专家 Hutchinson & Waters 认为：“ESP 是指与某种特定职业或学科相关的英语，是根据学习者的特定目的和特定需要

① 崔开济 . 信息化背景下线上线下混合式英语教学模式研究 [J]. 启迪与智慧：下，2023(2):3.
② 潘香萍 . 大班环境下高职公共英语信息化教学方案探究 [J]. 湖北开放职业学院学报，2023, 36(5):3.

而开设的英语课程。”国内著名 ESP 教学专家卢思源认为：“ESP 是应用语言学的一个分支，它是指专为科技人员和商贸工作者的某些特殊需求而设计的英语教学方法和教材。”冯建中认为：“ESP 指与某种特定职业或学科相关的英语，例如，警察英语、护士英语、科技英语、商务英语、医学英语、法律英语等。”① 学者任荣政和丁年青认为：“ESP 指与特定职业或学科相关的英语，如法律英语、医学英语等。”②

尽管以上学者对 ESP 概念的表述不完全相同，但是我们可以从中归纳出两个共同特征：（1）ESP 和某种职业或学科紧密相连；（2）ESP 的学习者有明确的目的。

1985 年 4 月，ESP 教学专家鲍里斯在斯里兰卡 ESP 国际研讨会上指出，ESP 有四个根本特征和两个可变特征。ESP 四个根本特征是：（1）需求上，课程设置必须满足学习者的特定需求；（2）内容上，与特定学科或职业相联系；（3）语言上，适合相关专业或职业的句法、词汇和语篇上；（4）与通用英语（EGP）形成对照。ESP 的两个可变特征是：（1）可以只限于某一种语言技能的培养（如阅读技能或口语交际技能）；（2）可以根据任何一种教学法进行教学。

纵观国内外学者有关 ESP 的概念，不难看出 ESP 是一种行之有效的教学途径，它是以应用语言学的理论为依据，以学生的特殊需求为出发点制定教学目标、教学内容和教学方法，其目的是培养和提高学生在所学的专业领域用英语进行学习和交流的能力，在所从事的行业里用英语从事工作和沟通的能力。说得直白一些，就是培养学生用英语完成任务的能力，突出英语的工具性。

二、ESP 的分类

根据不同的标准，ESP 有不同的分类法。目前国际上比较著名的是迈克尔·杰弗里·乔丹根据使用目的所做的两分法和哈钦森和沃特斯依据学科门类所做的三分法。

迈克尔·杰弗里·乔丹按照使用目的把 ESP 分为以满足职业需求为目的的职业英语（EOP）和以学术研究为目的的学术英语（EAP）。学术英语又进一步分为通用学术英语（EGAP）和专用学术英语（ESAP）。而哈钦森和沃特斯则是按照学科门类把 ESP 分为科技英语（EST）、商务英语（EBE）和社科英语（ESS）三大类。它们又分为职业英语（EOP）和学术英语（EAP）。很显然，迈克尔·杰弗里·乔丹的二分法较三分法更为简洁。

国内学者在 ESP 的分类上分歧很大，有的甚至截然相反。蔡基刚、冯建中、李建平都赞同迈克尔·杰弗里·乔丹的两分法。文秋芳虽然采用三分法，但是她的三个分

① 寇星辉，阿曼尼沙·艾海提．教育信息化 2.0 背景下英语互动性教学的实践研究 [J]. 中国科技经济新闻数据库 教育，2023(4):4.

② 秦莹．信息化背景下高校商务英语智慧课堂生态系统的构建与实践 [J]. 中国新通信，2023, 25(1):3.

类是：职业英语（EOP）、学术英语（EAP）和学科英语（EDP）。而王丽娟的分类则截然相反，她认为，通用英语（EGP）和专门用途英语（ESP）都归属于学术英语（EAP）；夏纪梅认为，商务英语（EBP）、职业英语（EOP）、科技英语（EST）、某专业英语（EP）等，其实这些都属于学术英语（EAP）。此外，国内学者对ESP一些术语的翻译也不一致。2010年，蔡基刚把EGAP、ESAP和EOP分别译为“学术英语”“专业英语”和“行业英语”，并把这三门课程之和称为ESP“专门用途英语”。在同一年的另一篇文章中，蔡基刚又把ESP译为“学术英语”，把EAP译为“一般学术英语”。2012年，蔡基刚把ESAP译为“特殊学术用途英语”。2014年，蔡基刚把EAP译为“学术英语”，把EGAP和ESAP分别译为“通用学术英语”和“专门学术英语”。夏纪梅把EGAP译为“通用性学术英语”，把ESAP译为“专业性学术英语”。文秋芳把ESP译为“专用英语”，而且还提出了一个“学科英语”的概念，并解释说“学科英语”更适合由专业课教师负责，如生物英语、计算机英语、化学英语等。中国战略研究中心的沈骑则把EAP译为“学业英语”。由此看来，国内学者在ESP的分类和术语的翻译上还存在着很大的分歧和混乱。这些分歧和混乱必然会影响ESP教学与研究在中国的发展，影响高校英语教学目标的实现。

那么到底应该怎样翻译这些术语？按照什么标准对ESP进行分类？我们认为学术界应该在这些术语的翻译上达成共识，统一名称。翻译的原则应该是保留原有约定俗成的译名，新出现术语的翻译在简洁、达意的前提下以多数学者认可的译名为准。我们的译文如下：

EGP（English for General Purposes）：通用英语

ESP (English for Specific/Special Purposes)：冷门用途英语

EOP (English for Occupational Purposes)：职业英语

EAP (English for Academic Purposes)：学术英语

EGAP (English for General Academic Purposes)：通用学术英语

ESAP (English for Specific Academic Purposes)：专用学术英语

从文秋芳对“学科英语”的解释来看，她提出的“学科英语”就是传统的“专业英语”，我们译为SBE（Subject-based English）。

如前所述，不同的标准导致ESP的不同分类。如果从纯学术研究的角度对ESP进行分类，分类越细越好，因为只有这样才能把不同语体、不同类别英语的特点研究透彻，辨别清楚。但是从高校英语教学的角度来看，我们认为不宜分得过细，应该按照目的性、简洁性、可操作性三个标准对ESP进行分类。目的性是指分类要有利于高校英语教学目的的实现；简洁性是指分类要简洁明了，清楚易懂；可操作性是指分类要切实可行，易于操作。

《教学大纲》虽然没有明确提出 ESP 这一概念，却在教学要求中体现了 ESP 教学的内容，规定学生在高年级必须修读“专业英语”，即 ESP 课程。职业英语（EOP）本节暂不作讨论。我们没有把 ESP 中的“学术英语”再细分为“通用学术英语”和“专用学术英语”的理由如下：

1. 理论上缺乏依据

国内学者把学术英语（EAP）分为通用学术英语（EGAP）和专用学术英语（ESAP），其根据是国际上颇有争议的“ESP 语言共核理论”。该理论的倡导者认为“在不同学科中使用的语言具有共同的推理和解释过程，存在一种既有科学性但又不属于任何专门学科的语言共核”。他们主张打破专业界限，以 ESP 交际的一般规则和通用技巧为主要授课内容。反对“ESP 语言共核理论”的学者则强调，即使是报告、讲座等常见体裁在不同学科环境下也具有显著的表达差异，因此提倡更有专业性、针对性的 ESP 教学。而学者 Hyland 利用语料库数据最终证明后一种观点是正确的。各个专业都有自己独特的知识体系和专业术语，即使一个“共核词汇”。在不同的专业中，其词义也大不相同。所以我们认为，各学科共有的“ESP 语言共核”实际上是不存在的。如果存在，它和“通用英语”的分界线又在哪里？“通用英语”和“专门用途英语”之间的分界线都难以把握，正如安东尼所言：“Clearly the line between where General English courses stop and where ESP courses start has become very vague indeed, and however, it can be inferred that in ESP teaching, more attention is given to the need analysis.”那么，“通用学术英语”和“专用学术英语”之间的分界线就更难辨析了。

“通用学术英语”侧重各学科英语中共性的东西，即培养学生在专业学习和研究中所需要的学术英语口语交流能力和学术英语书面交流能力；“专用学术英语”侧重特定学科（如医学、法律、工程等学科）的词汇语法、语篇体裁以及工作场所英语交流策略和技能的培养。根据“通用学术英语”和“专用学术英语”的定义并着眼于高校英语教学，我们认为，把“通用学术英语”归属于“通用英语”，因为“通用英语”已经包括了“通用学术英语”的内容；把“专用学术英语”归属于“专业英语”，因为任何一门专业英语课程都是从易到难、从简单到复杂、从初级到高级循序渐进的。而且，一般的专业英语教材也会介绍本专业英语的词汇、语法、语篇等特点。

2. 实践上难以操作

即使“学术英语”分为“通用学术英语”和“专用学术英语”在理论上是存在的，在实际教学中也是难以操作的。有些学者明确表示，大学里的 ESP 教学主要是“学术英语 EAP”。而“学术英语”教学主要指“通用学术英语 EGAP”，即培养学生学术英语交流能力，如用英语听讲座和记笔记的能力，搜索和阅读文献的能力，撰写文献综述、摘要和小论文的能力，以及表达信息的陈述演示能力等。由此推理，高校英语教学的主要内容是“通用学术英语”，而不是“专用学术英语”。那么，是不是学习了“通用学术英语”之后，学生就可以阅读专业英语了？如果不行，我们是否还要给学生开设“专用学术英语”？在课程设置上搞两个学术英语：学术英语1（通用学术英语）和学术英语2（专用学术英语）？显然这是很难操作的。即使著名英语教育专家文秋芳也回避了这个问题，她在《高校英语中通用英语与专用英语之争：问题与对策》一文中说，本节中所用“学术英语”等于《上海参考框架》中的“通用学术英语”，不包括“专用学术英语”。上文谈到，文秋芳对ESP的分类只到“学术英语”这一级，没有再细分为“通用学术英语”与“专用学术英语”。从高校英语教学的角度看，她这样做肯定是有其道理的。实际上，通用学术英语的教学内容完全可以融入通用英语教学。通用学术英语的“阅读学术文献能力”可以通过通用英语的阅读课来培养，通用学术英语的“撰写论文能力”可以通过通用英语的实用写作课来培养。

其实，在教学实践中是教授“通用学术英语”还是“专用学术英语”，是各国EAP实践者们长期争论不休的问题。迈克尔·杰弗里·乔丹1984年曾试图用经济学专业英语教材教授学生，但以失败告终。因为他发现这些ESP学员的专业知识虽然达到了一定的水平，但他们的英语水平却仍不高，从而影响了EAP教学。此外，EAP课堂的学生通常来自不同的专业，任何一门专业的教材都很难适合所有学生的要求。

三、ESP教学能否成为高校英语教学改革的方向

要回答ESP教学能否成为高校英语教学改革的方向这一问题，首先要明白ESP教学能否帮助我们实现高校英语的教学目标。那么，高校英语的教学目标是什么？

教育部1999年颁布的《教学大纲》指出高校英语教学的目的是培养学生具有较强的阅读能力和一定的听、说、写、译能力，使他们能用英语交流信息。高校英语教学应帮助学生打下扎实的语言基础，掌握良好的语言学习方法，提高文化修养，以适应社会发展和经济建设的需要。

教育部2007年颁布的《高校英语课程要求》指出，高校英语的教学目标是培养学生的英语综合应用能力，特别是听说能力，使他们在今后学习、工作和社会交往中能用英语有效地进行交际，同时增强其自主学习能力，提高综合文化素养，以适应我国社会发展和国际交流的需要。

高校英语课程不仅是一门语言基础课程，也是拓宽知识、了解世界文化的素质教育课程，兼有工具性和人文性，工具性要求与专业相结合，培养学生专业英语的综合运用能力。人文性帮助学生了解西方文化，开阔视野，扩大知识面，加深对世界的了解，借鉴和吸收外国文化精华，提高文化素养。由此看来，高校英语教学有两大目标：（1）帮助学生打下扎实的语言基础，提高文化素养；（2）培养学生的英语综合应用

能力，为社会发展和国际交流服务。第一个目标的实现有赖于通用英语教学，而第二个目标的实现有赖于专门用途英语教学。所以，我们认为高校英语教学改革的方向既不是通用英语，也不是专门用途英语，而是通用英语 + 专门用途英语。理由如下：

1. 专家们的意见

很多外语教育专家都认为，通用英语和专门用途英语相辅相成、相得益彰，共同构成高校英语教学的内容。EGP 教学是基础，ESP 教学是提高。只要打好了坚实的 EGP 基础，ESP 的学习效率就会大大提高；反之，如果通用英语的基本功不过硬，只熟悉了一些专业术语，专门用途英语也很难学好。章振邦认为：“专业外语必须建立在普通外语的基础上，否则就会成为无源之水，无本之木。学好普通英语是掌握专业英语的必要条件。”① 熊德根说：“学习英语没有任何捷径可走，老想找捷径的人是永远学不好的，要想学好必须定下心来打一场持久战。不要忙于对口（学专业英语），如果基础没有打好，甚至还没有入门，想学好专业英语是绝对不可能的。”② 戚雨村指出：“随着科技创新的深入开展和国际交流的日益频繁，科技人员参加国际学术会议，用英语撰写和宣读论文，到国外听课、讲课以及合作进行科学研究的机会不断增加，公共英语结合专业英语的势头是不可阻挡的。”③ 卢思源说：“ESP/EST 是一种应用英语，应该与通用英语享有同等的地位，并与之一起构成我国外语教学与研究的主流。”④ 文秋芳说：“笔者主张每所高校向学生提供包括通用英语与专用英语两个板块的高校英语教学体系。”⑤

2. 有利于培养既懂专业又通外语的社会主义建设人才

EGP 教学是以教授一般语言技能为目的的课程。其目的是培养学生扎实的语言基本功，掌握英语的“语言共核”为专业英语学习做准备，提升学生的人文素养，扩大学生的知识面，帮助学生树立正确的人生观和价值观。而 ESP 教学则是使学习者在某一专业或职业上使英语知识和技能实现专门化的应用性课程。将专业知识学习与语言技能训练融为一体，具有较强的针对性和实用性，有助于培养学生的英语综合应用能力，尤其是在自己的专业领域用英语进行交际的能力。ESP 与 EGP 并非相对立的两个部分，而是紧密相连的，ESP 培养学生的学术素养，EGP 培养学生的人文素养。在整个英语教育体系中它们是为同一个教学目标而构建的两个层面，是一个语言连续体的两端。事实上，两者都具有词汇、句法、语篇等层次上的语言共核部分。两者在时间上有先后，在内容上却相互融合。所以，大学外语教学只有把 ESP 教学和 EGP 教

① 敖卓玛 . 基于信息化教学的高职大学英语课程思政实施探究 [J]. 西部素质教育 , 2023, 9(3):4.
② 郑青 .”信息化智慧型”大学英语课程思政教学路径研究 [J]. 海外英语 , 2023(6):3.
③ 席磊 , 陆少兵 . 生态学视域下大学英语教师信息素养提升策略 [J]. 高教学刊 , 2023, 9(12):4.
④ 潘娜 .”互联网 +”背景下提升英语教师信息素养存在的问题与策略 [J]. 教学管理与教育研究 , 2023, 8(4):2.
⑤ 薛大平 . 信息化发展背景下高校英语教育模式的拓展研究 [J]. 中文科技期刊数据库 (全文版) 教育科学 , 2023(3):4.

学有机地结合起来，才能培养出大批既懂专业又通外语的社会主义建设人才。

3. 有利于纠正大学生人文素质下降的趋势

当今科学技术的发展越来越迅速，专业分工越来越细，尤其是进入网络时代，知识和资讯爆炸性增长，客观上要求人才从“广而泛”转向“专而精”。从国家和社会发展层面来看，中国作为一个后发新兴经济体，建设与发展任务十分艰巨，亟须大批各行各业的专业人才，以服务于富国强民的国家战略。所以，我国高校自 1999 年实行扩招，希望培养更多的人才为国家的经济建设服务。此后，高等教育逐渐从原来的“精英教育”转变为今天的“大众教育”。“大众教育”需要紧密结合社会实践和市场需求。所以很多高校都是以市场为导向培养学生，只注重专业性学习，希望学生在较短的时间内习得具有胜任力的专业知识，忽视通识教育，导致学生的人文素质下降。正如钱理群在北京大学 110 周年民间纪念会上所言: ①现在的大学生，独立自主能力差，缺乏团队精神，不善于和他人合作，知识面狭窄，独立思考和创新能力不足。我们的教育正在培养出一批“绝对的、精致的利己主义者”。很多学生的世界观、人生观、价值观出了问题。北京外国语大学胡文仲所做的一次社会调查也证明了这一点。他说:“出乎我们意料的是，用人单位对学生的思想道德和素质有比较多的批评，他们最看重的是毕业生的思想道德。其次，才是外语掌握程度和知识、能力等。他们呼吁应该加强学生的思想品德教育。”要纠正大学生人文素质下降的趋势，作为高等教育重要组成部分的高校英语教育必须融合 EGP 教学和 ESP 教学。两者在培养人才方面发挥着不同的、不可替代的作用。

上文指 ESP 课程注重培养学生的工具性，而 EGP 课程注重培养学生的人文性。EGP 教育本身不是一个实用性、专业性、职业性的教育。从功利主义的角度看，EGP 教育除了考试，似乎一无用处。然而，EGP 教育却恰恰体现了罗素“从无用的知识与无私的爱的结合中更能生出智慧”② 的论断。EGP 教育不仅是一种培养学生英语语言基本功的教育，正如上海交通大学徐飞所言：“它更是一种人本教育，它会使人活得更明白、更高贵、更有尊严，强调培养的是全人而不是工具人、手段人，旨在引导学生形成正确的世界观、人生观、价值观。”③ 所以，EGP 教学有利于纠正大学生人文素质下降这一趋势。

新一轮高校英语教学改革在培养学生的口语交际能力方面取得了一定的成就，但同时也忽视了对学生在专业领域里英语应用能力的培养。正如蔡基刚所言：“2004 年

① 郭芸妍，蔺朝坤，赵凤娟.”互联网 +”时代地方高校英语专业师范生信息化教学能力现状调查及提升策略研究——以云南省本科师范院校为例 [J]. 大众文摘，2023(2):3.

② 李洁 . 教育信息化背景下大学英语混合式教学模式构建与实践探究 [J]. 教书育人：高教论坛，2023(1):3.

③ 孙翠敏 . 教育信息化背景下高校大学英语教师信息化教学能力调查现状分析 [J]. 海外英语，2023(1):3.

和 2007 年的《高校英语课程教学要求》简直是大倒退，专业英语几乎没有位置。”所以，这场改革受到不少学者的批评。这些学者倡导用 ESP 教学代替高校英语教学。但矫枉不能过正，本节在分析、研究、总结学者们相关研究成果的基础上，进一步探讨了 ESP 教学与高校英语教学的关系，论证了我国高校英语教学改革的方向。本节认为，用 ESP 教学完全代替高校英语教学是不合适的。我国高校英语教学改革的方向应该是通用英语（EGP）+ 专门用途英语（ESP）。

第二节　高校英语教学改革的趋势

最近，关于高校英语教学的走向，似乎有一种山雨欲来风满楼的感觉，到底是继续通用英语的教学还是进行所称的学术英语教学？两种观点激烈碰撞，甚至出现了某种教学“必然消亡”，或者将某种教学比喻成为“高校英语掘墓人”等现象，让广大高校英语教师深感不安，不知所措。那么，高校英语究竟怎么了？始于 2003 年，作为教育部“高等学校教学质量和教学改革工程”重要组成部分，已为期整整 20 年的高校英语教学改革究竟走到了何处，现在又将怎么继续下去？

高校英语教学的现状需要辩证地看待。黄源深等著名教授在各种场合不止一次说道：高考恢复以来的高校英语教学取得的成绩是辉煌的，我国几十年对外改革开放成功的背后实际上还站着无数辛勤耕耘在各类高校的高校英语教师！

当然，在成绩面前，也应看到目前高校英语确有许多不尽如人意的地方，也正是为了高校英语教学的可持续发展，我们需要改变这些地方。

一、教育信息化趋势下的高校英语教学改革

经过十年来的发展，教育信息化已在国内高等教育界掀起了教育变革的浪潮，并必将使教育教学理念、教学方式方法、教学资源配置、教学管理体制等方面产生剧烈的变革，推动高等教育的重塑。席卷全球的“慕课”、国家精品开放课程、“微课”等，都是对传统高等教育的冲击和挑战。基于网络平台的优质学术资源可方便地传播和共享，促进了教育公平及教育均衡发展，降低了教育时代的“马太效应”。

那么，如何把握教育信息化趋势下的高校英语教学改革，是我们亟待思考的问题。

（一）信息化趋势下的高校英语教学改革

随着信息化在全球范围内的迅速扩展，以及信息技术在教育领域的广泛应用，教育信息化已经成为教育发展过程中的一场深刻变革。

从教育教学过程来看，教育信息化在高等教育方面主要推动了以下方面的变革：

一是信息技术的支撑。信息技术在教学过程中的融入，让教学的方式方法发生了深刻的变革，如多媒体教学、网络教学、数字化教学等多样化的教学方式的出现，使信息化成为高等教育育人过程的基本条件。

二是教育理念的创新。信息化推动了教学模式和方式方法的改革，对整体的教育教学过程都产生了深刻的影响，比如课程组织、管理方式、评价体制、激励机制等方面都需要重新架构。

三是实现教育的个性化。信息技术在教育领域的介入和信息化教学平台的应用，使传统的难以实现的教学管理组织和要求成为现实。面对知识水平参差不齐的学习对象，大学可以通过信息化手段实现学生学习层次的分类，进而开展个性化、模块化教学。

高等教育教学信息化是教育信息化工作的核心，是关系到高等学校教育教学改革的关键环节，促进高校信息技术与教育教学的深度融合已成为现阶段教学改革的主要趋势。

这一趋势下的主要工作就是围绕应用信息技术手段创新人才培养模式和课程教学模式，研究建立信息化教学中针对学生的学习评价机制和针对教师的教学评价与激励机制，以及推动高校基于信息技术的“跨校选课、学分互认”、课程共享机制建设和激励优质课程资源共享等。从外部环境来看，经济社会发展对大学的人才培养需求和学生的个性化学习要求，使高等院校必须在新常态下着力把握教育信息化趋势下的高校英语教学改革，顺势而动，大胆探索，从基于信息化环境的校内公共课程内容建设、教学模式建设、评价机制建设等方面入手，结合教学实际打造适合自身的信息化教学新模式。

（二）教育信息化趋势下高校英语教学模式发展及现状分析

1. 高校英语教学模式发展

在教育信息化的推动下，高校英语教学改革也进行了努力创新与尝试，基本的教学模式主要经历了计算机辅助高校英语教学、网络架构的高校英语自主学习平台、信息技术与高校英语课程深度融合三个发展阶段。

（1）计算机辅助高校英语教学模式

现代信息技术的发展为高校英语的教学改革提供了良好的契机。如今几乎所有的高校都基本实现了计算机辅助教学，计算机辅助教学强调计算机是教学的“辅助工具”，虽然能将课堂内容通过多样化的形式展示出来，但学生仍被认为是知识的灌输对象，是被动的接受者，教学内容也往往不离教材。这种教学模式将多媒体教学引入英语课堂，改变了过去教师加黑板的传统单一的课堂教学模式。从本质上讲，该教学模式在高校英语教学方面并未能取得显著的效果，也和以往的教学模式大同小异，并且单一的“填鸭式”教学模式已经完全不能满足现代教育及社会的需求。

（2）网络架构的高校英语自主学习平台

近年来，许多学者强调将建构主义理论运用于高等教育。建构主义理论认为知识不是通过教师或外界传授而得到的，而是在一定的情境下，借助其他人（教师或学习伙伴）的帮助，利用学习资料，由学习者自己完成对知识的构建。它认为教师和学习者同等重要，同时肯定教师的主导作用和学习者的主体地位。

基于建构主义理论，网络架构的自主学习平台逐渐成熟并走进高校。此类评价要有一定的硬件作为基础，由资源库、学习平台、学习工具、考试测评、讨论区等模块组成。这种学习模式似乎颠覆了传统的教学模式，突出了学生的主体地位，学生由被动的“接受者”变成了学习旅程的“驾驭者”。

但同时也不能忽视教师在学生自主学习过程中的引导和监督作用。首先，平台有一定的课程设置，学生必须在完成基础学习并通过测评后才能进入更高一阶的学习；其次，平台有一定的自动监控设置，如学习满 4 分钟才能开始测试，5 分钟没有学习状态计时会停止等防止学生刷课的现象；同时，学生可组成不受地理位置限制的小组共同讨论并完成学习任务；最重要的是教师进入教师平台，掌握学生的学习情况，并根据每个学生的不同情况，下达下一部分的学习任务，处理学生在学习过程中出现的问题，并可公开辅导、解答共性问题。同时还可统计评估整个年级学生的学习数据，作为进一步深入学习的依据。

这种自主学习模式通过构建特定的学习环境，学生根据自己的特点和学习兴趣主动地选择学习时间、学习方法，组织学习过程，提高英语听说及运用能力。这种自主学习方式是以“快乐学习、终身学习”为最终目标的。

（3）信息技术与高校英语课程教学深度融合

在如今信息量巨大、新技术不断涌现、日新月异的社会变迁中，高校英语教学也在不断改革中完善并步入了信息技术与课程深度融合的阶段。基于互联网和校园网的多媒体教学模式强调个性化教学与自主学习，学生可根据教师的指导及自己的特点、水平、时间、学习方法等，通过自主学习室的学习软件和校园网高校英语教学平台中的“英语资源库系统”和“教学 / 学习管理系统”，实现非定时多地点的学习。即学生可以选择适合自己水平的学习内容、选择适合自己的学习时间，并根据自己的学习方法，在校内自主学习室、电子阅览室、图书馆或寝室随时随地进行学习，并能及时了解自己的学习进步情况，得到相关信息反馈，调整继续学习策略，达到最佳学习效果。在教学应用方面，部分课程真正利用网络教学辅助平台，构建了网上学习、课堂讨论、社会实践三位一体的信息技术与教学深度融合模式。

2. 高校英语教学改革现状

英语语言素质是人才培养国际化的必然要求。近年来，国内大学按照教育部最新的《高校英语教学基本要求》开展了不同程度的改革，亦初步取得了一些改革成效。但是随着高等教育办学的日益开放、人才素质要求的提升以及“互联网 +”对传统教育形态的颠覆，高校英语已有的教学模式尚存在一些深层次的矛盾，如分级分类教学的改革深度不够、四级后教学模式的钝化、个性化教学的缺乏等。

从国内大多数高等院校高校英语改革现状来看，分级分类教学在传统教学模式中占有主导地位。然而分级分类的缺陷是改革的深度还不够，这种教学组织方式只是按高考分数高低和专业差别进行粗略划分和开展教学。如西北大学作为一所地方综合性大学，学科门类齐全，生源遍布全国各地。为了改革试点成果具有代表性、客观性、有效性及可行性，便于将来在全校全面推广实施。经过论证后的实施方案是在不同层次（普通本科、基地班）、不同学科（文、理、工）四个院系（法学院、信息学院、化学材料与科学学院和地质系）进行改革试点，学生共约 300 人，从 2004 级大学一年级开始试点。从实验结果来看，传统教学模式下的分级分类教学依然不能调动教师教学与学生学习两方面的主动性，而且不同专业的差别较大。

四级后教学问题也是当前高校英语教学长期困惑的改革瓶颈，是现有教学模式所解决不了的。高校英语第四学期（“四级”后）教学存在的问题是：通过四级考试的学生学习动力不足，学生到课情况较差，由于未能建立相应的考核机制，教师对学生缺乏教学过程的约束力。这个问题影响了正常的教学秩序，同时也是长期困扰高校英语任课教师的问题，在一定程度上挫伤了教师的教学热情和积极性。同时，面临大学生出国留学、学习深造、创新创业等方面的迫切需求，现阶段的高校英语教学没有从根本上实现个性化教学，课堂教学依然是以大班教学为主、以教师为中心，并没有实现学生学习的个性化定制。

基于现有教学模式和教学过程中的这些深层次问题，需要考虑如何把握信息化趋势和“互联网 +”的改革态势，做好面向大学生的高校英语教学改革，即如何把学生分层次，设计灵活的学习机制，实现学生的个性化学习需求等。

（三）基于信息化的分层次教学模式改革

1. 高校英语分层次教学模式构建

高校英语分层次教学在国内高等教育领域已有一定的理论与实践基础，如今已成为高校英语教学改革的主要趋势。分层次教学是被很多大学实践的新高校英语教学模式，只是各个高校的分层模型不尽相同。最初采用的是按照学生入学成绩分层，并且大多采用流动层级的教学模式，即入学成绩高的采用高阶教学，其余则次之，同时根据本阶段的考核结果决定下一学习阶段的学习层次。这样的分层教学模式给学生造成了一定的负面心理影响，尤其是被分到“条件较差”班级的学生会产生一定的抵触情绪，不利于教学的进行和人才的培养。

近年来，随着高等教育的快速发展和高校英语分层次教学模式改革的日益深入，单纯以高考入学成绩分层的教学模式已经不能满足社会需求和学生自主学习要求，高校英语教学逐步考虑从多方面、多角度因素对高校英语进行分层。主要有以下几个方面：一是不同学科专业对英语的要求程度不同，二是不同专业学生将来就业后所从事的行业对英语的需求不同，三是学生基于自身兴趣对英语的爱好程度不同。现有研究与实践证明考虑以上诸多因素的英语分层次教学能有效减少英语教学的盲目性，提高教学效率，节约教学资源，调动师生的教学积极性，对培养国际化的高素质创新人才具有与时俱进的重要作用。

根据教育部《高校英语课程教学要求》，大学阶段的英语教学分为一般要求、较高要求和更高要求三个层次。分层次教学就是根据学生的英语基础、学习能力、兴趣特点、就业方向以及将来有可能从事的行业要求等因素，设计不同的教学目标、制定教学方法，有针对性地对不同层次学生进行相应的学习指导，使每个学生在英语学习方面都能达到最佳效果。在我国古代，就是所谓的“因材施教”，而今则是在“因材施教”的基础上，同时关注社会对人才的个性化需求。

2. 信息化与分层次教学改革实践

在教育信息技术推动的变革浪潮下，以及结合我国高校英语重要转型的契机，应试教育应向多样化应用型教育转化，基础英语教学将向专门用途英语（ESP）转移，为更好地拓展专业知识做好准备。高校英语分层次教学模式改革具备了深度蜕变的改革要素。针对学生的个性化培养和个性化需求，如何建立信息化平台的高校英语分层模型标准变得尤为重要。西北大学结合已有的教学改革经验，围绕“模型构建—平台搭建—兴趣驱动”的改革理念，逐步推进高校英语分层次教学模式改革。

为适应社会经济发展对人才培养工作的要求，逐步建立与研究型大学相适应的本科人才培养体系，培养具有国际视野的高素质创新人才，西北大学出台了《西北大学关于修订本科人才培养方案和指导性教学计划的意见》。新方案提出了《高校英语分层次改革方案》，着眼于在新时期内有所创新和突破，使高校英语课程具有更大的灵活性、选择性和开放性。高校英语教学在注重打好学生语言基础、培养学生英语综合应用能力的基础上，提高学生的综合素质，成为具有国际视野的高素质创新型本科人才。现阶段，西北大学新的本科人才培养方案已于 2014 年全面施行。高校英语教学主要在通修课程的基础上，强化应用性课程，同时结合网络自主学习，将课程分为通修课程、高阶课程、特色课程三种类型，推动高校英语教学和学生学习的个性化发展。学校将高校英语分为四个层次，其中层次一、二为全校必修课，层次三、四是各专业根据需要任选模块，分为高阶课程和应用课程，包括报刊选读、影视欣赏、演讲与辩论、英美政治文化、TOFEL、IELTS 等，可在全校范围内选修。为更好地支撑高校英语分层次教学改革，学校注重资源共享，着力搭建“教学资源平台”。通过有效整合各类电子图书资源、名师教学视频、教师备课资源等搭建了包括视频课程、电子书、学术视频、文档资料等内容的教学资源共享平台。一方面，依托平台有力支持课程的网站建设、在线课程教学、过程分析统计、研究性教学、碎片化学习等，推进了课程信息化教学改革；另一方面，通过技术开发，实现了平台与校园网门户教务管理系统的无缝对接，为师生即时登录开展自主学习提供了便利。同时，学校正在加快筹建人文社科慕课中心，通过坚持“全面统筹、集中建设、订单开发”的原则，建成符合学校人文社科类课程教学需求和满足学生多元化学习的课程资源平台，解决了课程资源共享和多样化人才培养的问题。下一步将加大投入力度，引导与推动不同层次课程与教学团队加快慕课课程开发与建设，用于课程教学的实践。这些课程将遵循“以生为主、以师为导”的新型教学理念，要求教师变“教学”为“导学”，引导学生变“听学”为“研学”。加快从“以教为中心向以学为中心”“知识传授为主向能力培养为主”“课堂学习为主向多种学习方式”的转变，着力培养学生的学习主动性、能动性、独立性，提高学生的创新素质与创造潜能。结合传统高校英语课堂教学的优势，促进师生之间的学习互动，实现教育教学过程线上线下的有机互补。

在全球化趋势下，各国都十分重视信息技术在高等教育领域的应用。教育信息化的发展，已经在教育理念、教学方式方法等方面产生了深刻影响，实现并重构着高等教育的开放式发展。高校英语教学改革经过了21世纪以来的不断创新，已经为各学科专业人才素质的整体提升和实际应用做出了巨大的努力，并且朝着更加科学化系统化的方向发展。但从高等教育国际化需求和互联网发展趋势来看，我国的高校英语教学改革和教育信息化发展程度仍有较大的融合空间，还有一些关键环节亟待解决。如优质师资的有限性和高校其他办学条件滞后于培养规模的扩张；基于网络的高校英语学习平台需要一定的软硬件环境，如何合理配置计算机、学生、教师、实验人员等，使有限的资源得到充分利用，需要在实践中不断调整创新。

同时，师生的计算机技术培训也必不可少。现如今网络覆盖日趋扩大，尤其是智能手机终端的海量增加已经基本实现了“泛在学习环境”，把握新形势下高校英语教学改革，刻不容缓。

二、从需求角度看高校英语教学改革的趋势

需求可分为社会需求和个人需求，前者主要指社会和用人单位对有关人员外语能力的需求，后者指学生目前的实际水平与希望达到的水平之间的差距。在外语教学领域，需求分析是语言课程设计和实施不可或缺的启动步骤，至少有四大重要作用：①为制定外语教育政策和设置外语课程提供依据；②为外语课程的内容、设计和实施提

供依据；③为外语教学目的和教学方法的确定提供依据；④为现有外语课程的检查和评估提供参考。因此，从需求角度进行高校英语教学改革是必要的。

（一）需求现状

改革开放以来，我国的高校英语教学在几代人的努力下取得了巨大的成就，培养了大批有专业技能且懂外语的复合型人才，促进了我国改革开放和对外交流。但随着我国改革开放的深入和世界经济大融合的进一步推进，我国高校英语教学与需求之间的差距进一步加大。

1. 社会需求

（1）高端外语人才严重缺乏

目前，我国约有 3 亿人在学英语，其中大、中、小学学习英语的人数超过 1 亿。有专家预测：再过几年我国学英语的人数将超过以英语为母语的国家的总人数。尽管我国有数亿人学英语，但同声传译和书面翻译等高端外语人才仍然严重缺乏。全国各地人才市场频频告急，即使是北京、上海这些高级人才较为集中的地区也难以幸免。

（2）懂专业又能熟练使用外语的“双料”人才走俏

外语作为一种交流工具，显然比其他专业具有更广泛的适用范围。但由于长期以来受重文史、轻科技的外语教育的影响，外语人才难以满足当前经济科技等各项事业迅猛发展的需求。现在，我国懂外语的人很多，但由于英语专业人才缺乏相应专业知识或技能背景因此难以胜任大量工作，机械、化学、工艺、软件等专业的技术工程师本身就十分紧缺，懂外语的就更稀有了。因此，想找到符合企业要求的、既具备专业知识又能熟练使用外语的工程技术人才是很难的。

2. 个人需求

据调查，在语言学习方面，当前学生渴望形式多样的语言输入，渴望真实、实用、有时代感的学习内容。他们期望提高英语学习能力和用英语交流的实际能力，希望英语学习能满足自己提高文化素养和专业水平的需要。但实际教学中，为了完成教学任务，教师的教学常常拘泥于教材内容，有的教师以教材、教学课件作为教学内容，在课堂上“照本宣科”，导致教学只是教教材。

据一项全国的英语教学满意度调查：学生认为自己进入大学后英语水平没有提高和有所下降的占到 62%（其中有些下降的竟然占到 36.5%），对高校英语教学勉强满意和不满意的要占到 54%，认为需要学的东西没学到的占到 50.7%。再次调查时，在回答“比较四年前刚入校时现在的英语水平如何”的问题时，认为有提高和有些提高的占到 55.7%，基本没有提高和有些下降的为 44.4%（其中有些下降的占到 21.1%），回答对高校英语教学基本满意和比较满意的占 47.4%，而勉强满意和不满意的占到 52.6%。①

以上数据虽然令人震惊，但它说明了当前我国高校英语教学的现状：教学脱离了社会发展的需要，甚至是不能满足学生自身学习的要求。

（二）原因分析

引起我国高校英语教学“滞后”的原因是复杂的，主要有：

1. 高校英语基础教育的定位在某种程度上使教学脱离了社会的需要

现代社会对外语人才的要求是既懂专业又能熟练使用外语，但受高校英语教学语言基础定位的影响（1985—1986 年和 1999 年的两份《高校英语教学大纲》分别规定了我国高校英语教学的重点和目标是语言基础），长期以来，我们的高校英语和中、小学英语教学一样，一直在打基础而迟迟不能与专业挂钩，导致有的大学生毕业时连最基本的专业术语都不会说，这样的学生毕业后怎能胜任需要专业英语的工作岗位呢？由此可见，“只注重普通英语教学而忽视专业英语教学在某种程度上制约了我国高校英语的发展”。

2. 应试教育违背了语言习得和学习规律

目前，我们国家的教学模式基本上还是应试性的，外语教学也不例外。小学教学是为了考中学，中学教学是为了考大学，但高校英语教学应该为什么呢？很遗憾，在考试指挥棒的作用下，我国的英语教学不是为了学以致用，而是围绕考试进行，导致学生的英语学习仅仅是为学校考试，四、六级考试，甚至是为雅思、托福出国等考试而置社会需要和专业需要于不顾。

由于应试教育不能提供足够的言语输入，也不利于激发学生的学习动力，所以不能有效提高学生的语言运用能力。目前中国中学和大学普遍存在的应试性英语教学模式，可以说是违背语言习得和学习规律，而不能有效提高学生的语言运用能力，因此，必然也必须进行改革。

（三）改革的趋势

在我国，英语教学是基础教育，基础教育必须满足国家和个人争取发展的实际需要。因此，高校英语必然要继续改革。教育部 2007 正式颁布的《大学英语课程教学要求》（以下简称《课程要求》）提出培养学生的英语综合应用能力，并明确要求各高等学校“应参照《课程要求》并根据本校的实际情况，制定科学、系统、个性化的高校英语教学大纲，指导本校的高校英语教学方式”。这为各高校在进行改革时发挥主观能动性提供了空间。

① 何玉红，李鑫．宁夏高校英语教师信息化教学能力现状调查与分析 [J]. 英语广场：学术研究，2023(5):5.

目前，全国各高等院校正在轰轰烈烈地开展高校英语教学的改革，要设计出基于本校的科学的、系统的和个性化的高校英语教学大纲和实施方案，首要任务是了解学习者、教师、社会等各方面对高校英语教学的需求。

因此，为了适应各方面的需求，高校英语教学改革的趋势是：

1. 逐步下移高校英语基础教育重心，整体考虑我国英语教学体系

我国的高校英语教学是以基础英语为导向的，虽经前后三次的改革，但都在能力培养的层次或次序上进行变化和调整，也就是说始终没有在英语使用上有新的突破。由于高中英语和高校英语在培养目标、课程设置和教学要求诸方面都基本接近甚至雷同，所以随着高中新课标的贯彻和中小学英语教学质量的提高，高校英语和高中英语的界限也在逐渐模糊。

据统计，到 2009 年全国已有 20 个省实施高中英语新课改，新英语教材的词汇量都有了大幅增加，学生在高中毕业时掌握的单词必须达到 3500 个，直逼大学四级英语水平。显然，在未来的几年里，《课程要求》所规定的大学生必须达到的一般要求的学习任务将有望在高中里大部分完成或全部完成。这样，从小学到高中，通过 12 年的英语教学，学生在高中毕业时打下较为扎实和全面的英语基础，尤其是在听、说等基本技能方面要有重大突破。进入大学的学生不必再花两年甚至更多的时间学习“基础英语”，可以直接过渡到专业英语的学习或只需“对他们稍加训练，即可转入同时提高外语应用技能和实际国际交流能力的学习和训练”。高校英语教学的基本框架将有实质变化，从而为决策者实现从整体上考虑我国英语教学体系的目标奠定基础。

2. 英语教学同专业结合，走专业化发展道路

目前，我国的高校英语处于高中英语和英语专业的双重夹击这一种尴尬的境地。一方面，现阶段高校英语学科发展的空间受到局限；另一方面，社会对专业人才英语水平的需求不断高涨。在这种形势下，高校英语同专业结合、走专业化发展道路不仅满足了社会需求，同时也为自己找到了新的、顺应社会发展的时代方向。

中学培养基本外语能力、高校结合专业进行提高，是我国未来高校英语教学改革的方向。事实上，高校英语教学把重点转移到专业英语上这并不妨碍打基础，相反还会从应用的角度巩固和完善基础，真正体现“用中学”。

3. 淡化应试教育，建设多元化、多层次的高校英语课程体系

我国幅员辽阔，各地区、各高校之间情况差异较大，高校英语教学应贯彻分类指导、因材施教的原则，以适应个性化教学的实际需要。但现行的高校英语课程设置难以贯彻因材施教的原则，难以调动学生的积极性。虽然有的高校采取了分级教学，但仍然没有从根本上摆脱高校英语课程“综合性”的桎梏。因此，在新的形势下，开展个性化和多元化的教学模式，贯彻分类指导的教学原则已成为当前我国高校英语教学改革的新方向。

三、科学的高校英语教学改革观

教育部最近提出：坚持科学的高校英语教学改革观。王守仁在最近上海外语教育出版社组织的一次高校英语研讨会上传达了这一观点。

那么，什么才是“科学的”的高校英语教学观？可以从四个方面来认识：认清高校英语课程的性质；明确高校英语教学的真实需求；加强师资队伍建设；建立科学的高校英语教学评估体系。重点是前两点，尤其在于第二点。

（一）认清高校英语课程的性质

科学的高校英语教学观，首先是要认清高校英语课程的性质。

教育部颁发的《大学英语课程教学要求》是目前官方对高校英语课程最全面、最权威的文件，2004年首次公布，2007年修改。对高校英语课程的性质，2007版如此描述：高校英语教学是高等教育的一个有机组成部分，高校英语课程是大学生的一门必修的基础课程；高校英语是以外语教学理论为指导，以英语语言知识与应用技能、跨文化交际和学习策略为主要内容，并集多种教学模式和教学手段为一体的教学体系。

这里有几个关键点：①高等教育的有机组成部分，说明高校英语不是可有可无的；②三项主要教学内容：英语语言知识与应用技能，跨文化交际，学习策略；③教学体系：高校英语不是单纯的由每周若干课时组成的一门课，而是由综合英语类、语言技能类、语言应用类、语言文化类和专业英语类等必修课程和选修课程有机结合的一个教学体系，自然也包括教学手段在内。

需要特别指出的是，2007年版与2004年版在高校英语课程性质方面基本上没什么大的修改，最重要、最醒目的修改是2007年版明确表示：高校英语课程兼有工具性和人文性。

王守仁在高校英语研讨会上解释“工具性”是要求与专业相结合。因为高校英语作为非外语专业培养方案课程体系中的一门课，应该为专业服务，才不枉各专业将其列在培养方案中，且在专业课时十分紧张的情况下占用约10%的学时比例。“人文性”是指作为现代大学生，外语（尤其是国际公认的英语）能力是能力结构和知识结构中不可或缺的成分，是帮助学生理解西方文化、世界文化，进行跨文化交际所必须的。

（二）明确高校英语教学的真实需求

性质得以明确，还要了解需求。这是一个被长期忽视的问题，一般认为已经解决了；或者说是教学主管部门根据自己的判断，给高校英语设想了一个需求。束定芳曾这样描述人们对高校英语课程目标的理解：让学生学点英语而已，作为素质教育的一部分，对于一些学校校长和教务处长，高校英语教学的管理就是看学生四、六级考试的通过率。实际上，前面所述的“五不满意”，归根到底就是对高校英语课程的需求不清楚，从而导致所有相关人士都觉得自己想要的没能实现，因而感到不满。

2007 年版官方认定的需求是：培养学生的英语综合应用能力，特别是听说能力，使他们在今后学习、工作和社会交往中能用英语有效地进行交际，同时增强其自主学习能力，提高综合文化素养，以适应我国社会发展和国际交流的需要。

1. 学习英语是交际需要，而且是学习、工作、社会交往三方面的交际需要。工作需要又与专业有关，后文要专门谈这个问题。“学习交际需要”是 2007 年版新加上去的，是面对现实的正确表述。据统计，大学毕业生就业后真正需要英语的不到 50%，在社交中需要英语的比例更低，而继续学习需求却随着不断升温的出国热日益明显。

2. 增强自主学习能力的需要，高校英语毕竟只是一门课程，课时有限。英语学习不可能完全靠课堂教学来完成，课堂只能起到引领作用，所谓“师傅领进门，修行在个人”。因此，培养学生自主学习能力确实也是一种实实在在的需求。

3. 提高综合文化素质需求。这一说法相对抽象些。因为不学英语，文化素质也是可以提高的。

综上，学习、工作、社会交往三方面需求，似乎很清楚，但实际上很模糊。学习需求，是什么样的学习需求？在高校英语教学中如何满足这种继续学习的需求？最近不断被讨论的学术英语，旨在帮助学生具有专业学习能力。但问题依然存在，高校英语学习更适合通用英语还是学术英语，通识英语还是专业英语？是关注个性化学习需求还是专业学习需求？

在过去 10 年中，教学改革的重点转为以听说为先，似乎是为社会交往所需。但对于工作需求，我们的高校英语教学管理者、教师，甚至学生自己也很难真正知道学生今后工作中会有什么样的英语需求。

上海电力学院的余樟亚老师最近做过一个行业英语需求调研，很受启发。调研发现，作为行业特色比较明显的高校，上海电力学院每年平均有 30% 左右的学生进入电力系统，其中有的专业可达到 80% 以上，但是这些进入系统的学生所学的英语却无法满足行业需要。可见需求调研是必需的。通过网络查阅发现，此类需求分析的文章不少，但大多是关于对需求分析理论（特别是国外研究成果）的引介和阐述、重要性的强调、需求分析方法的介绍以及用需求分析理论评述某些英语课程等方面。极少数的需求调研实例，也主要集中在对英语学习者自身感受到的需求，以及毕业生就业到岗后对英语需求的主观感受上，而完全基于具体行业对英语的客观需求调研实例几乎没有。然而，不了解行业英语需求，来谈为社会交际、为工作需要进行英语教学就成了无源之水了。

该调研针对电力能源行业对英语的需求状况，包括下列三类信息：①行业岗位招聘对英语的需求：②行业岗位工作对英语的需求；③行业岗位培训对英语的需求。这三类信息实际上包含了从“进入行业—岗位工作—业内提高”整个行业活动过程中对英语能力的目标情景需求，可以为高校英语教学改革带来启示。

调研发现：就岗位招聘英语需求而言，国内电力能源行业岗位招聘均对英语有一定要求，其中有引进设备和涉外项目的企业时英语要求更高，除西藏之外全国所有省级电力企业对应届毕业生的英语要求均是高校英语四级分以上。事实上，电力能源行业在招聘时对英语的需求，在其他行业也程度不同地存在。另外，就岗位能力英语需求而言，调研的相关大型电力能源企业员工岗位能力结构对外语（主要是英语）有明确要求。调研报告中具体规定了与各岗位相对应的 9 级外语要求，其“员工岗位能力结构外语能力等级表”对英语能力描述的详细程度甚至不亚于学校的教学大纲。

最低的外语 1 级的要求是：粗浅地掌握一门外语，能借助词典或其他工具大致读懂简单的专业文档；能看懂本岗位常用进口设备上外文铭牌和操作指示。

外语 5 级的要求是：能独立阅读外语文档，参阅国外专业资料；能翻译本专业的技术资料、专业说明书；能用外语进行简单交流；至少独立完整地翻译过一套设备的技术文档与说明书。

最高的外语 9 级要求：精通一门外语，能与外籍专家讨论艰深的专业问题，并自由地表达思想；能在同行会议中充当翻译；能够应对纯外语工作环境；在无翻译的情况下至少技术性出访一次；至少独立进行过一次技术性谈判和参与过一次技术性交流会议。

此外，对岗位英语培训需求，全国电力能源企业都在开展各种类型、各个层次的外语培训活动，一方面是为了适应电力能源系统对外语人才不断提高的需求，培养员工具备对外交流能力，能够承担对外服务任务以及对外进行技术与学术交流，重点提高学员对行业英语的听说、阅读、翻译、写作能力，这些任务实际上如果高校英语采用一些行业英语语料也是可以承担的。另一方面，企业对员工的英语培训也是弥补员工在学校期间英语学习的不足（尤其是听力与口语）。

该调研得出以下几个相关结论：

（1）国家高校英语四级考试依然是用人单位招聘时采用的决定性依据；

（2）特殊岗位需求仅靠基础英语教学远远不够；

（3）行业岗位英语要求描述可以作为高校英语教学内容的重要参考；

（4）在现阶段，听说读写译基本技能训练依然是高校英语所需要的；

（5）从员工自身发展角度补充实用性英语教学内容。

总体而言，鉴于不同学校、不同行业背景及其不同需求，同时考虑到不同学生的实际英语水平，认为在目前一段时间内，高校英语教学尚不宜用 ESP 取代 EGP，但改革“一刀切”的高校英语教学以及“四、六级考试”导向下的纯通用英语的教学内容，从 EGP 向 ESP 逐渐过渡或将成为高校英语教学改革的一种趋势。

（三）加强师资队伍建设

若上述基于需求分析的这种趋势判断是正确的，高校英语教学改革的第三个要点便是师资队伍建设，这是成败的关键。自从改革开放以来，大学外语教学的成绩不可否认，这要归功于在一线辛勤教学的广大外语教师。当历史发展对高校英语教学提出新的要求，同样要靠教师来完成这一使命。

目前来看，高校英语师资队伍建设面临着不少棘手的问题。首先，高校英语教师的学科归属问题。夏纪梅撰文指出：“由于多方面的原因，高校英语无论是课程建设还是教师发展，都脱离了学科建设，这在高等院校里是很难体面地生存的。由此而产生的校本认同、学者认同以及学生认同问题接踵而至，不是被学术边缘化，就是被学科看不起。从事这门课程教学的教师始终有低人一等、无学科依托、学术身份不明、不知如何发展的问题。”改变这种局面应该成为高校英语教学改革的一部分，甚至是先决条件，因为没有了高校英语教学改革的主体——高校英语教师的积极性，教学改革就难以进行。其次，高校英语师资队伍建设涉及团队和个体两个层面。团队层面主要是优化结构。目前各高校英语师资队伍均普遍存在学历层次不高、职称层次不高、女教师（尤其是 40 岁以下女教师）比例过高等情况。该如何进行优化？很多专家提出了很好的建议。王守仁从顶层设计，统筹规划；开发课程，建设小组；按需进人，微调到位；提升学历，不失时机等 4 个方面开出改善高校英语师资团队结构的处方，具有较强的指导作用。

关于高校英语师资队伍个体层面的建设，高等学校大学外语教学指导委员会进行过一项“高校英语教师的职业发展现状及其影响因素分析”，结果发现，现在有 4 种类型的高校英语教师：“探索者”、“奋斗者”、“安于现状者”和“消沉者”。这实际上关系到教师的职业责任意识及个人奋斗意识。我们应该创造条件鼓励“探索者”和“奋斗者”，激励“安于现状者”和“消沉者”。

（四）建立科学的高校英语教学评估体系

任何教学都可以进行效果评估。最近对高校英语四、六级考试的取舍有各种不同的声音，在此判断：不会取消，但会改革。据说高校英语教学综合评估体系会是：1+N。这里的 1 代表全国高校英语四、六级考试，N 则是各类专项英语考试。显然，这将会改变一考独大的局面，体现王守仁在研讨会上所说的：评估主体多元化，评估内容多类型，评估手段多样化。

高校英语教学的现状是不尽如人意的，但改革的趋势很明确：教育部要求在以往高校英语课程要求基础上，制订新的高校英语教学指南。新的指南明确高校英语课程的服务意识是：服务于学校的办学目标，服务于院系专业需要，服务于学生个体发展需要。很明显，这里特别强调的是高校英语教学必须满足的三类服务需求。可以预计，一个全新的、更加注重实际需求的高校英语教学体系会产生，并将在教学实践中不断得以完善。我们应该为能成为这一体系建设中的一员感到骄傲，并承担一份责任！

第三章　信息技术与高校英语教学创新

第一节　信息技术与英语教学融合

一、信息技术与英语教学深度融合的定义

2010 年国务院印发的《国家中长期教育改革和发展规划纲要（2010—2020 年）》指出“信息技术对教育发展具有革命性影响，必须予以高度重视，把教育信息化纳入国家信息化发展整体战略”。为进一步落实教育信息化总体部署，教育部编制印发了《教育信息化十年发展规划（2011—2020 年）》，明确强调“教育信息化要充分发挥现代信息技术优势，注重信息技术与教育的全面深度融合”。在国家教育信息化大政方针的指导和引领下，我国教育界掀起了信息化教育的热潮，“慕课”、“微课”、“翻转课堂”、“在线课程”、“移动学习”、“手机云班课”和“信息化教学大赛”等一系列互联网教学术语开始频频走入教育各界人士的视野中。

高校英语是各大高校开设的一门公共必修课，也是一门应用性极强的语言课程。在高校英语教学实践中充分利用“互联网 +”带来的优势，为学生提供丰富、可视化的学习资源，创设交互、情景式的动态学习环境，大力借助现代教育信息技术更新教学内容、优化教学环境、革新教学模式、提升教学质量显得尤为重要。

传统的高校英语课堂，以“一间教室、三尺讲台、一支粉笔”为模式，教师是主演，学生是观众，这难以激发学生的学习热情、发挥学生的主观能动性，从而弱化了课堂教育的功能。此外，语言的社会交际功能决定着高校英语必然是一门集艺术性、交流性、实践性、应用性于一体的学科。教师就应该积极引进和使用计算机多媒体、网络技术等现代化的教学手段，改善学校的英语教学条件，营造良好的英语学习氛围，激发学生学习英语的自觉性和积极性。在信息化教育环境下教师就必须成为学生学习资源的提供者和开发者、学生学习能力的引导者和促进者、学生学习过程的沟通者和合作者、教学方法的创新者和反思者、教学活动的设计者和组织者、信息技术的研究者

和学习者；深入钻研教科书，利用现代信息技术，调动一切可利用的教学资源，投入更多的精力为学生提供丰富、可视化的学习资源，创设开放、动态的交互式教学情景，调动学生的学习积极性、主动性和课堂参与性，引导学生灵活应用英语进行交际，让课堂出彩，不断激发学生的求知欲，让学生真正成为学习的主人，投入其中、学在其中、乐在其中。

二、信息技术与英语教学深度融合的内涵

现代教育中信息技术与高校英语教学的深度融合并不仅仅是把信息技术当成单纯的教学辅助手段，而是把信息技术作为一种促进学生自主学习、优化教师教学环境、提升教学质量与效果的工具。教师要主动学习先进的教学理念，充分运用现代教育信息技术，把其作为学生主动学习的认知工具、情景教学的创设工具、教学资源的整合工具，并将这些“工具”运用到教育教学实践中，使信息技术化成为优质课堂的隐形助推力，成为课程内容的有机部分。以超媒体结构方式组织教学，设计、开发集文字、符号、图形、图像、活动影像和声音等多种因素于一体的教学课件，用多媒体技术解读、模拟或再现传统教学技术无法展示的课本对话或篇章场景、情景。实现信息技术与各种优质教学资源的有机融合，从而优化教学环境，从根本上改变传统的教学模式，大力培养学生收集、获取英语语言信息能力，分析加工语法句型结构能力，英语交流应用能力，互助协作能力和自主创新能力，充分发挥学生的语言学习主体性、能动性和自觉性。教学中的信息技术应用不仅可以丰富教学内容、改变教学模式、优化课堂，还可以在迎合学生的心理和时代发展特征的基础上，拓展学习空间。学生可以通过手机、iPad 等工具，利用信息技术网络教学平台学习与巩固课堂知识，搜集、预习语言文化背景知识以及学习参考资料等，也可利用信息技术进行自主听、说、读、写、译训练，进一步提高英语语言应用能力，养成自主学习的好习惯。

有效利用信息技术改革高校英语教学，不仅能创建新型教学结构，更可以革新教学思想、观念、理念，深化教学内容、教学方法、教学手段和教学过程的改革，实现教学效果最大化。

利用现代教育技术微信公众号和现代教育技术微信群建立“互励互教式”微课教学平台，可以拓展最初的课内知识点讲授。在“互励互教式”微课教与学下，学生对知识点的掌握、实践能力均有很大进步，思想道德品质也得到了很大的提高。教师从传统知识讲授者转变为知识的引导者，学生从知识的被动接受者转变为学习过程的主动参与者，教与学的过程从课堂延伸至课外，大大提高了学生的自学能力、积极性和主动性。

第二节 信息技术与英语教学融合发展现状

进入 21 世纪后，多媒体技术已经越来越多地应用于课堂教学当中，俨然成为提高课堂教学有效性的重要利器。研究表明，科学应用多媒体技术进行教学，可有效激发学生的学习兴趣，提高教学质量。

英语课堂教学质量的提升离不开有效的新课导入，因此，为提高英语课堂教学质量，很多教师会不约而同地在新课导入上下功夫。通过长期的新课导入实践发现，在英语新课导入阶段有的放矢地应用多媒体技术可切实促进新课导入质量的提升，有效激发学生的新课学习兴趣。英语教师结合多媒体技术成功导入新课的方式对学生而言无疑是别致且新颖的，比直接用语言交流的方式导入新课效果要好很多。因此，英语教师如果有条件，应积极结合多媒体技术导入新课。

众所周知，课堂教学的时间是有限的，在有限的教学时间内，英语教师很难将具体知识讲深、讲透，因此，对有责任心的英语教师而言，他们还会积极利用多媒体技术实现对学生的课余教学辅导。这样的做法是有效的，也是非常值得广大一线英语教师借鉴的。例如，在进行一系列练习题测试后，英语教师会发现班里一些学生都会存在这样或那样的错误。基于这种情况，英语教师可将学生经常出错的问题进行归纳总结，制作成多媒体课件，并将多媒体课件上传至网络平台（微博、微信），要求学生在家长的陪伴下观看课件。这样的做法可轻松帮助学生查漏补缺，而又不需要英语教师对学生一一进行课余辅导，不仅节约了英语教师的课余教学时间，还可以在一定程度上促进学生英语学习成绩的提升。长期的教学实践表明，多媒体技术在课余教学辅导中的应用不仅极具创新意义，还可以在一定程度上激发学生的课余英语学习参与积极性。因此，英语教师应积极利用多媒体技术，将其有效地应用于课余教学辅导当中，不断促进学生英语学习效率的提升。

多媒体技术与英语教学的融合具体可以从这几个方面入手：在新课导入中应用多媒体技术，在突破教学重难点时应用多媒体技术，在课余教学辅导中应用多媒体技术。除此之外，在英语教学的各个环节英语教师均可有的放矢地应用多媒体技术。这里需要明确的一点是，多媒体技术虽然是英语教学的重要辅助利器，但这并不意味着多媒体技术可以完全代替教师的角色。在具体的英语课堂教学中，往往会发生很多意想不到的动态生成，而这一切均需英语教师积极动用自身教学智慧予以有效应对。只要英语教师能够科学应用多媒体技术进行教学，其教学质量必然会不断得以提升。

第三节　信息技术与英语教学深度融合的思路

2017 年 1 月，国务院发布《国家教育事业发展“十三五”规划》，明确提出全力推动信息技术与教育教学深度融合，利用混合式教学等多种方式，形成线上、线下有机结合的网络化泛在学习新模式。该规划强调“互联网 + 教育”，意味着教育信息化为高校英语教学开辟了更为广阔的前景：高校英语教学不再拘泥于以教师为中心的知识传授，而是利用“线上学习”与“课堂教学”有机融合的混合式教学模式培养学生的英语应用能力。此外，《高校英语教学指南》也提出了现代信息技术与高校英语课程相融合的教学理念，鼓励教师实施混合式教学模式，明确指出在此理念指导下采取的举措成效显著。

一些研究者针对信息化时代的教学设计、教学模式和教学实践等展开了深入研究，但在混合式教学模式下，学生作为学习的主体，受到的关注较少。混合式教学模式以学生为中心，支持学生主动进行意义协商和知识构建，从而提高教与学的效果。实施混合式教学的有效途径就是切实发挥学生学习的能动性。然而，中国学生的在线学习经验缺乏、语言实践能力不足、自主学习意识薄弱、参与积极性不高、对混合式教学方式不适应，使得无论是在线学习还是基于在线学习的课堂教学都不能达到预期效果，从而成为有效开展混合式教学实践的“瓶颈”。本节以高校英语教学为例，探讨混合式教学模式下实践共同体对高校英语教学的作用，为信息技术与英语教学深度融合提供一个新思路。

一、什么是实践共同体

实践共同体也称为实践社团、实践社区。这个概念最初由社会学家雷夫等提出，指的是对某一特定知识领域感兴趣的人互相发生联系，围绕这一知识领域共同工作和学习，共同分享和发展该领域的知识。温格 · 特雷纳团队指出，实践共同体的三个结构要素是知识领域、共同体和实践。知识领域决定共同体成员的共同兴趣和身份感，他们受共同愿景的驱动，联系在一起共享、应用、创造知识，促进自我成长；共同体是学习的社会情境，其成员交流协作、互帮互助，共同实践、共同学习；实践是成员主动参与学习、发展共享知识资源并进行实际运用，成员在实践活动中学习知识，然后又将知识运用到实践中，以获得新的实践知识。

实践共同体的形成对有效学习的发生有积极的促进作用。实践共同体的知识转化是一个正反馈循环，正反馈使得共同体成为一个学习主体，在实现个人学习的同时有效促进动态知识生成。实践共同体的维持和发展可以通过组织的参与和管理，提高知识共享水平和效果。这一理论适用于课堂研究，对课堂建设有重要的启示意义。

二、融合思路——高校英语混合式教学

混合式教学将面对面教学与在线教学相结合，是信息化时代高校英语教学改革的必然产物。“高校英语混合式教学团队”通过教学实践，解构并重构传统课堂，将混合式教学分为在线学习、课内应用和课外实践等三个核心构成部分。它们在丰富的情境与应用的语境中互相联系、互相融合、互相支撑、互相促进。混合式教学弥补了传统课堂教学的不足，有利于充分发挥学生在学习过程中的主体作用，从而促进学生主动学习、自主学习、合作学习。

（一）在线学习

在高校英语的混合式教学模式中，在线学习形式主要采用小规模私有在线课程，教学资源包括语言知识学习和在线学习社区。学生通过自主观看精巧设计的微课视频学习语言知识，完成与课程内容紧密相关的在线练习和测验，以巩固语言知识。在线学习社区是学生与其他学生异步交流的场所，学生通过发帖和网帖，与其他学生和教师通过讨论交流、答疑解惑、沟通协作，分享语言学习资源和经验。

（二）课内应用

课内应用是指学生通过在线学习获取语言知识后，在面对面的课堂学习中将获取的语言知识加以应用。混合式教学下的课堂教学不再以知识传授为主要形式，而是围绕主题创设语言应用情境，通过各种或基于语言或基于技能或基于主题的任务，使学生置身于知识展示、语言游戏、问题讨论、方案制定、小组汇报等语言应用活动之中，并通过与团队协作，共同在“做”的过程中不断提高英语应用能力。

（三）课外实践

课外实践是混合式教学模式不可或缺的部分。学生经过在线语言学习和课内语言应用后，最重要的是能将所学语言知识切实运用到实践中。课外实践通常围绕主题创设的真实性语言实践项目展开，是课堂学习的延伸与拓展。如学生合作完成诸如问卷调查、视频制作、海报设计等项目，并用英语进行课堂展示或线上展示，以培养英语的语言产出能力。

三、实践共同体与高校英语混合式教学模式的关系

在高校英语的混合式教学模式中，学生成为知识的主动建构者，通过在线学习、讨论交流、团队协作等方式在实践中获取知识。学习方式的转变，对学生的自主学习能力、合作交流能力、语言实践能力等提出了极大挑战。为了使混合式教学模式达到预期的教学效果，有必要创建实践共同体，为语言学习提供互动交流、合作学习、共同实践等方面的支撑，充分调动学生的学习能动性，保障学生有效地参与混合式学习。

基于高校英语混合式教学模式的实践共同体是一种由学生和教师组成的学习型组织。学生为了获取英语应用能力，与其他学生和教师在实践过程中交流讨论、互动协作、共同实践，不断共同建构并发展英语语言知识和能力。

高校英语的实践共同体包含发起者、核心成员和一般成员三类成员角色。其中，发起者是指教师和助教：教师通过发布线上教学资源和课堂交流帖子、组织线下交流讨论活动、布置课后合作实践项目，积极推动实践共同体的形成和发展；助教则通过在线网帖为学生答疑解惑，维护共同体的正常运转。核心成员是指英语能力较强的骨干分子，他们通过线上主动发帖和网帖、线下积极引领课内活动和实践项目，分享英语语言知识和学习经验，领导其他成员进行语言实践学习。一般成员是指英语学习的参与者，他们通常按照课程要求完成线上、线下语言学习任务，在发起者和核心成员的引领下参与线上、线下的交流和分享，完成实践学习。

实践共同体成员具有共同愿景，短期目标是完成大学阶段的英语学习，获得课程分数；中长期目标是通过英语课程学习，提高英语应用能力。在共同愿景的驱动下，实践共同体成员积极参与相关的学习活动：①自主学习在线课程，通过观看微课视频，完成在线练习，获取进行语言实践所需的知识。在这个过程中，可以随时在讨论区与其他成员讨论课堂话题，就在线学习过程中产生的疑惑提问，大家群策群力共同寻找解决方法，并分享学习过程中积累的学习资源和经验。②进入面对面课堂内，在教师创设的相关学习情境中分享在线学习成果，并与其他成员互动协作，完成学习任务，应用语言知识，在共同学习中巩固在线学习成果。③对知识内容和语言能力进行梳理，与其他成员合作完成教师布置的语言项目并进行实践产出，在实践中相互启迪，获取新的语言知识与能力。

实践共同体成员的学习目标是通过在线学习、课内应用和课外实践，完成技艺传授、镜像学习、语言应用和以文成事等学习活动，最终获取语言知识，提高英语应用能力。无论是在线讨论区的互动交流，还是课堂内语言应用任务的协作完成，都有利于学生不断地分享、应用知识，并在运用知识的过程中构建、内化知识。课外实践项目基于在线学习和课内应用取得的学习成果，要求学生在“做”的过程中将学到的知

识内化为个人知识，并创造新知识。随着一个教学过程的完成，实践共同体成员也完成了一个语言知识获取的循环。

四、高校英语混合式教学的保障条件

随着信息化时代的到来，学习者的学习方式正经历前所未有的革新，现代教育技术与外语教学的深度融合使混合式教学模式应运而生。学生作为学习的主体，需要提前做好充分准备，以迎接这种前所未有的学习方式。习惯于“填鸭式教育”“被动学习”的学生，要想适应混合式教学模式恐怕不易。实践共同体为学生提供了交流讨论、相互协作、共享知识、实践知识的途径，是高校英语混合式教学实施的有力保障。

（一）支持协作学习，实现知识获取

实践共同体成员由参与混合式学习的学生构成，他们拥有共同的学习愿景、相似的知识领域，既是学习资源的提供者、分享者和受益者，又是新知识的生产者。在语言知识学习的过程中，实践共同体的发起者、核心成员和一般成员相互介入，所有成员共同协商，共同积累在线学习和自主学习的经验，相互协作完成各种语言学习活动、任务及项目，并通过镜像学习提升自己的英语语言水平和英语应用能力。

（二）强化语言应用，完善知识建构

实践共同体理论认为，学习是在实践的过程中进行意义协商、构建知识。高校英语实践共同体强调学习的共同参与，而不是单纯的知识输入。在这个实践共同体中，学生与其他成员和教师通过在线学习、课内应用和课外实践，积极参与真实情境的语言应用，分享知识、经验和想法，由知识的旁观者转变为知识的实践者，将所学的知识运用到实践中，并在实践中建构新的知识，使有意义学习通过参与实践得以实现。

（三）支撑语言实践，完成知识转化

实践共同体的学习活动以应用实践为主，学生积极自主地参与在线学习、课内应用和课外实践，这是一个学生交换显性和隐性知识并共同创造新知识的过程。在这一过程中，学生不断提高语言实践能力，通过语言实践激发已有的语言知识，同时通过资源共享、语言应用和实践活动等在实践中促进知识的应用，推动语言知识由隐性转化为显性，继而在语言实践过程中内化知识，使自己真正成为知识的“小主人”。

混合式教学模式是信息化时代教学改革的必然趋势，而高校英语混合式教学模式是外语教学与现代教育技术深度融合的产物。要想让已经习惯了传统教师讲授型课堂的中国大学生转变学习方式，就需要有语言学习、应用等方面的支撑，这是有效实施

混合式教学模式的关键。构建基于高校英语混合式教学模式的实践共同体，为解决这一关键问题提供了有效环境与途径。学生在语言学习的过程中自主交流、相互协作、共享知识，并在语言实践的过程中共享、运用、内化、创新知识，这有助于在线学习和课内教学的有效实施，能切实提高学生的英语应用能力。

第四节　“互联网 +”时代自主学习的教学模式创新

一、高校英语自主学习模式与传统教学模式比较

自主学习教学模式是以行为主义心理学家所认为的自主学习，包括自我监控、自我指导、自我强化三个子过程为理论依据。认知建构主义学派的代表弗拉维奥认为，自主学习实际是元认知监控的学习，是学习者根据自己的学习能力、学习任务，积极主动地调整自己的学习策略和努力程度的过程。它是在教师指导下，创设学生自学思考的情境，通过师生及生生间的互相交流、探讨，归结出学习内容的重点和规律性的知识，从而促使学生掌握知识、建构自己的认知结构、激发学习动机，实现“他主性”到“自主性”的转换，开发多元智能的一种教学方法。

自主学习教学模式并不等同于自学，也不是无教师主导的教学。它是一种以教师为主导、以学生为主体的，既培养综合语言运用能力又注重发展自主学习能力的全新教学模式。教师的教学信念影响着教育实践和学生的身心发展，习得并使用适当的教学模式对于提高教学效果有着至关重要的作用。

二、高校英语自主学习教学准备策略

教学是一种有目的、有计划的活动。在活动之前，教师需要进行必要的准备，在头脑中或书面上做一个计划。足够的课前准备是有效教学的前提，学生一届届更换，知识一天天更新。即使教授同一课程，教师仍需认真备课，以加强教学的针对性，这样可以减少教师教学时的不确定感，找到一种方向感、自信心和安全感，也可以借此过程进行学习、收集和组织材料，安排时间和活动顺序。制订计划还可以直接运用于教学。这里是从课堂教学的基本要素，包括教学目标、内容、行为和组织形式，来对准备课堂教学策略进行探讨。

（一）确立高校英语自主学习的教学目标

教师在活动之前关于如何进行计划，主要有两种不同的取向：一种是“整合计划”

模式，另一种是“目标、手段详细计划”模式。我们采取第二种模式，这是一种技术性、策略性的取向，先把宽泛的目的一步步地分解为具体的目标，然后根据详细的目标选择、组织教学内容，选择合适的教学行为、教学组织形式，形成详细的教学计划，即教案。

高校英语教学是以英语语言知识与应用技能、学习策略和跨文化交际为主要内容，以外语教学理论为指导，集多种教学模式和教学手段为一体的教学体系。高校英语的教学目标是培养学生英语综合应用能力，特别是听说能力，使他们在今后工作和社会交往中能用英语有效地进行口头和书面的信息交流，同时增强其自主学习能力、提高综合文化素养，以适应我国经济发展和国际交流的需要。教学目标是教师进行教学活动的指南。教学目标与学生的学习目标应该是相同的。让学生对目标认同并真正理解，让学生积极参与目标的制订，发挥其主动性。

教育部2014年颁布的《大学英语教学指南》指出：高校英语的教学目标是培养学生的英语应用能力，增强跨文化交际意识和交际能力，同时发展自主学习能力，提高综合文化素养，使他们在学习、生活、社会交往和未来工作中能够有效地使用英语，满足国家、社会、学校和个人发展的需要。

根据我国现阶段基础教育、高等教育和社会发展的条件现状，高校英语教学目标分为基础、提高、发展三个等级。在三级目标体系中，基础目标是针对大多数非英语专业学生的英语学习基本需求确定的，提高目标是针对入学时英语基础较好、英语需求较高的学生确定的，发展目标是根据学校人才培养计划的特殊需要以及部分学有余力的学生的多元需求确定的。高校英语教学与高中英语教学相衔接，各高校可以根据实际需要，自主确定起始层次，自主选择教学目标。分级目标的安排为课程设置的灵活性和开放性提供了空间，有利于实施满足学校、院系和学生个性化需求的高校英语教学。

（二）高校英语教学中教学材料的加工

无论是自己编制所教课程内容的教师，还是根据已经规定好的内容进行教学的教师，根据教学的意图或目标对可得到的材料进行编制、研究和分析都是进行准备工作中不可少的环节。教学材料（materials）是指教学内容的各种形式的载体。教科书是实现课程标准和确定教学目标的重要保证。为了打好语言基础，培养语言应用能力，提高文化素养，教科书应为课堂教学提供最佳的语言样本和有系统性、有针对性的语言实践活动的材料。

教师要充分利用教科书所提供的语言材料组织好课堂教学和指导学生课外自学。此外，外语教学的教师可以采取集体备课形式，结合教学大纲及教学计划，对所教科目知识的性质及所面对学生的需要、兴趣、能力水平和学习与思维习惯的特征，在深入了解的基础上，集众人的智慧共同编制开发补充教学的相关课件和辅助教科书；根据实际教学对象的特征，选择和组织相关教学内容，以便更好地适合自己的教学情景。结合信息技术手段，在课堂上以声、像、图、文等多种形式为学生提供教学内容，对教科书更好地辅助和补充。其外观、版式设计色彩鲜明，内容贴近现代生活，围绕学生这个主体向外扩展，让学生在学完一个单元后懂得自己能做什么，遇到相同的情境该怎么去听与说，在不知不觉中提高听说技能，消除可能产生的心理问题和听说障碍。相比之下，传统教科书却很容易给学生以较为呆板的印象：一幅图、一段材料、一个生词表、几道练习题，色彩单一，排版单调，学生不感兴趣，对英语学习的兴趣就会降低。教学课件与教科书有机地结合，为我们展示生活中方方面面的知识，提供诸多与学生身边现实生活有关的话题，可以促进学生对语言知识的运用能力提升。

（三）教学行为的选择

根据教学目标或教学意图，教师对教科书进行选择与确定等处理后，还必须考虑选择什么样的行为才是适当的。选择教学行为的依据如下：

（1）教学目标或教学意图。每节课都要针对认知领域、情感领域及动作技能领域，有一定的目标或教学意图，采取何种教学行为要与教学领域及要达到的学习水平联系起来考虑。在促进高校英语自主学习教学中，主要着眼于学生的自主性，教师以指导的形式为学生提供学习情境，创造学习条件，让学生主动参与教学活动，促进英语综合运用能力提升。

（2）认真研究学生。学生是学习的主体，教学的有效开展依赖于学生的参与。所选择的教学行为要与学生的认知水平、经验水平、学习风格相符合。当某一方式适合学生的能力、需要和兴趣时，他们会感到非常自如，并且学习效果最好。大学生在认知发展方面已具有丰富而完备的学习策略，大学生在自我发展方面已成为其自身发展的主体，在学习方法上对自主性要求较高，教师在选择教学行为时都应有所考虑。

（3）考虑环境因素。在进行教学行为选择时，教师还应该把环境因素考虑在内，诸如可用的空间及各种信息技术手段等。

（四）教学组织形式的设计

教学组织形式是指教学活动中教师与学生为实现教学目标所采用的社会结合方式。课堂教学组织形式基本分为三种：第一种是全班组织形式，通常称班级授课制；第二种是分组组织形式；第三种是个别组织形式。教学组织形式可采用不同教学组织形式相结合的方式，如某大学根据自身实际教学情况，实施如下教学组织策略：

1. 分层教学

按照《大学英语教学指南》，高校英语教学应贯彻分类指导、因材施教的原则，以适应个性化教学的实际需要。

高校英语教学以英语的实际使用为导向，以培养学生的英语应用能力为重点。英语应用能力是指用英语在学习、生活和未来工作中进行沟通、交流的能力。高校英语在注重发展学生通用语言能力的同时，应进一步增强其学术英语或职业英语交流能力和跨文化交际能力，以使学生在日常生活、专业学习和职业岗位等不同领域或语境中能够用英语有效地进行交流。

高校英语根据三级教学目标提出三个级别的教学要求。基础目标的教学要求主要针对英语高考成绩合格的学生，是大部分学生本科毕业时应达到的基本要求。提高目标和发展目标的教学要求针对大学入学时英语已达到较高水平的学生，也是对学生英语应用能力要求较高的专业所选择的要求。对英语高考成绩基本合格的学生，学校可适当调整基础目标的部分教学要求。

高校英语三个级别的教学要求分总体描述和单项技能描述。总体描述包括语言技能与知识、跨文化交际能力和学习策略的要求；单项技能描述则从听、说、读、写、译五个方面对三个等级的教学目标做进一步的说明。各高校应依据《大学英语教学指南》提出的三级教学目标和教学要求，结合学校、院系和学生的实际情况，确定具有本校特色的教学目标和教学要求。

大学阶段的英语教学要求的三个层次，课堂教学面临改革的首要任务，就是以学生客观存在的差异为前提，设计不同层次的教学内容，改革教学模式，使每个学生在最适合自己的学习环境中求得最佳的发展。在实际教学中，教师既要照顾起点较低的学生，又要给基础较好的学生有发展的空间；既能使学生打下扎实的语言基础，又要培养他们较强的实际应用能力；既要保证学生在整个大学期间的英语语言水平稳步提高，又要有利于学生个别化的学习，以满足他们各自不同的专业发展需要。

针对学生英语基础差距较大的情况，信息环境下进行高校英语自主学习教学，可以从新生开始实行“分级教学”即学生入学后参加英语分级测试，根据测试的总成绩和其中的听力部分成绩，以及入学高考成绩进行分班教学。将学生分为一级、二级和预备二级三个级别，即 LeVeL1、LeVeL2、Pre-IeVeL2（以下简称 Ll、L2、Pre-L2）。其中 Ll 针对英语基础一般的学生，L2 针对英语基础良好的学生，Pre-L2 针对英语基础差的学生。每班人数定在 50 人左右。如果每级学生人数不足一个班，可以跨院系编班，打破传统高校英语教学中以院系组班的限制。各个级别有不同的教学对象和教学目标，计划四学期内，Ll 学生应完成大学基础英语一、二、三、四级的学习；L2 学生应完成大学基础英语二、三、四级的学习和两门英语限选课的学习，两门英语限选课均在第四学期进行，英语限选课将根据教育部要求，并结合学校专业特色及实际情况来开设，如高校英语六级，英美概况，英语中、高级口语、阅读和写作等，学生完成高校英语四级的学习后才能进行英语限选课的学习；Pre-L2 学生应完成大学预备级英语一、二、三、四级的学习。切实贯彻因材施教，促使有能力的学生向更高要求前进，学生分级后采用滚动管理，定期调整，即“滚动制”，对于 L1 和 L2 中学习突出、拔尖的学生，在完成规定的网上学习课程内容后，可申请提前参加该级别考试。口试、笔试成绩达到本级别优秀水平，可提前进入上一级的学习。每一学期进行一次调整，期末考试后，成绩优秀的学生可选择跳级，成绩太差的学生则须降级。每一学期进行一次微调，每一学年进行一次大调。

2. 高校英语自主学习课程类型设置

建立高校英语基础综合类课程和全校高校英语选修课程的课程体系，该课程体系不仅包括传统的面授课程，更注重开发基于信息技术环境的高校英语课程。将综合英语类、语言技能类、语言应用类、语言文化类和专业英语类等必修课程和选修课程有机地结合，形成一个完整的高校英语课程体系，以确保不同层次的学生在英语应用能力方面得到充分的训练和提高。

在促进高校英语自主学习教学中，学生周学时数保持在 7 学时，采取课堂面授和自主学习相结合方式进行教学。课堂面授教学由两种课型构成，即读写译课和听说兼辅导课。其中读、写、译的大课堂采取班级授课，可以使教师同时为许多学生授课，每周安排 2 学时，以教师指出教学难点、重点，并串讲课文等方式，帮助学生掌握基础知识，透彻理解每篇文章的文化内涵，从而提高英语阅读、写作和英汉互译的能力；听说兼辅导课采取小组组织形式，根据不同层次，每个班分为 8 组左右，每组 8 人，每周每组学生安排一次面授辅导。这种方式适合学生个别化学习，可以增强小组成员互相激励与合作学习，以师生、生生交流，以及教师指导的方式，对每单元课文和网上学习内容开展主题讨论或合作活动，重点培养和提高学生口语表达能力；同时对学生课下网上学习的进度和程度进行督促检查，随时掌握学生网上的自学效果，答疑解难，个别指导，并根据学生的学习效果决定学生是否可以继续学习。此外，学校建立自主学习中心配置语音输入 / 输出系统，为学生提供上机进行听说作业训练创造条件，为学生创造自主学习环境。这种形式允许学生有比前两种组织形式更灵活的学习进度和时间安排。

三、高校英语自主学习教学实施策略

教学实施策略是实现教学目标的关键阶段，涉及多方面的教学策略：教学实施策略的选择应以教学理论为依据，既要符合教学内容、教学目标的要求，又要适合教学对象的特点，还要考虑在特定的教学情境中的必要性和可行性。下面从普遍性策略和具体策略两个方面，对高校英语自主学习教学实施策略的选择与运用进行分析。

（一）普遍性策略

普遍性策略是指适用于各种课型的教学策略，不管听、说还是阅读、写作，甚至是复习，都离不开教师的组织教学。教师都有必要采用不同的方式激励学生，作为师生交互活动的主要组成部分，提问也是任何课堂都无法回避的教学行为。这里将普遍性策略分为组织策略、激励策略和提问策略进行探讨。

1. 组织策略

课堂组织是成功完成教学任务的一个主要因素。没有教师的有效组织，任何活动都不会起到应有的效应。教师有必要掌握一定的方法和技巧，合理安排课堂活动，有效地了解课堂问题，保证课堂教学顺利进行。课堂上教师重要的任务是“创造有利于学生自主学习的环境”。现代外语教学理论的发展使人们对语言的学习和语言的教学有了新的认识。交际教学的普及、人本主义理论的运用把学生推上了课堂的主体，使教师的角色发生变化，教师是课堂教学活动的组织者、控制者、检测者、启发者、参与者和信息源。课堂组织要选择适当的交互模式，课堂内的交互活动是教学活动的载体。交互活动决定着学生的参与程度。交互模式是否得当、运用是否合理等都会直接影响课堂的组织。课堂活动的互动方式一般分为四种：班级、小组、同伴、个人。不管采用什么方式，都应尽可能让学生参与教学活动。例如，在进行读、写、译课程教学时，采取合班形式将两班的学生合为一班，在多媒体教室进行班级授课。教师讲授，配合课前准备的教学课件，通过文本、图像、影视、动画及音响等多种呈现方式，突出教学重点，在有限的教学时间内提供广泛而充足的语言输入信息，扩大知识面，大大增加课堂教学容量，使学生以多种感官接受“刺激”，使大脑两半球都活动起来，从而增强记忆，提高学习效果。

听力与口语课程，采取小组教学形式，在教师的指导下，对每单元课文和网上学习内容进行讨论，让每一位学生开口讲英语，突破开口难的第一步，重点培养听力理解能力和提高学生口语表达能力。

2. 激励策略

雅克博维茨的研究表明，影响第二语言习得的主要因素中动机占 33%。所谓动机，就是对某种活动有明确的目的性，以及为达到该目标而做出一定的努力。第二语言学习者首先要有强烈的学习愿望，从而产生学习动力，进而付诸行动。他们当中有相当一部分人的学习动机是工具性的、外在的、短期的被动动机。许多学生虽然能意识到我国加入 WTO 后学好英语的重要性，但是由于缺乏综合性的、内在的、深层次主动性动机，所以平时不努力，对英语学习也没有过高的要求。他们学习英语的动机首先是为了期末考试及格，其次是通过英语四、六级考试，获得英语四、六级证书和学位证书。他们很少考虑语言交际的需要和实际运用能力的培养。在英语学习上遇到困难时，他们不是积极、主动地下功夫克服困难，而是寻找各种捷径躲避。动机与外语学习效果的联系极为密切，因此，如何激发和培养大学生英语课堂学习动机，是教师面临的一项重要的任务。

（1）动机的激发

一个完整的动机概念包括三个方面的因素，即动机的内在需求、外在诱因和自我中介调节作用。这样把动机理解为自我调节的作用下，个体使自身的内在需求（如本能、需要和驱动力等）与行为的外在诱因（如目标、奖惩等）相协调，从而形成激发、维持行为的动力因素。

一是内在需要的培养与激发。动机源于个体的内在需求、内部唤醒状态。需要的形成和转化是有效地培养和激发个体的内在需求的主要途径，个体的内在需求在与目标相联系的情况下，就由一种基本需要状态转化为唤醒状态，形成具有一定能量和方向性的驱动力。而驱动力又是行为的直接动因。通过让学生对其学习目标有相应的明确认识，来加强学生的内部唤醒状态，提高其学习的内在驱力水平。持有这种内部动机的外语学习者有持久性，他们不会受外界因素的干扰，会把精力集中到英语学习中。实际教学中，教师要针对教学内容，收集相关内容信息和资料信息获得途径，联系现实生活，为学生创设语言情境或课下知识扩展提供帮助。

二是外在诱因的设置与运用。外在诱因主要是指行为目标和奖惩等。实践教学中教师要根据学生个人具体情况设置教学目标，目标应稍高于学生已有发展水平，这样更能调动学生学习的积极性，且应长远目标和近期目标相结合，让学生不断获得成功，在体验成功的基础上形成向长远目标奋斗的动机。美国心理学家赫洛克试验表明，表扬对学习效果的作用远远高于反馈形式（批评、训斥、忽视等）。教学中对于低成就和力求避免失败的学生，教师要多给予鼓励。教师的一句“Good”“OK”或者点头、微笑都可以起到激励的作用。惩罚的作用在于克服学生在学习过程中出现的注意力涣散和不努力状况，让学生尽力去避免惩罚，从而达到促进的目的。但惩罚往往有伤学生的自尊，易引起学生敌对情绪，不宜频繁使用。

三是自我调节能力的培养。自我调节是连接和协调动机的内在起因与外部诱因的桥梁。在教学中教师要进行合理预期。预期是指人对某行为目标实现的可能性大小及其价值的估计，是个体在行动之前对行为的结果产生认识。根据预期来调整自己的动机水平、行为目标等，使行动方案符合个体的内在要求。教学中还应及时向学生提供学习效果的反馈，让学生及时了解自己学习进展和结果，获得相应的评价，从而更好地调节自己的学习动机和学习行为水平。

四是自我效能信念的培养。自我效能是一种反映个体对自己已有能力能够成功地完成某项活动的信任程度的心理特性，也称自信心。动机的缺乏很大程度上源于自信的缺乏。通过自我效能信念能够判断个体进行某一活动的成败，直接影响教学目标的确立、学习动机中各因素间的协调等。每个学生都有证实自己能力的愿望，正是这种愿望赋予其克服困难的勇气和持之以恒的精神。教学中教师应让学生自己拟定评估自己的标准，给学习能力相对薄弱的学生适当的补救性帮助，给优秀学生提供挑战性较强的任务，设计弹性评估程序，使优秀学生看到自己的高水平，使差生看到自己的收获。让学生体验成功，肯定其学习的潜能，有助于提高学生的自我效能信念，激发学生的内部动机。

五是结果成败归因的训练。所谓归因，就是个体对自己或他人行为结果产生的解释或推论。在学习活动中，每个学生都会在自己的学习行为及其结果中体会到成功和失败，也都能够找出各种各样的理由来解释自己的成败。归因是否适当，直接影响到学生对自我的判断和对学习的态度。当学生将其失败归结为能力不济，就可能会失去信心；归结为方法不当、努力不够时，他会尝试努力去做。当学生把成功归结为自身能力时，成功会使其增强自信；归结为奋斗时，意味着问题的难易程度是适中的。

因此，教师要让学生感觉他们具备学习能力。指导学生个体在学习活动中注意总结学习成功和失败的经验教训，成功固然更添信心，失败也不归咎于不可控制的因素（运气不好或能力差），而是客观寻找学习中可控制因素（如努力程度，学习策略运用情况等），并且吸取教训，下一次争取做得更好，培养一种良好的归因心理。归因训练，可解决学生的认识问题，改变学生的归因方式，从而调动学生的积极性。

（2）兴趣的激发与培养策略

兴趣是学习动机中最现实、最活跃的成分。学生有兴趣学习，就会诱发求知欲，产生极大的学习热情。教师应充分利用信息技术手段的优势，吸引学生注意力，使学生投入到学习任务中，才能激发学生学习兴趣。

一是创建积极的课堂环境。大量已有的研究证明，积极的课堂环境能激发和保持学生的学习兴趣，促进学生自主学习。这里的课堂环境的创建，不仅是一个适合学生学习的物理环境，更重要的是要创建适合学生自主学习的学习氛围。学生学习环境虽然是影响学生学习的外因，但它可以激发学生的学习动力，教师对学生的积极态度能有效提高其学习动机和学习成绩。积极的课堂环境可以促使学生对整个学习过程都充满兴趣，并主动参与学习过程，这正是自主学习的重要特征。

二是创设问题情景，激发学生学习兴趣。问题情景是指不能直接用自己已有的知识处理，但可以间接用自己的知识处理的情境，就是在教学内容、生活实际与学生求知心理之间产生一种认知冲突，从而把学生引入问题解决的情境中，吸引学生的注意力，使其产生兴趣和好奇心。

三是开展英语第二课堂。教师有意识地激发和培养学生的兴趣，努力使学生的兴趣从有趣、乐趣发展到志趣。英语第二课堂是指为学生在课外进行语言实践活动提供环境和指导。开展第二课堂，一方面使学生能够把课上所学用于实践，提高语言实际运用能力；另一方面，实践中的问题反过来指导和激励学生的课上学习，学与用互相加强、互为动力。例如，开办校园英语广播，以新闻播报、英语诗歌朗诵、小对话、文化故事、学习辅导等作为广播内容；创办英语网站，建设高校英语网页，为学生提供网上学习平台，丰富英语自主学习环境，教师可以在网上布置作业，提供专题辅导、阅读与欣赏、优秀作品及竞赛展示等，推荐或提供经典外国电影，为学生播放英文原版电影，使他们在实际情境中感受语言文化，促进语言环境的建立；举办中外专家英语讲座，邀请国内外知名大学专家学者开展讲座；举办外语竞赛，如演讲、辩论、作文、词汇竞赛等活动，提供一些具有挑战性的任务，激发学生学习兴趣，促进学生运用英语的能力提升；举办英语口语广场、晚会联谊等活动，促进学生语言交际能力的训练。

四是培养师生之间的积极感情，以激发学生英语学习的热情。成功的社会交往能使学生充分体会到安全感，频繁而有效的交往也能很好地激发学生在群体中的个人学习动机。营造轻松热烈的课堂气氛，减少学生的情感焦虑，使师生之间高度和谐，可以激发学生学习兴趣。师生之间民主、平等的关系更有助于唤醒学生的自我意识，促使自主学习顺利进行。运用信息技术，计算机可以“扮演”教师角色，更加耐心、公平，创造一种和谐的信息环境，使学生没有压力，敢于冒险，大胆尝试，增加成就感，增强英语学习兴趣。

3. 提问策略

提问是课堂教学最常用的策略之一，也是最富影响力的教学艺术。学生只要产生了解谜的心理需求，求知欲和探索欲就会促使其去探索。而学生探索学习的积极性、主动性，往往来自充满疑问的情境中。教师通过创设问题情境，在教学内容、生活实际与学生求知心理之间产生一种认知冲突，从而把学生引入问题解决的情境中。提问、回答作为高校英语课堂中最普遍的一种话语形式，可以加强师生之间的交往，激发学生的学习动机，调控教学过程，对语言习得有很大的促进作用。提问可以保证学生在学习活动中的参与度，通过问题的调节，语言会更加清晰易懂，对交互活动的开展有很大的促进作用。问题是组织教学的主要手段，适用于课堂教学的各个环节。

（1）计划策略

要使学生积极参与问题，教师应提前确定提问的目的，选择问题内容来组织问题，并尽可能预测学生的答案。

（2）问题设计策略

尽可能设计启发学生思维的问题，应相对于学生的语言能力、思维能力、知识水平有一定的难度，对学生具有挑战性。对这类问题的正确回答，对学生的自信心及学习能力的发展具有十分重要的作用。

（3）控制策略

教师在提问的过程中要有意识地调整提问方式，使问题由易到难，体现层次性，给学生留有思考的时间。当学生不能回答提问时，教师应调整问题，给予提示或引导学生找到答案，也可以将问题转向另一个学生。

（4）反馈策略

及时对学生的提问或回答给出评价，是提问有效进行的保证。鼓励、引导回答不当的学生，对学生能力表示认可，教师对学生良好表现口头称赞甚至非语言性的动作、表情都可以作为反馈，使学生体验成功，唤起自信心，进而走向成功。

根据高校英语的性质和具体的教学内容，教师将学习内容转化为各种形式的有价值的问题，并在网络教学演示课件上呈现，为学生在课内外的研究性学习设置起点。恰如布鲁纳所说的“教学过程是一种提出问题和解决问题的持续不断的活动”。因此，我们应多为学生创造思考的空间。这就要求教师在教学过程中，善于通过多媒体教学系统引导学生思考、讨论、问答问题，而不是限制学生的思维，被动地跟着自己走。

（二）具体教学策略

具体教学策略在本研究中是指用于培养学生听、说、读、写能力的教学行为。我们根据所涉及的教学内容，从听力与阅读教学策略、口语与写作教学策略以及词汇与语法教学策略等角度，探讨信息环境下促进高校英语自主学习教学策略。

1. 听力与阅读教学策略

听力是听者积极主动地接收目标语言，理解、筛选有用信息并存入长时记忆，逐步扩大听觉渠道的一个过程。

心理语言学认为阅读是一个信息加工的心理过程，读者利用视觉信息自下而上对文章的字、词、句进行解码，逐步理解整个语篇的意思；读者也可利用已有的背景知识，自上而下地预测内容。在阅读过程中，二者常交替综合使用。听力与阅读材料是一定社会和文化的产物，需要一定的文化与社会背景来真正全面理解内容。信息环境下，高校英语教学就是利用以多媒体计算机为核心的信息技术和资源，构建高校英语教学活动，传授基于信息技术的高校英语听读的基本知识、基本技能，培养学生利用信息技术获取必要的外语信息的能力和外语听读的能力，使学生从中感悟计算机文化的丰富内涵，扩大学生的文化视野和言语信息的输入或输出。信息技术的发展为多媒体辅助高校英语阅读教学提供了良好的条件。同传统印刷文本的阅读教学相比 . 多媒体可以将文本和声音、图像等其他媒体结合，形成一种综合信息，增加学生阅读的兴趣。由于多媒体带有内置帮助手段，如在线词典、在线词汇表、句子解释、电脑发音等功能，学生更容易理解阅读材料。另外，多媒体辅助高校英语阅读教学的另一个优势就是它的“可改变性”。学生可以直接在电脑上对电子文本进行修改、复制、重组，阅读活动不再是单向的交流，而是一种文本与读者之间的互动、对话。这种双向的交流，更容易实现学生的自主学习。基于阅读和听力二者都涉及接收、处理信息的过程及社会文化背景对理解力的影响，笔者认为在对这两项技能进行训练时，以下三种策略比较重要。

（1）建立、扩展图示策略

建立、扩展图示策略指在听力、阅读教学过程中，教师要训练学生积累与听读材料有关的背景知识，增强对篇章的联想理解。教师要提供机会以唤起学生已有的背景知识，同时还要拓宽与信息相关的背景知识。该策略主要用于听力、阅读课教学的引入阶段。

在教学过程中，教师对不同文化、不同价值观和不同道德标准之间进行对比，利用信息技术的视频、音频、动画等效果或实物、图片等建立图式，帮助学生理解听读材料，或为学生提供相关背景知识材料，如在听读前，组织一些以提高背景知识为主的课堂活动。

学生对听读材料的背景知识知道得越多，理解的程度就越深。背景知识对英语语言水平较差的学生来说尤为重要。这些学生由于低层次处理技能即语言符号识别和句法结构认知能力欠佳，常逐词逐句阅读且断断续续，而启动和建立背景知识属高层次处理技能，如借助丰富的背景知识，就可以弥补这些不足。信息技术为我们在教学过程中生动地展现或导入背景知识提供了便利。

（2）训练学生听、读技巧，“授人以渔”策略

训练学生听、读技巧，“授人以渔”策略是指教师在听力与阅读教学过程中要训练学生，使其掌握运用高效听读技巧，提高听读理解能力。该策略在听读教学中以完成任务方式进行。高校英语教学中该策略通常训练以下几种技巧：猜测技巧，指听读者根据已有的背景知识或图式的建立，高效地预测所要听读内容的技巧；寻读特定信息，这一技巧使人们能很快获得某一条或几条特定信息的方法；略读大意，指无特殊目的，只需了解材料大意和中心思想；识别功能、话语结构技巧，指学生通过识别特殊符号，进行有选择的听、读，提高听读效率的技巧；根据上下文猜测的技巧，指学生对阅读过程中所出现的生词和较难的句子能通过上下文猜测其意思的技巧。

（3）丰富语言输入策略

语言课堂教学活动可分为两大类，即为学生提供语言输入类和鼓励学生运用语言类。语言输入靠听和读，语言输出靠说和写。输入 / 输出关系密切，相互促进。通过听和读，输入的语言材料和语言知识越丰富，越有利于输出的准确性、流利性和多样化。教师要广泛收集、选择适合学生程度且不局限于教科书的、语言地道准确的多种

听读材料，为学生提供尽量多接触真实语言的机会，通过大量的听读活动训练学生的听读技巧。在教学过程中，教师可以充分利用信息技术手段，采用英语小故事、幽默、笑话，听英文歌曲，或用英语报告重大新闻等方法来训练学生的听读能力。

2. 口语和写作能力教学策略

口语和写作是基本的语言表达形式。语言教学的中心任务是培养学生通过听、读获得信息，以说、写表情达意、交流信息。学生开口说英语的最大困难是心理障碍，如害羞、怕出错、缺乏自信心等。克服心理障碍的有效方法就是创造轻松、愉快的课堂气氛，鼓励学生大胆开口。

（1）教学过程交际化策略

教学过程交际化策略是指教师针对性地训练学生说、写能力时，其教学过程应强调交际训练的成分，让学生进行真实的信息交流。教师可以提供背景，学生进行模拟交际，让学生自由思维、自由创造，在给定的背景下自由表达，从“想说”到“想说好”，如借助信息技术在线聊天和电子笔友等功能，为学生创造一个真实的说、写语言运用环境。

在与英语国家的学生笔友通信往来时，学生听、读到的是地道的英语，还有对方独特的思想观点。与英语国家学生通信本身也是一种跨国文化交流，使学生直接接触异国文化，这必然有助于学生英语语感的形成和跨民族文化意识的培养。电子邮件写作具有灵活性和高速性的特点，提供适时远程交互。Word 文档的拼写和语法检查功能帮助学生检查写作错误，电脑词典提供词义参考和查询，便于文章的修饰和修改，且操作方便快速。总之，利用电子笔友进行英语写作教学可以为学生提供真实的英语交际语境，提供体验英语和使用英语的机会，可以大大提高学生的写作积极性。

（2）巧妙处理语言错误策略

巧妙处理语言错误策略指教师应树立正确的语言错误观，正确看待学生表达中出现的错误，在不同阶段、针对不同学生、按错误的程度区别对待语言错误，引导和帮助学生改错，教师要及时引导学生看到自己的进步，并加以鼓励。许多研究表明，害怕错误的学生常在口语练习中保持沉默，或在写作中机械照抄课文原句，教师在纠错的过程中要帮助学生树立自信心。

（3）练习方式活动化策略。

练习方式活动化策略指教师有目的地设计语言表达练习活动，为学生运用语言提供足够的机会，而不仅仅是单纯的语言形式机械重复。可通过开展英语游戏、演出，举办演讲、竞赛等活动，使学生运用课堂以外的信息、经验和知识，在不知不觉中运用学过的语言。

3. 词汇语法教学策略

正如美国外语教学专家布朗指出，词汇语法在外语中起着重要的作用。它们在语言课堂教学中不仅有用，还对加快学习过程至关重要，是帮助学习者达到较高外语水平的重要途径。[①] 词汇语法教学以提高学生的外语交际能力为目标，教学重点放在如何使学生在特定的语言环境中，为实现交际功能正确而又得体地运用这些语言形式。

（1）完整步骤化教学策略

完整步骤化教学策略指教师在进行语言形式教学过程中，应策划一系列完整、有步骤的教学活动。学生通过这些步骤掌握语言知识，最终达到运用语言形式进行交际的目的。运用该策略，教师应引导学生走过一个从“不知”到“知之”，直到“用之”的过程，简称为 PPP 过程。

呈现指学生以何种方式接触将要学习的语言现象，教师的任务是表明其构成及意义。布朗等均认为应先让学生接触语言现象或为学生提供运用这种语言现象的情境，使学生自己通过疑问、猜测、探索过程，在教师的帮助下总结归纳。练习指教师要提供足够的时间与活动使学生练习所学的语言结构，确保学生能准确掌握语言知识。运用指在学生理解并掌握语言形式及其意义之后，教师要为学生提供可运用语言知识的机会。在高校英语教学中，学生是五个环节的活动主体，教师要充分创造条件，提供学习情境，指导学生各个环节，更好地运用语言。

（2）训练有效记忆策略口

训练有效记忆策略指教师在进行词汇教学时应有意识、有目的地训练学生运用有效的记忆方式和技巧，提高记忆效率。这类训练在学生已经掌握部分词汇的基础上，有助于进行词汇扩展或加深记忆。

（3）整理归类、区别对待策略

整理归类、区别对待策略针对词汇教学来讲是指教师要区分主动性词汇和被动性词汇，应采取不同的教学手段，提出不同的教学要求。教师应引导学生对词汇适当进行分类，按同类的转化、派生，以及一词多义、一义多词、近义词、反义词等帮助学生整理词汇，达到巩固的目的。在词汇较多或复习阶段，教师运用该策略可以帮助学生在大脑中建立词汇间相互多重联系，以巩固和加深记忆。

（4）比较概括策略

比较概括策略是针对语法教学来讲的，指教师要适时对所出现的语法现象进行对比、分析、归纳、总结，加强对语法现象的理解与掌握。借助信息技术可用图表、故事等方法对语法进行总结。

① 夏娟 . 教育信息化背景下的大学英语应用能力培养探究——评《教育信息化背景下高校大学英语教学改革模式》[J]. 外语电化教学 , 2023(1):1.

四、高校英语自主学习教学评价策略

教学评价是指教师通过收集教学过程中的信息，进行判断和决策、反馈和调控的过程。在全面推行素质教育的今天，对学生学习的评价意味着具有多种功能的综合性的评价。要根据教学大纲的教学目标和不同阶段的教学内容，结合学生的实际，通过教师和学生的通力合作，对学生的情感、态度、能力和学习策略在学习中的发展和改进予以评价。全面、客观、科学、准确的多元测评体系对于实现教学目标至关重要。学生是学习过程中的主体，利用信息技术的主要目的是向学生提供学习的途径、资源和方法，使之获得知识与技能，最终使其得到发展。评价不是为了选拔和甄别，而是为了发挥评价的激励作用，关注学生成长与进步的状况，以此来促进学生的全面发展。在新课程标准中强调培养目标和评价内容的多样性，提出知识与技能、过程与方法、情感态度与价值观等各个方面都是评价的内容，并应受到同等的重视，它要求做到知识与技能、过程与方法、情感态度与价值观三个方面的整合。

教学评价是双向的，随着评价理论的发展，越来越吸引被评价者的参与。自主学习是充分发挥学习者主观能动性的学习，其学习评价的主体将不再局限于教师，学生将积极参与学习评价。学生的积极参与是评价得以顺利进行的保证，信息环境下促进高校英语自主学习的教学，采用过程性测评和终结性测评相结合的评价策略。

（一）过程性评价

过程性评价又称形成性评价，是在教学过程中进行的评价，是为引导教学过程正确、完善的进行而对学生学习结果和教师教学效果采取的评价。该评价的目的不是选拔优秀学生，而是发现每个学生的潜质，强化改进学习，并为教师提供反馈。可以采用学生自我测评、学生相互测评及教师对学生的评价等方式。

一是学生自我测评，即在教师的辅助下，组织学生填写“学生英语能力自评 / 互评表”，对自己英语听、说、读、写等几个方面的能力，已经达到何种程度，期望如何，客观进行评价，以便学生调整自身学习策略，提高学习效率。二是学生相互测评，由其他同学对一位同学的英语听、说能力做出评价，克服学生自我评价的主观性。三是教师对学生的评价，教师根据学生学习过程的实际表现，对学生进行评价。教师可以参考学生平时作业、出勤情况、学习态度，以及监控学生的网上自学学时和自主学习记录，随时对学生的自学过程进行观察、监督和评估，促进学生有效地学习。

（二）终结性评价

终结性评价又称总结性评价，指在教学活动完成一个阶段（一学期、一年或一门学科学习结束后）之后，对其结果进行的评价。其主要目的在于检查、总结教学目标的达标情况，评定学生的学业成绩，评定教学方案的有效性。宜采用终结性测评进行期末课程考试，对学生的学习结果进行判断，测定或诊断学生是否达到教学目标及达到的程度，是以终结性评估为目的，以评价学生综合应用英语的能力为主导。同时，建立测试题库，减少选择性作答题的数量和权重，增加直接测量英语应用能力题型的数量和权重，以提高总结性测评的信度与效度，准确评定学生的学业成绩。

第五节　信息化环境下高校英语立体式教学模式创新

一、立体化模式在高校英语教学中的作用

（一）带给学生全新的体验

随着网络信息技术的不断深入发展，网络通信技术实现了质的飞跃，在这样的背景下，立体化教学模式应运而生。这种全新的学习方式在某种程度上促进了终身教育的发展，也得到了相关教育学者的认可。在英语教学中构建立体化教学模式系统模型的可行性，主要体现在以下两点。首先，立体化教学模式能够打破传统学习方式。目前，对立体化教学模式来说，并没有明确的概念对其定义，它是以网络通信技术为基础，用多种教学方式结合进行学习的一种现代化先进方式。因此，在立体化教学模式系统模型中，不仅包含使用移动设备的学习、扩展实景式学习，跨地点学习同样属于该范畴。立体化教学模式在学校正常教育的基础上，尝试用网络技术来提升教学质量以及管理水平，呈现出其独特性等优势。创建不受时间与空间限制的学习环境，是每位教师共同追求的目标，将立体化教学模式模型引进英语教学中，能让教学遍布各个角落。教师不仅可以将所传授的知识提前上传到平台当中，同时还能将教学信息、教学课件等长期保存到移动设备中，及时共享给平板电脑、笔记本、手机等多种电子设备。立体化教学模式系统能够充分转变原有教学模式，为学生带来全新的学习体验，对教学实效性及学生兴趣的提升具有重要意义。

（二）具有很强的适用性

立体化教学模式系统对于语言类学习尤为适合，最早开发的立体化教学模式系统就包含了许多语言类的学习项目。但学习语言并不是一蹴而就的，它涉及的内容种类复杂，相比其他立体化教学模式项目，语言类的进展与开发相对较为迟缓。随着时间

的推移与现代化网络技术的日益成熟，当前，已形成了独立完整的语言系统。在21世纪，移动通信设备全面进入了大众消费时期，这一转变为英语立体化教学模式系统模型的构建提供了契机，并且国外许多国家已经提供了较为丰富值得借鉴与参考的研究成果，这让国内学者们看到了新希望，他们认为立体化教学模式必然会成为英语学习未来发展的方向。目前，国内英语立体化教学模式软件已较为普遍，比如新浪、搜狐、百度云等影响力较大的网站都相继开发了移动设备的学习软件。国内目前最为完善的新东方英语培训中心，就运用自身开发的独特系统培养了大量优秀英语专业人才，其教学团队与北大教育研究中心共同编制了适用于英语立体化教学模式的教科书，为各大高校构建英语立体化学习模式提供了有利的参考依据。

二、信息环境下高校英语立体教学模式的应用策略

（一）提高教学资源质量

信息教学是依托信息时代而言的，而信息时代具有交互性、开放性、丰富性等特点。因此，教师应把握信息教学的特点，充分发挥其优势，利用网络的大数据为学生提供丰富的教学资源，凭借网络带给学生的趣味性构建网络课堂。网络课堂能够突破时间、空间的限制，使学生足不出户便能学到知识。但网络教育也有不足之处，对学习不够主动的学生来说，网络课程无法有效提升学生的学习效率。为此，教师可在网络课程上发布短时教学视频，视频内容可设置为上一节课的重点、难点内容以及下一节课重点学习的内容，也可设置为悬念问题，引发学生思考，并在新课开始前对学生进行提问，使学生自发展现自身的学习成果，为新课教学奠定基础。专业化教师队伍是教学环节中最重要的资源之一，而我国部分高校英语教师专业能力不足，无法满足学生的学习需求。为此，大学可为英语教学建设专业化师资队伍，队伍中不仅需要包括专业化本土英语教师以及外籍教师，还需要包含具有信息技能的专业人员。本土英语教师可保障学生对英语知识的充分理解，外籍英语教师可有效提升学生的英语语感，增强学生听、说的能力。而专业信息技术人员可帮助教师利用信息技术手段为学生直观地展现英语知识，从而使教师在课堂上更好地营造教学情境，充分吸引学生的注意力，提升学生学习兴趣。此外，建设专业化教师队伍还需创新原有评估体系，将教师教学能力、教学表现等作为评估指标，同时建立考核机制，筛选专业技能不足的教师，并对其进行培训，使其具备优秀教学技能。此外，大学还需定时为教师开展教学技能培训讲座，及时更新教学内容，真正做到与时俱进，从而提升学生学习效率。

（二）转变教学理念，创新教学模式

信息化教学是一种全新的教学模式，它利用信息资源为学生提供教学内容，并将学生作为课堂主体，以此培养学生的自学能力与表达能力，甚至是道德情感能力。教师可构建一个英语学习的公众号，每天发布相关知识，并将课堂教学中的重点、难点再次利用有趣的方式为学生展现；同时开放评论功能，学生可在公众号上发布自主的言论与看法，真正发挥信息化时代言论自由的特点。教师可通过评论了解学生对英语的真实看法，也能充分了解学生的学习特点，从而根据学生评论内容满足学生学习需求。英语教学较为枯燥，大部分学生学习兴趣不浓，要想将英语教学转化为学生主动接受的趣味性教学，可利用丰富的信息资源导入新课。导入新课这一教学环节是整个教学体系的基础，对学生是否能够投入课堂之中有着很大的影响力。教师可在导入新课这一环节中，利用信息资源的丰富性与开放性，从不同的方面与角度为学生提供教育资源，并将教育资源用多样的方式呈现给学生，以激发学生的学习兴趣。有时，教师可将教学内容进行筛选，为学生创建有趣的情境，使学生投入情境中，主动参与学习。教师也可利用悬念，诱发学生的学习动机；或利用信息技术手段，为学生营造趣味课堂氛围，为新课讲解做铺垫。在高校英语教学中，会出现较多的教学重点与教学难点，因此，教师要适当挖掘教科书的潜在内容，利用信息技术手段为学生创设情境，使学生直观地感受到情境中的语言、环境等，从而使学生融入角色中，引起共鸣。例如在讲解与国外文化相关的教学内容时，教师可利用多媒体课件为学生展现相关国家的整体面貌、风土人情等，并利用多媒体展现所学内容的背景知识，使学生注意力保持集中，积极参与课堂活动。此外，教师也可将学生分为小组，时常询问小组协作类问题，以此培养学生的团队协作能力，并能利用团队工作监督部分学生。

（三）建立分层学习系统

分层学习充分实现了现代信息化学习模式与立体化教学模式体系的相互融合，分别按照四个维度进行划分，由下到上依次为数据支持层、学习资源统一标准层、学习服务层以及移动连接层。上层通过利用下层所提供的服务，来实现立体化教学模式有关的功能。对于各层所具有的功能进行如下描述：数据支持层主要包括校园移动网络环境、信息化学习平台及有关资源，校园网络是立体化教学模式的通信基础及学习环境的保障，而信息化学习平台则为学生提供了丰富的学习资源与海量的知识，两者共同组成了立体化教学模式系统模型的根基。学习资源统一标准层，是以学习的主体对象为主要方式，进而创新构建并组织信息化学习资源，以此来实现无线移动网络技术与学习资源一体化标准。

学习服务层是在上层的基础上，来创建现实的情景认知、信息交融、合作学习等具体功能服务的重要连接零件，且为英语立体化教学模式系统中的学生提供相应的服务应用。最上面的移动连接层，可以让学生通过不同种类的移动客户端向学习服务层寻求相应的帮助，从而完成整体在移动系统中的学习。

（四）建设一体化的移动环境

在构建立体化教学模式系统模型的初期，学校首先应解决两个重要问题，其一是构建能够成为立体化教学模式系统应用与拓展网络环境的载体，二是搭建适合立体化教学模式系统模型特点的学习资源呈现方式及内部组成结构，并且要对信息化学习资源进行重新组合与建造。新创建的无线网络与有线网络、重新创建的立体化教学模式资源以及信息化学习资源应充分结合，最终形成一体化的信息集成学习环境。英语课程在建设校园网络的过程中，无线网络将会长期成为传统有线网络的扩充，是以区域示范的形式进行布局，造成网络覆盖范围窄、网络信息量不稳定等不良状况，无法满足学生学习英语的需求，降低了学生的学习效率。支撑英语立体化教学模式的校园无线网应具备形式、高效、迅速、拓展等特点。其中形式也就是所谓的网络规模，它主要指的是无线网络在布局上应全面考虑到信号的稳定性以及网络的覆盖范围，分析用户的密集度，确保在学生使用时能够在校园的网络范围中自由连接无线网，实现移动互联网的现代智能化。

无线网络与 4G 网络、5G 网络、宽带网络之间要相互衔接，从而实现网络之间共同认证及资料分享、传递，为英语立体化教学模式提供更为广阔的空间。

网络信息技术的飞速发展，不仅改变了学生的生活方式，同时影响着他们的思想价值观念。在传统的教学方法下，学生对学习的兴趣逐渐丧失，立体化教学模式将现代信息技术与传统教学模式相结合，形成适合当代大学生发展，符合时代潮流的教学模式。立体化教学模式具有很强的适应性，能够带给学生全新的体验。通过提高教学资源质量、转变教学理念，创新教学模式、建立分层学习系统、建设一体化的移动环境，能够有效地将立体化教学模式应用在高校英语教学中，从而探索高校英语教学新领域，使学生的发展与社会的需求相契合。

三、立体口译外语教学模式

（一）立体式外语教学与口译模式

1. 立体式外语教学

立体式：教学是全方位、多极化的教学，既要注重外语各项技能的综合训练，又要注重师生间互动、学生间互动等多方互动教学；更应注意教学观点模态技巧的相互关联和连贯，形成教学的系统性发展。多元化立体太多媒体教学模态，尤其注重立体信息输入模态、自我驱动模态、电子交互模态与文化意识培养模态的综合运用。可以说，多方互动的立体式教学符合语言的本质特点，适应大数据时代特征，顺应了教改趋势，然而传统课堂常让人感叹：时间都去哪儿了？漫长课时收效甚微，而不少通过等级考试的学生仍难以有效地跨文化交际。我们该如何开展立体化教学、培养国际化人才呢？

2. 口译训练与外语教学

口译是一种集视、听、说、写、读思维之大成的综合性语言操作活动，训练口译能力的过程也是培养外语综合素质的过程。口译训练在外语教学中的作用已经逐渐得到关注。口译界著名领军人物丹尼尔吉尔提出语言学习和口译学习之间的重叠在外语教学是不可避免的，口译教学的手段在语言教学中极为有益，并值得借鉴。刘和平也肯定了口译是语言教学方法之一。

将口译训练引入外语教学的设想和实验是近年兴起的新研究领域。在理论视角上，谢庆立指出，新一轮的高校英语教学改革正蓄势待发，口译课作为以技能训练为主的实用型课程与高校英语教学改革的要求有许多不谋而合之处，将口译课引入高校英语教学是值得一试的举措。实证研究方面，上海理工大学面向非英语专业学生的口译教学实践和问卷调查表明在理工科院校为非英语专业学生开设口译课程的必要性和可行性。日本语言学家曾以中国的日语学习者为实验对象，进行为期三个月的影子跟读训练；结果显示在影子练习法下学习者的语音和语感可以得到明显提升。全国高校十年的毕业调查说明口译技能训练能提高外语学习者的综合应用能力，并产生多方面积极深远的影响，国内外将口译训练引入语言教学的研究主要围绕着口译理论、单项技能训练在外语课堂上的运用、开设口译选修课的可行性等方面探讨。但鲜有服务于大学英语的口译课堂模式，关于如何系统运用口译训练模式进行立体化外语教学也较少提及。

（二）基于口译模式的立体式外语教学

1. 基于翻转课堂的跨文化外语教学研究

此前，笔者在跨文化外语教学实验过程中，根据外语人文性和工具性的特点，以学生为中心，提出以教学目标为驱动的翻转课堂总循环图：教学活动以预定的教学目标 AIMS（目标）为起点，指导并推动各教学环节的进展；以微课为导入，通过各环节的逐一实现，再圆满完成最初总目标；S（Students）表明教学过程以生为本，环节间的箭头颜色由浅到深，体现学习能力的持续吸收深化并转为综合素质的过程。在此，我们延拓跨文化外语教学研究，把专业口译模式融入立体教学，从微观层面进行实证研究。

2. 口译训练模式与立体式外语教学

Gile 的口译理解模式为 C=KL+ELK+A，即理解 = 语言知识 + 言外知识 + 分析。厦门大学口译研究小组根据吉尔模式提出口译训练模式，即厦门大学模式。在这个模式中，I=Interpreting（口译结果）；A（D+CC）为：对语篇与跨文化交际成分的分析；C（SL+K）（Comprehension in source language+Knowledge）是对原语及原语外知识的理解；S+P（Skills+Professional standard）是译员的职业准则与口译技巧；R（TL+K）（Reconstruction in target language Knowledge）是口译在目的语中对原语信息进行重组以完成口译工作。厦门大学模式拓展版在保留核心内容基础上通过添加者 FB（Foundation Building）即“口译准备”和 QC（Quality Contro）“质量监控”两大模块，使口译训练更加科学系统化。

大数据时代，语言文化信息不断更新、现代技术飞速进步，加之学生入学时语言水平整体提升，使得口译训练与立体式语言教学有了更多契合点。口译模式以技能训练为核心，着眼于培养译者作为跨文化交际桥梁的核心能力，兼备综合性和实践性，与英语教学的全面技能定位和培养目标具有高度一致性。口译教科书立体化与高校英语教学多媒体化的一致性有利于整合先进有效的学习资源，且通过电脑、手机、录像机、录音笔、教学软件、远程训练设备等的应用，将口译训练模式与多模态教技结合，实现立体教学。

我们以语言技能与文化主题、结合的线索，构建立体口译外语教学模式。第一，FB 模块在每单元开始前，明确说、写、译的输出任务，要求学生做好语言、知识和心理准备；第二，A（D+CC）模块引导学生对语篇与中西方跨文化交际成分进行分析。文化可分为交际文化与知识文化，知识文化对跨文化交际不会产生直接影响，而交际文化则会产生直接影响。教师应当引导学生学习语言并分析文化背景、文化语境、社会习俗、世界观、价值观等潜在交际文化。第三，C（SL+K）用于多模态的原语及原语外知识的语料输入，锻炼言语逻辑，拓展口语表达。这三个模块属于多模态多视角的输入，可选用优秀的微课与慕课资源来辅助教学。根据输出驱动假设理论，教学过程中输出比输入对外语学习的内驱力更大，输出驱动不仅可以促进学生接受语言知识的运用，还可以激发其学习新语言知识的欲望。新模式里，教师先设计好输出任务，根据学生完成前三模块的输入任务过程预设问题，帮助并鼓励学生补充相关输入材料，以备下一环节学习。第四，S+P 模块体现了语言的交际功能，在视听说训练中融入基础口译技能以提高信息内化能力。第五，R 模块创设多模态交际情境训练，是立体化信息重组输出环节。学生就相关题材进行交替传译、主题演讲等活动，于课外完成相应的写译任务，巩固交际能力。第六，QC 质量评估模块通过宏观和微观环节来检测语言技能、文化认知与交际思辨等，包括自我测验、小组多向互动和互评及教师测评等多元评估体系。

第四章　信息技术与高校英语课程整合的教学模式

第一节　信息技术与课程整合的理论与方法

信息技术与课程整合尽管在我国已开展多年，但不少教师仍对此缺乏正确的认识。有些教师把信息技术与课程整合看作现代化教学的一种工具、手段或是更有效地学习信息技术的一种方式。更多的教师则是把信息技术与课程整合和计算机辅助教学完全等同起来，认为只要在课堂上运用了多媒体或是课件就是在进行信息技术与课程的整合。这种看法反映出广大教师对信息技术与课程整合的内涵和实质缺乏了解，同时也表明他们对于实施信息技术与课程整合的途径与方法没有了解和掌握。

何克抗教授指出，任何一种关于信息技术与课程整合的理论都必须回答以下三个问题：

（1）信息技术与课程整合的目标（意义）是什么?

（2）信息技术与课程整合的内涵（实质）是什么?

（3）信息技术与课程整合的方法（途径）是什么?

只有对上述三个方面的问题做出科学的问答，并且要能够通过教学实践的检验，才能达到深层次整合的要求。下面我们将从这三个方面，对信息技术与学科课程深层次整合的理论与方法进行探讨。

一、信息技术与课程整合的目标与内涵

（一）信息技术教育应用的发展

自 20 世纪 50 年代末研究出第一个计算机辅助教学系统以来，信息技术教育应用在发达国家大体经历了三个发展阶段。

从 60 年代初至 80 年代中期，主要是利用计算机的快速运算、图形动画和仿真等功能，辅助教师解决教学中的某些重点、难点，这一阶段被称为“计算机辅助教学阶段”（CAI）。这些 CAI 课件大多以演示为主，这是信息技术教育应用的第一个发展阶段。

在这一阶段，一般只提计算机教育，还没有提出信息技术教育的概念。

从 80 年代中期至 90 年代中期为“计算机辅助学习阶段”（CAI）。此阶段逐步从辅助教为主转向辅助学为主，强调如何利用计算机作为辅助学生学习的工具，例如用计算机帮助搜集资料、辅导答疑、自我测试以及帮助安排学习计划等。这个阶段不仅用计算机辅助教师的教学，更强调用计算机辅助学生自主地学习，是信息技术教育应用的第二个发展阶段。在这一阶段，计算机教育和信息技术教育两种概念同时并存。应当指出的是，我国由于信息技术教育应用起步较晚，目前绝大多数高校的信息技术教育应用模式仍然主要是 CAI 阶段，即计算机辅助教学阶段。

信息技术与各学科课程的整合是从 90 年代中期开始的，被称为“信息技术与课程整合阶段”。至此，信息技术教育应用进入第三个发展阶段。这一阶段以信息技术应用于教学为显著特征，使教学模式发生了重大变化。在这一阶段，原来的计算机教育（或计算机文化）概念已完全被信息技术教育所取代。信息技术与课程的整合是当前国际教育界非常关注的一个研究课题。

（二）信息技术与课程整合的目标

信息技术与课程整合不是把信息技术仅仅作为辅助教或辅助学的工具，而是强调要利用信息技术来营造一种新型的教学环境，该环境应能支持情景创设、启发思考、信息获取、资源共享、多重交互、自主探究、协作学习等多方面要求的教学方式与学习方式，也就是实现一种既能发挥教师主导作用又能充分体现学生主体地位的、以“自主、探究、合作”为特征的教与学方式，这样就可以把学生的主动性、积极性、创造性较充分地发挥出来，使传统的以教师为中心的课堂教学模式发生根本性变革。教学模式变革的主要标志是师生关系与师生地位作用的改变，从而使学生的创新精神与实践能力的培养真正落到实处，这正是我们的素质教育目标所要求的。

西方发达国家把信息技术与课程整合看成是培养 21 世纪人才的根本措施，而 21 世纪人才的核心素质则是创新精神与合作精神。信息技术与课程整合是培养创新人才的重要途径乃至根本措施，信息技术与课程整合所要达到的目标，就是要实现创新人才的培养。这既是我们国家素质教育的主要目标，也是当今世界各国进行新一轮教育改革的主要目标。

（三）信息技术与课程整合的内涵

通过以上对“信息技术与课程整合目标”的分析可以看到，我们对整合目标的确定，是首先从分析信息技术与课程整合的性质、功能入手，在把握信息技术与课程整合本质特征的基础上推导出其目标。因此只要稍加精练与加工，我们就完全有可能从上述关于整合目标的分析过程中，引申出关于信息技术与课程整合的定义或内涵。这一定义或内涵可以表述为：所谓信息技术与学科课程的整合，就是通过将信息技术有效地融合于各学科的教学过程来营造一种新型教学环境，实现一种既能发挥教师主导作用又能充分体现学生主体地位的以“自主、探究、合作”为特征的教与学方式，从而把学生的主动性、积极性、创造性较充分地发挥出来，使传统的以教师为中心的课堂教学模式发生根本性变革，从而使学生的创新精神与实践能力的培养真正落到实处。

由这一定义可见，它包含三个基本属性：创设新型教学环境、实施新的教与学方式、改革传统的教学模式。新型教学环境的建构是为了支持新的教与学方式，新的教与学的方式是为了改革传统的教学模式，改革传统的教学模式则是为了最终达到创新精神与实践能力培养的目标，如创新人才培养的目标。可见，“整合”的实质与落脚点是改革传统的教学模式，即改变“以教师为中心”的教学模式，创建新型的、既能发挥教师主导作用又能充分体现学生主体地位的“主导—主体相结合”教学模式。

“环境”这一概念含义很广，教学过程主体以外的一切人力因素与非人力因素都属于教学环境的范畴。所以，上述定义就信息技术在教育领域的应用而言，和把计算机为核心的信息技术仅仅看成工具、手段的 CAI 或 CAI 相比，必然要广泛得多、深刻得多，其实际意义也要重大得多。CAI 主要是对教学方法与教学手段的改变，但没有出现新的学习方式，更没有改变教学模式，所以它和信息技术与课程整合二者之间绝不能画等号。但是，在课程整合过程中也会将 CAI 课件用于促进学生的自主学习，所以“整合”并不排斥 CAI，其目的是运用 CAI 课件作为提供学生自主学习的认知工具与协作交流工具，这种情况下 CAI 只是信息技术应用于整个教育过程的一个环节、一个局部。而传统的以教师为中心的计算机辅助教学是把 CAI 课件作为辅助教师突破教学中的重点与难点的直观教具、演示教具，这种情况下 CAI 就是信息技术应用于教育的全部内容。可见，这两种教学情景下 CAI 课件的运用，其应用方式和内涵实质都是不一样的。

目前从全球教育的发展趋势看，信息技术教育应用逐渐进入第三个发展阶段，即信息技术与课程整合的阶段。进入这个阶段后，信息技术就不再仅仅是辅助教或辅助学的工具，而是要通过建立新型教学环境和教与学方式，从根本上改变传统的以教师为中心的教学模式，以培养学生的创新精神与实践能力为教学目标，即大批培养创新人才的目标。

二、信息技术与课程整合的途径与方法

信息技术与课程整合对我国当前教育深化改革有着重要意义。就高等教育而言，我国教育信息化的硬件设施有了很大的发展，高校的校园网络建设基本上已经在全国范围内普及。虽然教育信息化硬件设施有了大幅增长，但是目前却绝大部分未能充分

发挥作用，造成资源的极大浪费。有关专家指出，目前，我国大学校园网 90% 以上只用于科研方面的资料查找，而没有其他的教育教学应用。在其余 10% 科研以外的应用中，有一部分用于教育行政管理（如学校办公系统、电子图书馆、学生成绩统计等），另有一部分用于辅助教学（一般都停留在多媒体课件 +PowerPoint 的浅层次运用）。真正能在某些学科教学中，通过开展信息技术与课程的有效整合实现教育深化改革的高校并不多。如何运用信息技术环境（尤其是网络环境）来促进教育深化改革，改变传统的“以教师为中心”的教学模式、形成“主导—主体相结合”的新型教学模式，是关于提升高校的学科教学质量与效率的问题，也是中国教育信息化、科学化的关键问题。

目前国际上普遍认为只有通过信息技术与课程的有效整合才有可能解决上述问题。信息技术与课程整合的理论必须能够对信息技术与课程整合的目标、内涵、方法等三方面的问题做出科学的问答，以整合途径与方法，这是信息技术与课程整合理论中最关键的问题。有关专家指出，信息技术与课程的有效整合意味着数字化的学习，而数字化的关键是将数字化内容整合的范围日益增加，直至整合整个课程，并应用于课堂教学。当具有明确教育目标且训练有素的教师把具有动态性质的数字内容运用于教学的时候，它将提高学生探索与研究的水平，从而有可能达到数字化学习的目标。为了创造生动的数字化学习环境，学校必须将数字化内容与各学科课程相整合。

美国教育技术 CEO 论坛的第三年度报告提出进行有效整合的步骤如下：

（1）确定教育目标，并将数字化内容与该目标联系起来；

（2）确定课程整合应当达到的、可以被测量与评价的结果和标准；

（3）依据上面第二条所确定的标准进行测量与评价。

然后按照评价结果对整合的方式做出相应的调整，以便有效地实现教学目标。但是应该指出，这样的步骤既不涉及“整合”的指导思想，又不涉及“整合”的教学设计、教学资源与教学模式，对教师而言在实际的操作中会有困难。

从事信息技术教育的学者普遍认为，信息技术应用于教学主要是在课前与课后，包括资料查找以及在学生与学生之间、学生与教师之间进行交流与合作，而课堂教学过程的几十分钟，一般难以发挥信息技术的作用，还是要靠教师去言传身教。从美国目前实施的信息技术与课程整合的基本模式上看，实施信息技术与课程整合的常用模式不外乎以下几种：基于问题的学习、基于项目的学习和基于资源的学习等。信息技术应用于课前时，是指教师利用这种方式在课前将讲授内容、相关资料、重点难点以及预习要求，事先通过网络发布，使学生在上课前能做好充分准备，若有疑问还可随时和教师进行沟通与交流。基于问题的学习、基于项目的学习、基于资源的学习则属于另一类模式，它们同属于基于网络的专题“研究性学习”模式。由于这类模式是围绕自然界或社会生活中的真实问题而展开，往往是多个学科的交叉、多种知识的综合运用，要进行大量的实际调查、访谈或测量，需要花费较多时间，只能利用课外时间来完成，所以不适合作为课堂上的常规教学模式。

我们对整合内涵与本质的认识源于西方的观点，即从创造新型教学环境的角度来理解整合。在各门学科的信息技术与课程整合过程中，我们应该结合中国的国情，遵循一定的指导思想与实施原则，找到实现信息技术与课程深层次整合的基本途径与方法。

1. 以先进的教育理念为指导

为了实现上述目标，必须要运用先进的教育理论，特别是以建构主义理论为指导。信息技术与课程整合的过程绝不仅是现代信息技术手段的运用过程，也是教育深化改革的过程。没有理论指导的实践是盲目的实践，改革必将失去正确的方向。建构主义理论并非能解决教学中的所有疑难问题，但建构主义所强调的“以学为主”、学生主要通过自主建构获取知识意义的教育思想和教学观念，对于多年来统治我国各级各类学校的以教师为中心的传统教学结构是极大的冲击。除此以外，还因为建构主义的学习理论与教学理论以及建构主义学习环境下的教学设计方法，可以为信息技术环境下的教学，也就是信息技术与各学科课程的整合提供最强有力的理论支撑。

2. 以建立新型的教学模式为中心

上文在分析信息技术与课程整合定义与内涵的过程中曾经指出，“整合”的实质与基础是变革传统的教学模式，即改变以教师为中心的教学结构，创建新型的既能发挥教师主导作用又能充分体现学生主体地位的“主导—主体相结合”教学模式。这就要求教师在进行课程整合的过程中，密切关注教学系统四个要素（教师、学生、教学内容、教学媒体）的地位与作用。通过课程整合，使这四个要素的地位与作用发生相应的改变，并深入思考以下问题：改变的程度有多大；哪些要素改变；哪些要素没有改变；没有改变的原因在哪里？这些问题，正是衡量整合效果与整合层次深浅的主要依据。

3. 坚持“学教并重”的教学设计理论

目前流行的教学设计理论主要有“以教为主”的教学设计和“以学为主”的教学设计两大类，后者也称为建构主义学习环境下的教学设计。由于这两种教学设计理论均有其各自的优势与不足，所以最好是将两者结合起来，形成优势互补的“学教并重”的教学设计理论。这种理论既重视发挥教师的主导作用，又充分体现学生的主体地位。在运用这种理论进行教学设计时，以计算机为核心的信息技术，包括多媒体和计算机网络技术在内，不单单是辅助教师教课的形象化教学工具，更重要的是作为促进学生自主学习的认知工具与协作交流工具。建构主义学习环境下的教学设计理论，能在这方面发挥重要的指导作用。

4. 重视教学资源的建设

丰富而高质量的教学资源，是实现课程整合的必要前提，是学生自主学习、自主发现和自主探索的必不可少的条件，也是改变教师主宰课堂、学生被动接受知识这种状态的要求。缺少了这个条件，新型教学模式的创建也便无从说起，创新人才的培养也无法实现。教学资源的建设，要求广大教师努力搜集、整理和充分利用互联网上的已有资源（如免费教学软件等），只有在确实找不到理想的与学习主题相关的资源情况下，才有必要由教师自己去进行开发。

5. 注意结合学科的特点

新型教学模式的创建要通过全新的教学结构来实现。教学结构属于教学方法、教学策略的范畴，但又不完全等同于教学方法或教学策略。教学方法或教学策略一般是指教学上采用的单一的方法或策略，而教学结构则是指两种或两种以上教学方法或教学策略的稳定组合。在教学过程中，为了实现某种预期的效果或目标，创建新型的教学模式，往往要综合运用多种不同的方法与策略。当这些教学方法与策略的联合运用总能达到预期的效果或目标时，就成为一种有效的教学结构。能实现新型教学模式的教学结构很多，而且因学科和教学单元的内容不同各异，在实际教学中教师应结合各自学科的特点，并通过信息技术与课程的深层次整合去创建新型的、既能发挥教师主导作用又能充分体现学生主体地位的“主导—主体相结合”教学模式。由此产生的教学模式的类型是多种多样的、分层次的。常见的实现信息技术与课程深层次整合的教学模式包括“探究性教学模式”、专题“研究式教学模式”“仿真实验教学模式”等。“探究式教学模式”适用于各个学科每一个知识点的常规教学，这种模式可以深入地达到各学科认知目标与情感目标的要求，且文理科皆适用。专题“研究性教学模式”适用于培养学生解决实际问题的能力，包括发现问题、提出问题、分析问题、解决问题的能力。“仿真实验教学模式”则适用于物理、化学、生物等课程的实验教学。这几种教学模式都有各自不同的实施步骤与方法，如果能将上述几种教学模式灵活运用，将有力地促进信息技术与课程设计的深层次整合。

三、信息技术与课程整合在高校英语教学改革中的实践意义

多年来，高校英语教学的模式，实质上就是“以教师为中心”的教学模式。在这种模式下，教学系统中四个要素的关系是：教师是主动的施教者，是教学过程的绝对权威，教师通过口授、板书把语言知识传递给学生；作为学习过程主体的学生，在整个教学过程中主要是用耳朵听讲、用手记笔记，完全处于被动接受状态，是外部刺激的接收器；媒体在教学过程中主要是作为辅助教师教课即用于突破教学中重点、难点

的演示教具、直观教具；教材是学生获取知识的唯一来源，老师讲这本教材，复习和考试都是依据这本教材。这种教学模式的优点是有利于教师主导作用的发挥，有利于教师对课堂教学的组织、管理与控制。但是，这一模式的最大缺陷就是忽视学生的主动性与积极性的发挥，不能把学生的主体地位很好地体现出来，难以达到理想的教学效果，更不可能培养出富有创造性的创新型人才，这正是传统的以教师为中心教学结构的最大弊病。

近年来，我国高校英语教学改革取得了不小的成绩，但是并没有实质性的重大突破，其原因在于这些教改只注重了教学内容、手段和方法的改革，而忽视了教学模式的改革。教学内容、手段、方法的改革固然很重要，但不一定会触动教育思想、教与学理论这类深层次的问题，只有教学模式的改革才能触动这类问题。“整合”的实质正是要改变以教师为中心的教学模式，创建新型的、既能发挥教师主导作用又能充分体现学生主体地位的“主导—主体相结合”教学模式，以便激发学生的主动性、积极性与创造性，从而使创新人才培养的目标落到实处。由此可见，信息技术与课程整合对深化我国高校英语教学改革具有重要的现实意义。

在教学实践中探索和实践将信息技术用于高校英语课程整合的教学模式，将会有助于高校英语教学改革进程的推进，提高高校英语教学的成效。开展信息技术与课程整合的落脚点是变革传统的教学结构，但由于教学模式的类型是多种多样的、分不同层次的，信息技术与课程的整合模式也不例外。学科教学过程涉及三个教学阶段：一是与课堂教学环节直接相关的“深内阶段”，另外两个是课堂教学环节之外的“课前阶段”和“课后阶段”。因此，从最高层次考虑，信息技术与课程整合的教学模式只有两种，即按照所涉及的教学阶段来划分的“课内整合模式”和“课外整合模式”。

目前西方发达国家比较重视信息技术与“课前阶段”和“课后阶段”教学过程的整合，也就是“课外整合模式”。多年来，他们在这方面做了大量的研究、实践和探索，并取得了成功的经验。“课内整合教学模式”的课堂教学涉及不同学科、不同教学策略和不同的技术环境支控等多种因素，所以实现课内整合的教学模式分类比较复杂。根据技术支撑环境的不同，“课内整合教学模式”可以划分为基于多媒体演示、基于网络教室、基于软件工具或仿真实验室等类型。根据所选用教学策略的不同，“课内整合教学模式”原则上可以分为自主探究、协作学习、演示、讲授、讨论、辩论、角色扮演等多种类型。

在国内，我们历来比较重视“课内整合教学模式”，但往往忽视对“课外整合教学模式”的探索与研究，这点与西方发达国家有所不同。西方国家在“课外整合教学模式”方面做了大量的工作，取得了很多成功的经验，可供我们学习和借鉴。不过我们在学习与借鉴的过程中，一定要注意结合中国的现实环境和具体条件，不能盲目地照搬照抄。

第二节 信息技术与高校英语课程的课内整合模式

为了实践信息技术与高校英语课程的整合，必须变革传统的以教师为中心的教学模式。由于学科教学过程涉及三个教学阶段：一是与课堂教学环节直接相关的“课内阶段”，另外两个是课堂教学环节之外的“课前阶段”和“课后阶段”。因此，从最高层次考虑，信息技术与课程整合的教学模式：“课内整合模式”和“课外整合模式”。“课内整合教学模式”的课堂教学模式分类比较复杂。从选用教学策略的不同，“课内整合教学模式”原则上可以分为自主探究、协作学习、演示、讲授、讨论、辩论、角色扮演等多种类型。其中，探究式教学模式是指在教学过程中要求学生在教师指导下，通过以“自主、探究、合作”为特征的学习方式对当前教学内容中的主要知识点进行自主学习、深入探究，并进行小组合作交流，从而较好地达到课程标准中关于认知目标与情感目标要求的一种教学模式。探究式教学模式的基本特征可以用一句话来概括：它既重视发挥教师在教学过程中的主导作用，又充分体现学生在学习过程中的主体地位。

在本节我们将对目前影响较大的信息技术的“课内整合教学模式”探究式教学模式进行介绍和分析。讲述它们的产生背景、内涵与特征、实施步骤等问题，并结合这种整合模式在高校英语教学中的实施案例，探讨信息技术在高校英语教学中的“课内课外”整合模式的目标、内涵和实现的途径。本节的主要目的是帮助广大高校英语教师更深入地理解，如何在建构主义理念下将探究式教学模式运用在大学高年级阶段双语课程的教学实践。

建构主义教学观有别于传统的教学观。传统观点认为，教育的目的是把前人所获得的知识传授给学生，师者只要传道授业便完成了使命，学生是知识的被动接受者。而建构主义观点则认为，学习过程是以自身已有的知识和经验为基础的建构活动，教师应该以此为终极教学目的，辅助学习者完成知识建构。因此，基于建构主义教学观所设计的主体学习活动是动态的。设计中充分考虑到主体已有的知识积累和学习经历与经验，主体业已形成的人生观和世界观也会对知识建构产生影响，在教学活动设计的过程中也应该最大限度地考虑到学生在这方面所呈现的个体差异，在探究知识的过程中培养学生的批判性思维。对学生知识的评价体系应该建立在问题解决过程中，以学生对事物的理解和解决问题的能力作为衡量的标准。将传统“教师决定式”或灌输式教学模式转化为开放式，教学活动的每个环节都有学生主体的参与，学习质量好坏不仅是学习者知识积累多寡，更多的是学习者外化知识的能力的提升。换言之，学生获得知识的多少不再取决于学生死记硬背教师讲授内容的能力。在教学过程中，教与学不再只是简单的知识的传输和接收过程，而是包含了师生的互动、学生与学生之间的互动，以及学生主动探索知识、不断构建新知识体系的过程。

建构主义学习观认为，学习不是信息简单地从外到内的单向输入，而是通过新信息与学习者原有的知识经验双向的相互作用而实现的。因此，基于建构主义学习观的教学活动设计还应包括学习者与学习环境之间互动。学习应该通过学习者的高水平的思维活动来实现，而不是简单沿着记忆的流程进行。学习者需要建构关于事物及其过程的表征，但这种知识建构不是原封不动地知识搬运，而是应用已有的认知结构对新信息进行加工完成的。在这个知识学习、整合、内化过程中，每个学习者都在以自己原有的经验系统为基础，对新的信息进行认识和编码，建构新的认知体系。在这一过程中，原有知识由于新经验的介入而发生调整和改变。因此，建构主义所倡导的学习，不再是教师向学生简单传递知识，而是学生主体建构自己的知识的过程。学生不再是被动的信息接受者；相反，学生要在主动改造和重组原有经验的基础上建构新信息的意义，这种建构不可能由他人代替。学生学习的主要任务，不再是对各种事实性信息的记忆、复述和简单应用，而是在教师指导下主动地、有意义地对外部信息进行选择和加工，搜集并分析有关的信息和资料，进而对所学习的问题提出各种假设进行验证、评价甚至批判。

一、探究式教学模式产生的背景

基于建构主义理论的探究式教学过程以学生为主体、以学生发展为本、以教师为主导，无论对教师，还是对学生，都提出了更高的要求。这就要求学生必须保证课后的时间及精力投入。建构主义教学理念强调情景学习，其目的之一就是让学生融入学习的情景中，主动观察模仿情景中所隐含的知识与技能，进而能培养独立思索的能力，以解决实际面临的各项问题。在建构主义理念下，作为探究问题学习者要有一个由“边缘”到“核心”的转变，这个过程就是学生自主能力提升的过程，这也符合情景学习理论的边缘参与规则。探究式教学要求学生勤于思考、发表独创见解、有创新精神，这都要求学生课后不断反思，迫使学生形成反思能力，形成科学的学习方法。

多数学者认为，学习方式是指学生在完成学习任务过程中的基本行为和认知取向。可以说，学习方式是当代学习理论中的一个重要概念。它不是指具体的学习方法和学习策略，而是指学习者在学习过程中发挥自主性、探究性与合作性方面的基本特征。传统的学习方式把学习建立在人的客体性、受动性和依赖性的基础之上，而忽视了学习者的主动性、能动性和独立性。转变学生的学习方式就是要转变这种他主的、被动的和依赖的学习方式，倡导自主的、探究的与合作的学习方式，使学生的主体意识，能动性和创造性不断得到发展，并真正成为学习的主人。

2007年教育部高教司颁布的《大学英语课程教学要求》指出，各高校应充分利用现代信息技术，改进以教师讲授为主的单一教学模式，使英语的教与学可以在一定程度上不受时间和地点的限制，朝着个性化和自主学习的方向发展。新的教学模式应体现英语教学实用性、知识性和趣味性相结合的原则，有利于调动教师和学生两个方面的积极性，尤其要体现学生在教学过程中的主体地位和教师在教学过程中的主导作用。教学模式改革的目的之一是促进学生个性化学习方法的形成和学生自主学习能力的发展。新教学模式应能使学生选择适合自己需要的材料和方法进行学习，获得学习策略的指导，逐步提高其自主学习的能力。为此，明确倡导要在高校英语教学中推进以“自主、探究、合作”为特征的学习方式，从而改变传统的以教师为中心的教学模式。《国家中长期教育改革和发展规划纲要（2010—2020年）》（下文简称《纲要》）指出要深化教育体制改革，改革人才培养体制，提高人才培养水平，创新人才培养模式。在此基础上，《纲要》进一步明确创新人才培养模式。在遵循教育规律和人才成长规律的前提下深化教育教学改革，创新教育教学方法，探索多种培养方式，形成各类人才辈出、拔尖创新人才不断涌现的局面。为此要倡导启发式、探究式、讨论式、参与式教学，帮助学生学会学习，注重学思结合。在教学过程中要激发学生的好奇心，培养学生的兴趣爱好，营造独立思考、自由探索的良好环境。同时，教学中还要充分发挥现代信息技术作用，促进优质教学资源共享，引导学生深入研究，确定不同教育阶段学生必须掌握的核心内容，形成更新教学内容的机制。在上述背景下，探究式教学模式为我国教育界日益熟悉和接受，越来越多的高校教师开始将这一教学模式运用到不同学科专业课程教学的教学实践中。

探究式教学模式对传统的以教师为中心的、单纯以讲授为主、学生被动接受的教学模式提出了挑战。教学模式的改变不仅是教学方法和教学手段的变化，而且是教学理念的转变，是实现从以教师为中心、单纯传授语言知识和技能的教学思想和实践，向以学生为中心，既传授语言知识与技能，更注重培养语言实际应用能力和自主学习能力的教学思想和实践的转变，也是向以培养学生终身学习能力为导向的终身教育的转变。探究式教学模式的学习对象（学习主题）是课文中的某一个或几个知识点，这与课外整合模式中的“研究性学习”教学模式有本质上的不同，因为“研究性学习”教学模式的学习主题总是围绕自然界或社会生活中的某个真实问题而进行。由于任何课程的教材都是由一篇篇的课文组成，而每篇课文又总是包含一个或几个知识点，这就表明，信息技术与课程整合的几乎所有日常教学活动（包括各种不同学科的常规课堂教学活动）都可以采用这种模式。事实上，探究式教学模式，目前已经成为能满足各学科常规课堂教学需要的、最有效也是最常用的课内整合模式之一。

二、探究式教学模式的内涵与特征

探究式教学模式是指在教学过程中，要求学生在教师指导下，通过以“自主、探究、合作”为特征的学习方式，对当前教学内容中的主要知识点进行自主学习、深入探究并进行小组合作交流，从而较好地达到课程标准中关于认知目标与情感目标要求的一种教学模式。认知目标涉及与学科相关的知识、概念、原理与能力的理解和掌握；情感目标则涉及感情、态度、价值观与思想品德的培养。在实施信息技术与课程深层次整合的过程中，各学科知识与能力（如阅读、写作、计算、看图、识图、实验以及上机操作等能力）的培养，以及健康情感、正确价值观与优秀思想品德的形成，都可通过探究式教学模式逐步落实。探究式教学模式的基本特征也可以用一句话来概括：既重视发挥教师在教学过程中的主导作用，又充分体现学生在学习过程中的主体地位。这一教学模式的特点和优势具体表现在以下两个方面：

1. 教师的主导作用

尽管探究式教学模式主要采用“自主、探究、合作”的学习方式，在教学过程中强调学生的自主学习和自主探究，但是它并不忽视教师在教学过程中的主导作用。相反，它通过下面四个环节使教师的主导作用在整个教学过程中得到全面的发挥，教师在探究式教学活动中的主导作用应该体现在如下几个角色上：

（1）学习动机的激发者

探究式学习的对象要由教师确定。探究式模式的教学总是围绕课程中的某个知识点（探究式学习的对象）而展开，到底是哪个知识点，不是随意确定的，更不能由学生自由选择，而是要由教师根据教学目标的要求和教学的进度来确定。同时，教师应适度激励学生以极高的热情和主动性参与活动，如考虑学生学业素质、兴趣、需要，适时适度给予学生必要的个性化指导，营造相互信任支持和帮助的学习气氛，并鼓励学生全身心投入到探究学习活动中。

（2）学生自主学习和协作学习的组织者

给学生提出若干富有启发性、能引起学生深入思考并与当前学习对象密切相关的问题。在学习的对象确定之后，为了使探究性学习切实取得成效，还需在探究之前选择或设计教学的探究策略，如根据具体情况采用“支架式”策略、“抛锚式”策略、“随机进入式”策略等启发和引导学习者进行探索、发现规律，帮助学生在自主学习中完成知识建构。同时，设计多种交互形式，如竞争、辩论、伙伴合作、问题解决、角色扮演等方式，组织学生开展协作学习。

（3）学习环境和资源的设计者

进行探究过程中要由教师为学生提供多方面的帮助与指导，以便学生可以带着问题进行探究。这一过程固然是由学生个人或学习小组去实施完成，但是教师的作用也是必不可少的：教师应该为学生的探究活动设立积极学习情景（如吸引、情景、学业三种内容的设计）、新旧知识的联系线索、帮助构建新知识、精选设计组织和传递学习资源，教师甚至需要提供有关的探究工具，指导和引领学生正确高效地使用相关的教学资源（如图书馆中的专业数据库），以及对探究式学习中的方法、策略做必要的指导。如果这方面的学习支持与指导不落实、不到位，将会挫伤学生的学习信心与学习积极性，使探究性学习的效果大打折扣，甚至完全落空。

（4）探究过程的评价者

探究过程完成后要由教师对学生的探究过程进行评价和反馈，帮助学生进一步总结与提高。按照探究性学习的流程，探究过程结束后一般要先由学生个人或学习小组做总结，教师一般不是直接给出总结。学生通过一次探究性学习虽然能取得不小的收获，但他们毕竟是初学者，总结起来难免有片面甚至错误之处。通过全班的讨论交流，集思广益，取长补短，在一定程度上可以克服这些片面甚至错误之处。但是如果希望全班学生都能对当前的学习对象由此达到比较深入的理解与掌握，即对所学的知识点都能从感性认识上升至理性认识，做到不仅知其然，而且知其所以然，还需要教师的帮助与提高。教师毕竟对整门课程的内容和知识有比较全面透彻、深入细致的把握。

2. 学生的主体地位

根据建构主义理论，在探究式教学活动中必须确保学生的主体地位。换言之，学习是否有成效取决于学生在学习过程中的主体地位是否获得了保障。探究式教学模式因为采用“自主、探究、合作”的学习方式，所以在教学过程中特别强调学生的自主学习和自主探究，以及在此基础上实施的小组合作学习活动。一节课的教学目标主要靠学生个人的自主探究加上学习小组的合作学习活动来完成。由于在此过程中学生的主动性、积极性、创造性都能普遍地得到比较充分的发挥，因而这种教学模式不仅可以较深入地达到对知识技能的理解与掌握，更有利于创新思维与创新能力的形成与发展，即有利于创新人才的培养。一般来说，学生的主体地位是通过这些角色得到体现的：第一，自主学习者；第二，探究发现者；第三，团体合作者；第四，积极参与者；第五，自我评价者；第六，观点分享者；第七，知识的生产者和思想的贡献者。

以教师为主导、学生为主体的课堂是能够焕发生命活力的课堂，使学生在这样的课堂中积极参与，表现主动专注，学习的目标性强。综上所述，“主导—主体相结合”的教学关系，是探究式教学模式最本质的特征。这种教学模式的成功实施涉及两个方面——既要充分体现学生在学习过程中的主体地位，又要重视发挥教师在教学过程中的主导作用。离开其中的任何一方，探究性学习都只能是虎头蛇尾、无功而返、无果而终。

三、探究式教学模式的实施步骤

探究式教学模式通常包含下面五个实施步骤：

1. 创设情景

创设情景不仅是教师导入教学主题的需要，也是激发学生的学习动机和自主探究动机的需要。教师创设情景的方法多种多样，可以设置一个待探究的问题，此问题的解决需运用当前所学的知识。也可以播放一段与当前学习主题密切相关的视频录像、举一个典型的案例、演示专门制作的课件、设计一场活泼有趣的角色扮演。当然，所有这些活动都应有一个先决条件——必须与当前的学习主题密切相关，否则达不到创设情景的目的。教师通过上述各种方法创设能激发学生学习动机和探究动机的情景，学生一旦进入教师创设的情景，就可在情景的感染与作用下形成学习的心理准备，并产生探究的兴趣。

2. 启发思考

在学生被创设的情景激发起学习兴趣并形成学习的心理准备之后，教师应及时提出富有启发性而且能涵盖当前教学知识点的若干问题，但切忌提出一些有明显答案或明知故问的问题。让学生带着这些问题去学习和掌握有关的知识和技能时，这一过程也就是主动高效地完成当前学习任务的过程。在问题思考阶段，教师对于学生应当如何解决问题、利用何种认知工具或学习资源来解决问题，以及如何处理在探究过程中遇到的新问题等，都应给出具体的建议和指导。学生则要认真分析教师所提出的问题，明确自己所需完成的学习任务，并通过全面思考形成初步的探究方案。

3. 自主学习与自主探究

在实施这一步骤的过程中，学生利用教师提供的认知工具和学习资源，或是利用在教师指导下从网上或其他途径获取的工具和资源，围绕教师提出的与某个知识点有关的问题进行自主探究。这类自主学习与自主探究活动包括：学生利用相关的认知工具去收集与当前所学知识点有关的各种信息；学生主动地对所获得的信息进行分析、加工与评价；学生在分析、加工与评价的基础上形成对之前所学知识的认识与理解，即由学生完成对当前所学知识意义的自主建构。在学生进行自主学习与自主探究的过程中，教师应密切关注学生的学习与探究过程，并要适时地为学生提供如何有效地获取和利用认知工具、学习资源及有关学习方法策略等方面的指导。

4. 协作交流

为了进一步深化学生对当前所学知识意义的建构，应在自主探究的基础上，组织学生以讨论的形式开展小组或班级内的协作与交流。通过共享学习资源与学习成果，在协作与交流过程中进一步深化学生对当前所学知识的认识与理解。教师在此过程中应为学生提供协做交流的工具，同时要对如何开展集体讨论、如何面对小组成员的分歧等协作学习策略作适时的指导，而且教师在必要时也应参与学生的讨论和交流，不能只做场外指导。协作交流的过程不仅是学生深入完成知识与情感内化的过程，也是学生了解和掌握多种学习方法的过程。

5. 总结提高

总结提高是实施探究式教学模式的最后一个步骤，其目的是通过师生的共同总结，来补充和完善全班学生经过自主探究和协作交流之后，对当前所学知识的认识与理解方面仍然存在的不足，以便更全面、更深刻地达到与当前所学知识点有关的教学目标的要求。在实施这一步骤的过程中，学生的活动包括讨论、反思、自我评价、相互评价；教师的活动包括点评学生的学习情况、提出与迁移拓展有关的问题并创设相关情景、对当前所学知识内容进行概括总结，以帮助学生了解当前所学知识点与其他相关知识点之间的内在联系。提出与迁移拓展有关的问题，可以要求学生应用所学知识去解决某个问题，也可以要求学生应用所学知识去完成某件作品。

第三节 信息技术与高校英语课程的课外整合模式

学科教学过程涉及三个教学阶段：一是与课堂教学环节直接相关的“课内阶段”，另外两个是课堂教学环节之外的“课前阶段”和“课后阶段”。因此，信息技术与课程整合的教学模式可以概括为“课内整合模式”和“课外整合模式”两种。本章的第二节中对信息技术的课内整合教学模式——探究式教学模式进行介绍和分析，本节将对信息技术的课外整合教学模式——研究式教学模式做重点介绍。

目前，西方发达国家比较重视信息技术与“课前阶段”和“课后阶段”教学过程的整合，也就是“课外整合模式”。多年来，他们在这方面做了大量的研究，进行了广泛的实践和探索，并取得很多成功的经验。但是在国内，我们历来比较重视“课内整合教学模式”，但往往忽视对“课外整合教学模式”的探索与研究。西方国家在“课外整合教学模式”方面取得了很多成功的经验，可供我们学习和借鉴，但在此过程中一定要注意结合中国的现实环境和具体条件，不能采取简单的“拿来主义”的方法。信息技术的迅猛发展，直接冲击着传统的高校英语教学模式，也直接影响着信息技术与高校英语课程的课外整合模式。为此，进一步探讨信息技术与高校英语课程的课外整合模式，即“研究性学习”教学模式的意义重大。

一、建构主义理念下"研究式学习"教学模式的内涵与特征

建构主义提倡在教师指导下的、以学习者为中心的自主学习。此种学习既强调学习者的认知主体作用，又不忽视教师的指导作用。教师是意义建构的帮助者和促进者，而不是知识的传授者与灌输者；学生不再是外部刺激的被动接受者或被灌输的对象，而是对信息实施加工处理的主体，是意义建构者。建构主义提倡在教与学的过程中用系统分析、共时方法和深层阐释去分析和解决问题，旨在用"全新科学模式"取代传统的教与学的方法，注重用辩证的方法进行教与学。

（一）"研究式学习"的定义

研究式学习是学生在教师指导下，从自然、社会或生活中选择、确定专题进行研究。在研究过程中学生主动实施获取知识、应用知识、解决问题的学习活动。研究式学习是以问题为载体，以小组合作为形式，在活动过程中创设一种类似于科学研究的情景，让学生通过自己收集、分析和处理信息，感受和体验知识产生和形成的过程，培养学生发现问题、分析问题、解决问题的能力和创造力。作为一种学习模式，研究式学习不同于接受式学习，它具有自主性、交互性、实践性、开放性等特征。设置研究式学习的目的在于改变学生以单纯地接受教师传授知识为主的学习方式，为学生构建开放的学习环境，提供更多的获取知识的途径，鼓励学生将学到的知识进行整合、消化、吸收，最终应用于客观实践。在此过程中，教师还要注重培养学生的创新精神和实施能力。

（二）"研究式学习"的特征

研究式学习是 20 世纪 80 年代末在我国教育界广泛推崇和实施的一种全新的学习策略和学习模式。研究式教学指的是在建构主义教学思想指导下进行的一种教学和学习方法，要求在教学过程中，教师用科学的方法指导学生通过研究的方法进行学习，并在教师指导下，学生充分发挥潜能去掌握知识，运用知识解决实际问题。同时，研究式教学模式要求教师具有创新思维和科学施教的本领，引导学生主动去发现问题、分析问题、解决问题，培养学生创造性学习的能力。目前，研究式学习以其实用性而广受关注。但是，研究式学习作为一种全新的学习理念仍处于探索阶段，对其理论指导意义及实践性还有待做进一步的系统研究。归纳起来，研究式学习有以下特征：

1. 强调学习的自主性

研究式学习强调学生的自主学习，通过自主学习来激励自己。学生可以根据自己的兴趣、爱好、个性、特长自主选择研究课题，自主进行课题研究，自主完成研究成果，

自主交流与分享。在整个学习过程中，学生始终享有高度的自主性，学生是课题的提出者、设计者和实施者，而教师仅作为合作者、参与者、指导者和促进者存在。

2. 强调学习的交互性

研究式学习具有互动性，这种互动性是由研究课题和研究方式交互作用生成的，不同的研究课题和研究方式会生成不同的研究内容。交互性体现为师生之间、学生之间的互动，教师和学生在互动中共同完成学习任务和学习内容的建构。

3. 强调学习的开放性

研究式学习把学生置于动态、开放、主动、多元的学习环境中，打破了封闭式的学习状态，鼓励学生走出课堂，步入社会。这种开放式的学习，体现为活动过程、目标内容、问题解决、学习环境的开放性、多元性和动态性，为学生提供了更多的获取知识的方式和渠道。

4. 注重学习的实践性

研究式学习以学生的直接经验为基础，以丰富学生的直接经验为归宿，让学生自己动手实践，在实践中学习，在学习中实践。在活动过程中，学生通过查阅资料、社会调查、亲手实验、走访、实地考察等多种途径，获得各种有价值的信息，收获直接经验和亲身体验。

5. 注重过程及学生的体验

研究式学习注重研究的过程，而不是研究的结果；注重学生的意识、精神、创造性的培养，而不注重现成的结论。以活动的过程作为个体存在与发展的基本形式，强调学习活动化、活动过程化、过程体验化。学生个体的发展不是被动式的接受，而是主动的摄取，积极自主地完成建构过程。

6. 强调师生间的平等

研究式学习要求教师为学生创设轻松、融洽和愉悦的学习环境，使学生在学习过程中获得一个发现世界、探索世界的宽松环境，让他们主动思考，勇于问、敢于想、善于做。师生关系平等有助于双方感悟彼此的思维方式及看待问题的角度，增进了解，互相促进，共同提高，共同进步。

7. 促进创造性与潜在性的统一

研究式学习与传统学习的最大区别就是培养学生的创造性和创新意识。研究式学习是一个能动的创造性的学习活动，能够极大地激发教师和学生的创造热情，调动他们的积极性和主动性。教师注重的不再是知识的简单复制、粘贴以及对学生机械的灌输。学生注重的也不再是死记硬背教师传授的“金科玉律”或是从书本中寻找现成的“标准答案”，而是经过思考、探究、综合运用相关理论知识，并把理论知识与实践有机结合，充分发挥自己的想象力、创造力，寻求带有“主观能动性”的解答。研究式学习是具有主观能动性和创造性的学习，它能够帮助学生形成发散性思维，激发教师和学生的创造热情及学习的积极性和主动性。

二、“研究式学习”教学模式的实施步骤

建构主义认为，学习是获取知识的过程，是学习者在一定的情景即社会文化背景下，借助他人（包括教师和学习伙伴）的帮助，利用必要的学习资料，通过意义建构的方式获得的知识，而不是通过教师传授得到的知识。建构主义教学实质上是一个研究和再发现的过程。通过不断的研究和再发现达到学习的目的。要达到学习的目的，就要有科学的学习方法。

建构主义理论强调以学生为中心，要求学生身份由外部刺激的被动接受者和知识的灌输对象转变为信息加工的主体、知识意义的主动建构者；而且要求教师身份由知识的传授者和灌输者转变为学生主动建构意义的帮助者和促进者。这意味着教师应当在教学过程中采用全新的教学模式，摒弃传统的、以教师为中心的教学方法，采用全新的教学方法，运用全新的教学设计理念，创设适应建构主义理论需求的学习环境、教学模式、教学方法和教学设计。建构主义理念下的研究式学习教学模式通常包含以下五个实施步骤：

1. 提出问题

在此环节中，教师通过创设问题情景激发学生学习与研究的兴趣，并由此引出当前研究式学习的主题——自然界或社会生活中有待解决的某个真实问题。

2. 分析问题

在此环节中，教师应该首先向学生介绍分析问题的方法，如由表及里、由浅入深、由近及远、透过现象看本质、客观事例归纳、换位思考、用两点论而非一点论看问题等诸多方法。然后再根据问题的性质和研究的需要教给学生相关的研究方法，如问卷调查法、文献调研法、案例收集法等，并对研究式学习的策略给出具体建议与指导。由于研究式学习的对象是自然界或社会生活中的真实问题，一般都比较复杂，因此，在此环节中，在“同化”与“顺应”过程中，教师应随时给予学生引导和帮助。

3. 解决问题

这一步骤通常包括两个子环节：第一个环节提出解决问题的初步方案和优化解决问题的方案。在这个环节中，研究式学习的研究主体，可以是学习者个人进行自由探索和自主学习，即“自我协商”，也可以是学习小组集体进行探索和研究，即“相互协商”。通常情况下，提出解决问题的初步方案这个子环节由学习者个人在深入分析问题的基础上自主完成；第二个环节——优化解决问题的方案通常是学习小组成员“会话”与“协作”的成果。

4. 实施解决问题方案

为了节约学习成本，避免不必要的浪费，在实施解决问题方案的过程中，注意做好形成性评价，及时收集反馈信息，经常进行反思。根据真实问题的实施情况，随时调整或修正解决问题的方案。

5. 总结提高

研究式学习的总结包括个人总结、小组总结和教师总结。小组总结应以个人总结为基础，教师总结应以个人和小组总结为基础。教师的总结需要帮助学习者把对客观事物的认识由感性上升到理性，丰富与完善他们对科学概念与原理的认识，培养学习者全面、系统、完整地认识和理解问题，使每位学习者都能做到知其然，更知其所以然。

研究式学习是对建构主义教学方法中抛锚法的发展与完善，是建构主义理论广泛应用的产物。开展研究式学习，需要建构主义理论的指导，反之，研究式学习实践又会进一步完善建构主义理论体系，并为建构主义理论广泛应用提供实践经验。

三、对“研究式学习”教学模式下英语教学的反思

研究式学习的教学过程，使教师和学生都获益匪浅。以内容为依托的研究式学习一改传统教学模式的教师主体地位，激发学生的“主体”意识，学生从始至终积极参与学习。由于研究式学习注重学习过程，学习中学生持续进行“联系”与“思考”活动，把“新”“旧”知识进行“同化”和“顺应”，结果是学生的创新思想和思辨能力得到强化，形成多视角、多元化、自主性的思考习惯。开展研究式学习需要学生之间相互分工与协作，通过课内外的协作性学习，学生的团队合作意识得到加强，人际沟通能力得到提升。这些能力的养成对于学生毕业之后尽快融入社会环境，建立良好人际关系，顺利开展工作是十分有益的。以下是针对研究式学习教学模式的实践所进行的反思，拟从几个不同的方面分析和探讨这一教学模式实践的过程中需要注意的问题和环节。

1. 教学观念的转变和教师角色的定位

研究式学习教学模式与传统的以教师为中心的教学模式有很大不同，强调以学生为中心，提倡学生在教师指导下的自主学习。要改变学生的学习方式，首先要求教师的教育观念和教学行为必须加以转变，这是开展研究式学习的前提。为此，教师需要重新调整自己的角色，与学生建立平等的关系，为学生创设宽松、自由、民主、协作的学习环境，这是取得良好学习效果的保证。教师首先要把学生置于学习的主体地位，树立服务于学生的意识，创设能够引导学生主动参与的学习环境，激发学生的学习积极性。教师备课过程中也应该时时想着学生，从学生的水平、视角出发设计问题，引导学生开展学习研究。研究式学习对教师备课质量、内容要求更高，教师备课的重点

是“备学生”而不是“备书本”。

研究式学习作为一种全新的教学和学习方法，其理论指导和实践内容是全新的，教师和教学管理者都应该得到系统培训，让教师和教学管理者在教学理论、教学内容、教学方法及教学管理等方面得到全方位提升。从理论高度和客观情况出发，让教师和管理人员充分认识到了解、掌握、推广研究式学习的重要性和必要性。教育教师自觉主动地转变角色，从教学活动的主导者和包办者转换成教学活动的引导者和帮助者，从主角转向配角，从前台走向后台，为学习者服务，给学习者搭建自由发挥、自我控制、自我协调、自主学习的平台，为千里马提供自由驰骋的辽阔草原。

2. 学生的中心地位和自主学习

为了确保研究式学习的顺利进行，教学中要做到以学生为中心，并不断提高学生自主学习的能力，教师必须对学生有全面细致的了解，这样才能在学习过程中从各个层面为学生提供细致入微的引导和帮助，对学生的研究式学习给予充分的支持。

以旅游英语课程为例，这门面向旅游英语专业三年级学生开设的专业英语课程采用全英语授课形式，以内容为依托，以英语为教学工具，以原版教材为核心教学内容。由于这门课程要求学生既要掌握旅游专业知识，又要提升他们的英语水平，因此学生面临着专业内容学习和外语学习的双重困难。课程讲授的初始阶段，学生中存在的畏难情绪较为突出。为了帮助学生应对课程初始阶段的困难与压力，根据每一个章节的内容特点，设计出导读内容，对于较为抽象、专业性强或容易产生歧义的概念先进行详细的介绍与分析，帮助学生解决他们自己无法独立解决的学习困难。然后再布置需要研究的问题，开展小组学习，组织讨论。同时，还要向学生推荐与研究问题相关的经典著作和重要文献，供学生研究学习，对课堂专业内容进行巩固与延伸。

在学习的过程中，很多学生对于自己的外语能力信心不足，害怕学习内容难度过大，担心学习材料中会遇到大量外语生词、句法结构复杂难懂等。了解到这一情况后，利用第一、二两周的授课时间，首先对本门课程进行宏观介绍，把一些国际政治专业领域常用的、学生感到陌生的英语专业词汇、短语集中讲解，把国际政治理论常见的概念用英文加以介绍和分析，理清彼此之间的关系。之后，选择 1~2 篇较有代表性的英文专业文章提前发给学生进行课下自主研读，留待下一次上课时围绕该文章的内容展开讨论。讨论的内容主要涉及“是什么”和“为什么”的问题。通过事先用英语对专业内容和相关概念进行了讲解和分析，使学生从专业知识和英语语言知识方面做好了准备，学生对于这门课程的畏难情绪明显减少，为接下来的课程学习铺平了道路。

上述学习和讨论也为了解学生的英语语言水平提供了很好的平台。根据学生运用英语交际的能力和语言水平，把全班学生按照英语语言水平进行分组，确保每个小组的语言水平基本相近，各组内学生的语言水平高低达到基本平衡，这样做的好处是有利于后续自主性的研究学习顺利开展。可以说，研究式学习方式能否取得成功在很大程度上取决于教师对学生的了解程度。

以学生为中心，还体现在每一个学生在学习过程中受到关注与帮助。在教学实践中发现，研究式学习方式适合于小班授课。如果班级过大，学生数量过多，就难以保证每个学生都有平等机会参与到同一个教学内容的全部探究过程，容易在学生中形成“中心”和“边缘”地带。这是因为学生的语言和知识水平存在差异，好学生在学习中会表现得更加积极主动，这势必会造成水平较低、性格内向的学生成为研究式学习中的“看客”，使他们在研究式学习中被“边缘化”。如果把班级人数控制在合理的范围，这一不良后果就可能被避免。

3. 教学机制和学习资源的配套建设

研究式学习教学模式的推广和完善是一个系统工程，这一教学模式的确立不但需要任课教师的参与和投入，同时也需要学校其他管理部门的支持和配合。从课程体系的角度看，开展研究式学习要以研究式课程体系的确立为前提，因为研究式课程是研究式学习方式的载体。确立课程体系首先要明确研究式学习的首要目标，是培养学生的创新意识和自主学习能力，强调知识学习的综合性、过程性、创新性和应用性。从教学评价的角度看，研究式学习需要建立配套的形成性和过程性评价体系，注重对学习者实际能力和综合素质的考查。

从研究式课程的内容看，课程提供的知识应具有交叉性、前瞻性和多元性等特点，这就要求教师具备丰富多元的知识结构，通常在精通一门专业的基础上还要再精通一门外语。而教学模式的多元性、开放性，则要求教师在内容选择、时空安排、资源配备、研究方法等方面要为学生提供更大的灵活度。可见，建构主义理念下的研究式教学对教师的素质和教学基本功提出了更高的要求。为了提高教师的综合素质与教学能力，要鼓励教师开展研究式学习的教学实践，聘请专家学者对教师定期进行培训，挖掘多种渠道让教师走出校门，接触社会，接触生活，开阔眼界，掌握学科发展变化的前沿性信息，拓展研究式学习资源渠道。

建构主义理念下的研究式教学模式非常重视学习环境的创设和学习资源的开发，提倡信息技术与课程的整合。为此，教师要掌握相应的专业知识和现代信息技术，为学习者提供研究式学习所需要的情景资源、信息资源、研究手段。在研究式学习的教学过程中，教师要具有信息安全意识，注意引导学习者区分信息的优劣，取其精华、去其糟粕，抵制网络和媒体可能对学生造成的不良影响。信息化的教学需要现代科技的支持，而校园网络、多媒体和计算机系统等硬件学习条件的创造，需要学校教学管理部门的配合与支持。此外，教学管理者应该从教学目标、教学模式和评价体系等方面推进教学改革，制定相应的考核、奖励机制，鼓励教师进修学习，更新专业与相关技术知识。教学管理者应该具有可持续发展的眼光，和在职教师协商制订周全详尽、切实可行的进修学习计划，尤其要积极倡导和鼓励教师开展跨学科学习，提高教师的教学科研水平与综合素养，以适应研究式学习过程中不断出现的新需求，使教师能够在教学中为每一位学习者提供科学正确的引导和帮助。

总的说来，面向非英语专业学生开设专业英语课程，是高等教育改革的一项重要内容和发展趋势，顺应了经济全球化和高等教育国际化的要求。它既是大学专业课程国际化的一种形式，也可以被看作对高校英语教学模式的革新与发展。目前，英语作为国际通用语的作用日益显示出来，开设专业英语课程的目的就是将专业内容的学习和外语学习有效结合起来。通过学习原版教材和专业领域相关的英文资料，为学生提供接触专业英语的平台，使学生了解专业前沿学科的发展状态，同时也增强英语的实际运用能力。以专业内容为依托、以英语为媒介语的学习方式，能够有效帮助学生掌握搜集和利用第一手研究资料的方法，开阔学术视野，培养创新思维，提高思辨能力，发展自主学习能力，并最终使他们成长为社会需要的复合型、创新型、高素质的国际化人才。

第五章　基于网络多媒体的高校英语教学模式的新发展

第一节　高校英语翻转课堂模式

随着人们对教学研究的不断深入，翻转课堂模式逐渐被人们了解和熟知。与传统教学模式相比，这一新兴的教学模式是建立在网络多媒体教学环境下，是对传统教学模式的一种倾覆。高校英语翻转课堂模式有其自身的优点，本节将对该模式展开分析和探讨。

一、翻转课堂模式的历史溯源及定义

在分析翻转课堂模式的定义之前，有必要追溯一下翻转课堂模式的来源。通过对这些渊源的分析，才能够更深刻地了解其定义。

（一）翻转课堂模式的溯源

翻转课堂遵循学习规律，有其深远的历史渊源。下面从中西方两个方面来分析翻转课堂模式的历史渊源。

1. 翻转课堂模式在中国的历史渊源

2500 年前，孔子所施行的教学就已出现先学后教的迹象。

（1）孔子在《论语·为政》中曾经提出这样的观点："温故而知新，可以为师矣"，即通过复习开始新的课程。

（2）孔子在《论语·述而》中提出"不愤不启，不排不发。举一隅不以三隅反，则不复也"，即启发式教学。

（3）孔子在《论语·卫灵公》中提出"不曰'如之何，如之何'者，吾末如之何也已矣"，即讨论式教学。

（4）孔子在《论语·雍也》中提出"知之者不如好之者，好之者不如乐之者"的观点，即倡导主体自身对学习兴趣产生浓厚的兴趣，这是求知识、做学问的一种理想境界。

（5）孔子的"学而时习之""三人行，必有我师焉"等观点反映了他注重在实

践中学习的看法。

（6）孔子的“可与言而不与之言，失人；不可与言而与之言，失言。知者不失人，亦不失言”这一观点体现出孔子在教学中善于通过适时抓住关键点来调动弟子们的主体作用，同时体现了学与思的有机结合。

除了以上孔子的言论外，中国当代同样有类似于翻转课堂的教学方法，如山东杜郎口中学所进行的教学改革、魏书生的预习方式等，不过与翻转课堂不同的是，由于没有云学习、云教育的条件，这些学生在课下无法使用微视频进行学习。

2. 翻转课堂模式在西方的历史渊源

翻转课堂在西方的历史也很久远，下面展开详细分析。

古希腊时期的苏格拉底与柏拉图曾经采用启发式与讨论式教学，这可以说是翻转课堂在西方的初露端倪。

西方近现代时期，裴斯泰洛齐的主体性教学、皮亚杰的建构学习、维果斯基的“最近发展区”都对翻转课堂具有很大的启迪作用。

20 世纪 90 年代，哈佛大学物理教授埃里克·马祖尔创立了同辈互助教学方式。马祖尔教授将学习分为两个步骤：知识的传递与知识的吸收。过去教学模式大部分都只重视传递知识，而忽视了学生将知识内化与吸收。经过大量实验之后，人们发现马祖尔教授所提出的同辈互助教学方式可以有效地促进学生对知识的内化，同时学习的正确率提升了一倍。另外，马祖尔教授还发现计算机辅助教学可以有效解决知识传递的步骤，因此他认为教师的角色将在未来的高科技辅助教学中得到改变，从演讲者变为教练，将学生的知识内化作为教学的重点，而不只是知识的传递。

2000 年，美国的特蕾莉亚（MichaelTrcglia）在其论文《翻转课堂：建立一个包容性学习环境的途径》（*Inverting the Classroom*：*A Gateway to Creating an Inclusive Learning Environment*）中，论述了在美国迈阿密大学开设“经济学入门”课程时采用“翻转教学”或“翻转课堂”，激活差异化教学以适应不同学生的学习风格。

2007 年，杰里米·斯特宙耶在其博士学位论文《翻转课堂在学习环境中的效果：传统课堂和翻转课堂使用智能辅导系统开展学习活动的比较研究》中论述了翻转课堂在大学中的设置。

综上可知，翻转课堂教学模式的出现使得传统教学模式发生了颠覆性的改变，在教学中学生将成为核心部分，翻转课堂为学生提供了个性化的学习平台，这十分有利于学生自主学习意识、团队协作能力等方面的培养。但需要明确的一点是，没有一种教学模式是完美无缺的，翻转课堂作为一种新兴的教学模式在我国高等教育领域有很大的发展空间，这离不开广大英语工作者脚踏实地的钻研与实践。

（二）翻转课堂模式的定义

分析了翻转课堂模式的溯源，下面就来界定翻转课堂模式。翻转课堂又可以称为“颠倒课堂”，其教学过程包含两大阶段：一是知识传授；二是知识内化。在传统教学模式中，教师往往会通过课堂知识传授的形式来传输给学生，学生通过课后作业的完成情况和具体的实践来实现知识的内化。与这一传统教学模式不同，在翻转课堂教学模式中，教师根据自己的教学计划对课前预习的内容进行布置，学生则主动利用各种开放资源来获取知识，在课堂上通过与教师进行探讨，然后完成任务，最后内化为自己的知识。

所谓翻转课堂模式，是指在课堂进行之前，学生利用教师给出的视频、音频、开放网络资源、电子教材等学习材料，自主完成课程内容，然后在课堂上主动参与教师的互动活动，最终完成学习任务。

1927 年，翻转课堂模式是由美国人萨尔曼·可汗提出的，他首次利用网络视频展开翻转课堂授课，并取得了巨大成功。因此，可以说萨尔曼·可汗是翻转课堂模式的创始人。

近年来，翻转课堂模式在国内产生了巨大影响。作为一种基于网络多媒体的新型教学模式，翻转课堂模式是对传统教学流程的颠覆，这对学生展开自主学习而言是非常必要的。作为一种新型成功授课方式，翻转课堂对我国英语教学改革大有裨益。但是，翻转课堂不属于在线课程，也不能运用视频代替教师，它只是师生之间进行互动的方式，为学生的自主学习提供了充分的空间和实践，从而获得个性化的发展。

现行教育体系建立的目的在于满足工业时代的需要。1899 年，美国教育专员威廉·哈里斯提倡在美国的各大高校中展开机械教学模式，这一模式使得学生“中规中矩”。但这显然与当前经济发展、生活水平不相符，只有对学校教育体系进行革新，才能跟上时代的步伐。换句话说，就是源于工业革命时代的机械教学模式逐渐被当前的新兴教学模式代替。

在传统教学模式中，知识习得需要经历知识讲授、知识内化、知识外化三个步骤。通过课堂，教师完成知识的讲授，而学生在课后任务和作业中完成知识的内化。这在前面已有所提及。但是，在当前云教育、云学习的技术条件下，学生可以通过“云课程”及媒介来展开教学，当学生在学习中遇到困难时，教师可以对其进行排解和启发，既保证了师生之间的平等交流，也保证了学生知识的进一步深化。简单来说，从先教授后学习转向先学习后教授，这就是所谓的课堂翻转。

综上所述，翻转课堂模式是对传统教学模式的变革，师生及教学方式在教学过程中都发生了质的改变。

二、翻转课堂模式的构成

很多学者对翻转课堂模式进行研究，将其构成要素分为三个层面：课前内容传达、课堂活动组织、课后效果评价。下面对这三个层面进行分析。

（一）课前内容传达

在翻转课堂模式中，其教学的基础在于课前内容的有效传达。就目前来说，我国翻转课堂模式往往会采用教学视频与纸质学习材料这两种模式来传达教学内容。其中，教学视频被认为是最基本的形式。对于教学视频的来源，主要有以下两种途径：

1. 运用现有的教学视频

运用现有的教学视频是教师进行翻转课堂教学的最佳选择。这主要有两方面的原因：一是由于教师的教学任务非常繁重，因此并没有多余的时间来制作新的视频；二是教师在面对视频录制仪器时，往往比较紧张，因此会严重影响教学效果和进程。可见，如果教师可以从网上找到现有的教学视频，那么必然会节省教师自身的时间和精力，而网上的教学视频资源非常丰富，教师只需下载就可以使用。

2. 制作新型教学视频

对于翻转课堂模式中运用的视频，教师除了运用现有视频外，还可以进行录制。当然，这需要教师有多余的时间和精力，他们可以运用电脑、录音软件、麦克风、手写板等进行制作。具体而言，可以做到如下几点：

（1）教师可以使用录屏软件对电脑操作轨迹及幻灯片演示轨迹进行捕捉。

（2）教师可以利用麦克风对讲述的音效进行录制。

（3）教师可以运用手写板对书本上的书写效果进行提升。

（4）教师可以利用音频编辑软件对录制的声音进行加工。

另外，教师还需要对画面质量进行关注。基于此，教师需要考虑制作的视频应该尽量短小。这是因为当前的社会生活、工作学习节奏快，如果视频过长，那么难免会引起学生的厌烦；相反，如果视频短，那么则能激发学生的兴趣，引起学生的响应。

（二）课堂活动组织

在翻转课堂模式中，教师需要对课堂活动进行组织。在组织课堂活动过程中，教师需要注意如下几个层面：

首先，对高校英语教学而言，导读类课程比较适合翻转课堂教学，这类课程通过网络多媒体展开。在课下，学生按照教师的安排习得内容；在课堂上，教师解释重难点问题，进而通过网络多媒体实现在线测试。完成测试后，学生可以即时获取网络背景知识和学习资源，同时还能与自己之前的测试结果进行比对，从而加深自己的知识。

其次，英语课程涉及语言与文化两大因素，教师在对学生的学习进行安排时，需要从初级认知的识记理解开始，转向高级的综合应用，完成一系列的递增过程。同时，教师在安排学生学习时还需要组织与此相适应的学习活动，在学生固有知识的基础上加深其对不同文化知识的理解和掌握。

最后，在合作学习的基础上应结合个体学习，因为个体学习有助于学生充分领会和识记。

（三）课后效果评价

在翻转课堂教学模式中，教师需要重视课后效果评价。翻转课堂模式常采用个性化学习测试，依靠的是教师与学生在接触的过程中形成的评价。也就是说，教师需要依据自身经验，对学生的知识掌握程度进行判断。这种即时的评价有利于纠正学生对知识的误解，且能够根据不同学生的差异，为他们提出合理化的建议和指导。但是，由于翻转课堂兴起时间较短，其评价与测试形式并不完善。因此，翻转课堂模式的学习评价主要是要求教师与学生之间进行及时交流与沟通，并根据学生的不同个性特征来加以引导。另外，教师还需要提供更多渠道来为学生展示学习成果，让学生建立起足够的成就感和自信心，激发他们学习的动力。

三、翻转课堂模式的优势

通过翻转课堂模式的定义可知，该模式是对传统教学模式的颠覆。具体而言，翻转课堂模式有如下几个方面的优势：

（一）有助于学习者安排学习时间

翻转课堂模式有助于学习者安排学习时间，尤其是即将毕业的大学生，他们需要在实习工作上花费很多时间，因此并没有充足的时间进行课堂学习。这些学生需要的是能够迅速传达知识的课程，让他们在闲暇时间学习知识。

对这些学生来说，翻转课堂模式是非常适合的，有利于他们对自己学习时间的安排。

（二）有助于师生展开课堂互动

与传统课堂教学模式相比，翻转课堂模式改变了师生之间的相处方式，教师与学生之间逐渐形成了一对一的交流。如果学生对某一知识点存在质疑，那么教师可以将这些学生集中起来，对他们进行特别指导。另外，在翻转课堂上，学生会展开大量的互动，他们不再将教师看成是知识的唯一来源，还包含其他同伴之间的互动学习。

（三）有助于差生进行反复学习

在传统教学课堂中，教师将更多重心放在成绩优秀的学生身上。这是因为，在老师的眼中这些学生可以追赶上教师的步伐，且愿意积极主动地参与到教师的教学中。但是，除了这些成绩优秀的学生外，其他英语水平较差的学生往往是被动听课，甚至很难跟上教师的节奏。对于这种情况，翻转课堂有助于帮助这些水平差的学生。在翻转课堂上，学生可以随时对视频进行暂停或重放，直到自己理解和明白为止。另外，翻转课堂模式还可以节省大量教师的时间，让教师将更多精力投注于成绩不好的学生。

（四）有助于学习者实施个性化学习

众所周知，各大高校的学生来自不同地区，其自身发展水平必然会存在差异，参差不齐，尤其是兴趣爱好和学习能力等。虽然当代的教学研究领域注意到了这一问题，但是传统教学模式很难实现分层教学，而翻转课堂教学模式恰好解决了这一问题。翻转课堂模式根据学生的兴趣、能力等展开教学，使每位学生能够从自己的进度出发来进行学习。

（五）有助于课堂管理的人性化

在传统课堂教学中，教师为了帮助学生获取知识，需要密切关注学生的注意力和整个课堂的纪律问题。这是因为，如果学生被某些事情影响了心情，那么必然会影响他们学习的进度。但是，在翻转课堂中，这一问题是不存在的。

首先，翻转课堂模式将学习的主动权归还给学生。如前所述，翻转课堂模式是对师生间、生生间互动关系的强化，让学生最大限度地发挥了主观能动性，即学生掌握了主动权。虽然传统课堂中教师也会辅导学生，但由于受传统理念的影响，这些教学改变只存在于形式上，教学活动仍侧重于讲授，学生完全没有占据主体地位。在网络多媒体环境下，翻转课堂模式获得了名正言顺的地位。在翻转课堂中，学生根据教师提供的资源首先进行自主学习，体现学生的主体地位，然后在课堂上与教师展开讨论，深化自己的知识。

其次，翻转课堂模式扭转了传统教学模式下学生的学习观念和学习态度。翻转课堂中的学习内容是根据学生的需要、兴趣来定位的。在总体学习目标下，学生通过教师提供的学习途径、学习材料完成知识建构，提升自身的知识水平。

再次，翻转课堂使学生对教师的依赖性降低。这是因为，翻转课堂中知识的习得置于最前的位置，学生的自主性逐渐提高，有效淡化了学生对教师的依赖。在自主学习中，学生不得不将自己获取帮助的想法转向其他同学，经过一段时间后，学生便形成一种习惯，即主动接收学习知识的过程，与其他同学进行探讨和交流，这样不仅可以提升学生的知识水平，还能提升他们的人际交往水平。

四、翻转课堂模式的实施方法

根据相关学者的研究，一些学者提出了翻转课堂模式的基本流程。

分析上述翻转课堂教学的基本流程及教学理念，高校英语教师根据其所授课程内容形成了多种教学流程。具体而言，涉及如下两大层面。

（一）进行课前安排

在课前安排方面，教师要为学生准备充足的学习资料，如电子教材、外语参考书籍、国内外相关外语专题网址及微视频教程等。

1. 电子教材的设计

在电子教材的设计上，应该注重其完整性。也就是说，纸质教材的内容及附加的包含音频、录像、解释材料等在内的内容应包含在电子教材中。此外，还有语料库数据、相关网站等资料，可以运用链接形式注入电子教材中，便于教师和学生使用。

电子教材除了设计要保证完整性外，还需要遵循一些次要原则。

（1）模态协作化原则

由于电子教材的设计涉及多模态形式，在运用多模态时需要考虑几个因素：一是现有的设备条件是否适合使用多模态，能否为教师留有选择的空间；二是运用多模态能否产生正面效应，其教学效果如何；三是考虑多模态的运用是否会出现冗余，避免产生浪费；四是多模态形式是否能够进行强化和互补。

（2）模态分配分类化原则

模态分配分类化是指根据不同的教学条件和教学对象来分配不同的模态组合。著名学者陈敏瑜在对多模态进行研究时，发现大学教材中的绘图大多为纲要式或者抽象式图表，而小学教材多为漫画式，这就说明教材的编写是根据学生的认知能力和基础知识界定的。因此，在设计电子教材时，同样需要考虑学生的认知能力和知识水平，如文科生适合形象化的模态，而理科生适合抽象化的模态。

（3）超文本化

在电子教材中，教学材料是主语篇，而提供背景、解释、练习材料的是小语篇，二者通过不同层次的方式构成一个相对复杂的语篇网络。

（4）个性化

电子教材设计的个性化是从学生的个性特点出发来组织教学。由于学生的起点不同，其使用的模态也必然不一样。为学生提供多种可供选择的教学模态，有助于提升学生的学习兴趣，避免出现“一刀切”的情况。

（5）协作化

在多模态学习的环境下，学生要相互进行协作，以小组的形式来完成学习任务、实现学习目标，进而提升整个小组成员的知识水平。

（6）模块化

所谓模块化，是指电子教材的设计以阶段性目标为核心，根据这一目标为学生设计教材，并在此基础上设计完成任务和目标的措施和方法，指导学生根据步骤来学习，为实现自己的目标努力。

2. 微视频的设计

微视频是当前翻转课堂模式常用的学习资源，具有很强的针对性。在课堂开始之前，教师可以根据课堂学习目标准备两个或三个微视频，一个微视频介绍一个知识点就可以，如果介绍的内容太多，那么就会影响学生的理解和学习。对于微视频的设计，教师需要注意以下几方面：

（1）英语教学视频的视觉效果、互动性、时间长度等都会对学生的知识习得产生影响。在微视频中，教师要对学习内容进行合理设计，并设计课前练习的难度与数量等，以帮助学生将新旧知识结合起来。

（2）学生在课前学习过程中，可以利用网络多媒体软件等与其他学生进行交流与沟通，将自己学习中的难题和疑问排除掉，促进学生彼此间的提高。

（3）在微视频的设计上，教师还需要考虑学生的适应性。刚接触视频时，学生很难集中自己的注意力，他们更专注于笔记的记录。为了改善这一局面，教师可以为学生构建视频副本，帮助学生解除后顾之忧，引导学生对档期视频内容进行关注。

（4）在微视频的制作上，教师不仅需要对整体上的视觉效果进行互视，还需要突出学习的要点和主题，根据知识结构来设计活动，为学生构建内容丰富、形式新颖的平台，让学生对微视频学习产生更大的学习积极性。

（5）当微视频制作完成之后，教师可以将这些视频上传到网上，学生可以通过学校网络随时下载使用学习。

（6）当学生完成微视频的学习后，需要对自己的学习情况进行总结。如果遇到问题，可以将这些问题反馈给小组长，然后由小组长向教师汇报。

（二）展开课堂教学

在翻转课堂上，教学大概分为五大步骤：合作探究、个性化指导、巩固练习、反馈评价以及课程总结。

1. 合作探究

首先，要合理进行分组。合作学习实际上就是小组学习。合作学习中组员之间的结构是十分重要的，因此教师在分组时要注意各小组成员在能力水平、知识结构上的多样化。同时，各小组成员之间保持个性特点的均衡也有利于各个小组间进行竞争和学习。一般来说，各小组成员应该遵循“组间同质、组内异质”这一原则，保证小组成员中具有不同层次的知识水平，提升小组内能力欠佳学生的积极性，促使任务的完成。另外，小组内的成员应该进行分工，即每一位成员在小组内都应该体现自己的作用和位置，在完成任务的过程中能够积极地进行思考。

其次，对问题进行策划和提出。小组合作的内容要具有操作性，即设置的问题能够进行讨论。在课堂开始之前，教师应该根据不同的学习内容和任务明确分组的原则，明确规定小组内各个成员任务以及完成任务的时间。在合作学习中，教师处于引导者的地位，为不同学习小组制定不同的学习任务，使各个小组间能够相互合作、共同学习、共同进步。

最后，要合作实施，并对过程进行控制。小组合作学习并不是在任务开始时就要求一起完成任务。事实上在任务开始时，小组成员需要对任务进行研究和探讨，且各个成员间独立进行思考，通过独立的思考来促进和发展思维。之后，小组成员之间对思考的成分进行交流，发表自己的观点和看法，最后对各种信息和观点进行汇总，组合成一个一致的观点。当然，小组内还需要一个发言人，发言人需要将观点和看法向教师反馈。

2. 个性化指导

在个性化指导阶段，教师需要为各个小组解答问题与疑惑。在合作探究中，不同小组会产生不同的问题，教师应该根据不同的问题进行个性化指导并解答问题；对一些共性问题，则可以集中起来予以解答。

3. 巩固练习

在巩固练习阶段，在教师的个性化指导下，各个小组需要进行总结，并通过不断练习来加深印象，对重点、难点知识进行巩固。另外，这一阶段需要各个小组间的学习与交流，引导学生间贡献学习经验和知识。

4. 反馈评价

对小组合作学习情况的评价主要包含两方面：一是对学习过程和结果进行评价；二是对小组及小组内成员进行评价。在对各学习小组进行评价时，教师需要将重心放在整个小组任务的完成情况上，而不是放在某一小组成员的成绩上。同时，教师还需要评价小组内成员参与的主动性、积极性，这样既可以为其他小组内的成员树立榜样，还可以激发小组内成员的热情，调动学生学习的积极性，防止学生产生依赖，更好地实现合作学习。

5. 课程总结

课程总结是合作探究的最后一步，各小组间进行交流与信息沟通。教师应该给予小组内不同成员充分的支持，使各个小组都能够顺利地完成学习任务，实现既定目标。

总之，高校英语翻转课堂模式不仅是对课前预习效果的强化，更是对课堂学习效率的注重和提升。对教师来说，通过课堂活动设计来使学生知识内化是教师的重要任务，也是高校英语翻转课堂教学的目的。基于此，教师在设计课堂任务时应该对写作、情境等要案予以充分利用，引导学生通过真实体验来实现知识内化。对高校英语翻转课堂而言，学生展开学习的基础在于信息资源及技术工具等的运用。

第二节　高校英语微课模式

随着网络多媒体技术的引入，人们的学习方式逐渐发生改变。在网络及“微时代”的双重影响下，微课模式已经悄然进入高校英语教学的领域，并成为人们探索新教学模式的一个重大突破口。可以说，微课是一种新的网络学习资源，并在国内迅速发展，成为基于网络多媒体的高校英语新教学模式。高校英语微课模式的定义、构成、优势及实施办法等成为当前研究的热点，下面就对这几大方面展开分析和探讨。

一、微课模式的定义

从字面上来说，“微课”有如下三个层面的阐释“

（1）对“课”这一概念来说，微课是“课”的一种，是一种课式，呈现的是一种短小的教学活动。

（2）对“课程”这一概念来说，微课同样是有计划、有目标、有内容、有资源的。

（3）对“教学资源”这一概念来说，微课具有丰富的教学资源，如数字化学习资源包、在线教学视频等。

但是，对其内涵进行挖掘，可以发现微课是一种具有单一目标、短小内容、良好结构、以微视频为载体的教学模式。微课的最初理念是通过正式或者非正式的学习方式，人们不断对短小、主题集中、与实践紧密结合的专业知识进行学习，从而提高学习效果，促进知识的内化。

在这一理念基础上，我国学者对微课模式展开了重点研究，很多学者提出了自己独到的见解。

黎加厚认为：“微课是时间在十分钟内，教学目标明确、内容短小，能够对某一问题集中说明的微小课程。”①

焦建利认为：“微课是以某一知识点为目标，其表现形式是短小精悍的在线视频，主要应用于教学和学习的一种在线教学视频。”②

胡铁生、黄明燕、李民认为：“微课又可以称为‘微型课程’，是建立在学科知识点的基础上，构建和生成的新型网络课程资源。微课以‘微视频’作为核心，包含很多与教学配套的扩展性或支持性资源，如‘微练习’‘微教案’‘微反思’‘微课件’等，从而形成了一个网页化、半结构化、情境化、开放性的交互教学应用环境和资源动态生成环境。”

上述这些学者的概念具有针对性，并一定程度上反映出微课模式的基本特征，虽然具体内容存在某些差异，但是其理念和核心基本一致。涉及综合性问题，笔者更倾向于胡铁生的定义。笔者认为，微课从本质上是一种对教与学进行支持的新型课程资源，而且微课与其他与之匹配的课程要素共同构成了微课程。从这点来看，其属于课程论的范畴。当学生通过微课模式开展学习时，他们就是以微课作为媒介与教师产生交互活动，通过面对面辅导、在线讨论等进行直接交互，从而产生有意义的教学。

二、微课模式的构成

从微课的课程属性出发，微课需要具备必备的课程要素。具体而言，主要涉及四大要素：目标、内容、活动、交互和多媒体。

（一）目标

目标是指教师预期微课模式的适用教学阶段，以及期望教学所要达成的结果，主要包含以下两层含义。

（1）应用目的，即设计开发微课模式的原因。这与微课模式是在课前、课中还是课后运用有关。如为学生的课后练习提供指导而制作的相关练习讲解的微课。

（2）应用效果，即教师在使用微课模式后期望学生所能够解决的具体问题，如掌握某一体裁的英语写作方法、阅读理解题的解题技巧等以引发学生思考。

一般来说，微课模式的目标是具体明确、单一的，其对微课内容和应用模式的选择起着重要的指导意义。

（二）内容

微课内容是指为微课模式预期服务的，与特定学科相关的有目的、有意义传递的

① 刘忠才，陈平，张云．信息化背景下高校英语教师在线教学现状和策略提升研究 [J]. 齐鲁师范学院学报，2023, 38(2):7.

② 张帆．我国高校英语教师的文化教学观念与教学实践研究 [J]. 佳木斯职业学院学报，2023, 39(5):3.

信息与素材。也就是说，高校英语微课模式的内容是教师实现预期目标的信息载体。根据微课的目标，并结合学生的学习情况以及准备应用的教学阶段等教学实际来设计微课模式的内容。微课内容不同，教师对教学活动的设计也不一样。但是，由于微课的时间很短，内容上往往具有主题明确、短小精悍、独立的特色，因此需要教师对微课的内容进行精心的选取。

（三）活动

活动是主体与环境的相互作用过程，其中环境涉及主体本身、其他主体以及客体。这里所说的“教的活动”是指教师这一活动主体与特定微课内容这一客体之间的相互作用过程，通过这种相互作用，向学习微课的学生将教学信息有效传递出来，以帮助学生对课程内容进行理解与思考。教的活动是实现微课目标的一种有效方法。从方法上来说，教的活动可以分为教师的演示、讲授、操作及其与其他主体间的互动等活动类型。

（四）交互和多媒体

要想完成微课中教的活动，教师必须要借助某些特定工具，来保证学生能够正确理解微课内容的意义，从而实现学生与微课的相互交流。在微课模式中，这种工具主要包含以下两种：

（1）交互工具。学生进行微课学习，能够促进学生与微课间进行操作交互和信息交互。

（2）信息呈现工具——多媒体。多媒体能够更好地帮助教师对教学内容进行表达和解释，提高学生在进行微课学习时与学习资源间的交互有效性，如微课中课件、动画、图形、图像等的呈现。总之，微课这四大因素是相互影响、相互关联的。通过对这几大要素的设计，教师有助于构建一个具有结构化数字化课程资源。

三、微课模式的优势

从微课的定义与构成上不难看出，微课与当前信息技术相适应，也与《大学英语教学指南》相适应，是一种新兴媒体在教学领域的运用。可以说，微课在高校英语教学中的优势非常明显。

（一）教学内容少

微课模式主要是对课堂教学中某一知识点教学的凸显，或者是对教学中某一环节或者某一主题活动的反映。与传统教学内容相比，高校英语微课教学内容精简，更符合教学的需要。

（二）教学时间短

一般来说，高校英语微课教学视频时长为3~8分钟，最长也不应超过10分钟。相比之下，传统课堂教学时间长，一般为40~45分钟。因此，微课常常被称为“微课例”或“课堂片段”。也就是说，微课教学时间短。在当前的高校英语教学中，使用微课模式有助于针对教学难点开展教学，使学生能将这些注意力集中在教学的黄金时段，通过与教师的互动解决学习上的困惑。

（三）资源容量小

通常情况下，微课模式中的教学视频及配套资料的容量为几十兆，容量一般比较小。在高校英语教学中，微课这一模式有助于教师与学生间流畅地展开交流。

（四）资源构成情境化

高校英语微课教学的内容通常具有鲜明的主题，且指向也完整、明确。教学视频片段是微课的主线，并以此对教学设计及其他教学资源进行统整，从而构筑成一个类型多样、主题凸显、结构紧凑的“主题单元资源包”，创造出一个真实的教学资源环境。这就使微课资源具有了视频教学案例的特点。这样真实、具体的情境不仅有助于学生提升自己的思维能力，还有助于提升教师的教学技能和学生自己的学业水平。

（五）反馈及时、针对性强

微课教学内容少、教学时间短，因此可以在短时间集中开展“无生上课”活动，教师和学生都可以迅速获取反馈信息。此外，每一位学生都可以参与进课前组织预演，相互学习，这在一定程度上有助于减轻教师的压力，保证英语教学活动顺利开展。

（六）成果简化、多样传播

由于微课教学内容主题鲜明、内容具体，因此其成果易于转化和传播。同时，微课教学时间短、容量小，因此其传播的方式也是多种多样的，如网上视频传播、微博讨论传播等。

（七）主题鲜明，内容具体

微课课程的开展是建立在某一主题上的，其研究和探讨的问题也主要来自具体、真实的教学实践。例如，教学实践中关于教学策略、学习策略、重点难点、教学反思等问题。

四、微课模式的实施办法

就当前的教学实践来说，微课模式有着重要的发展前景。虽然微课的设计是当前研究的重点问题，但是也不能忽视微课模式在教学实践中的应用。因此，下面就高校英语微课教学提出一些建议。

（一）建立微课学习平台

微课模式主要建立在视频这一载体上，同时还需要一些辅助模块，如微练习或互动答疑等，这些对提高学生的学习兴趣、培养教师的信息化应用能力十分有益。其中，一个较为创新的方法是微慕课平台，即使微课模式展现出慕课模式的系统性和专业性。这一平台具有一定的知识含量，且具有结构灵活、系统性强、制作成本低等优点。

（二）提升微课录制技术

微课录制技术更追求质量，而且要尽可能地简单，使教师乐于录课，并能够快速提升自己的微课录制技术。另外，微课的研究人员需要在网络多媒体技术上进行改进和发展，追求卓越，尽可能地使微课模式得以普遍推广。

（三）加强资源开发，实现共建共享

当前的高校英语教学中仍旧存在着教学资源不均衡的情况。微课的出现，使得优质的教学资源通过网络传送到全国的高校中，从而实现资源共享。

第三节　高校英语慕课模式

在网络多媒体环境下，慕课（MOOC）模式是以关联主义为基础，开展大规模的在线教学方式和学习方式。慕课模式的形成和发展并不是偶然的，而是在时代的发展和信息技术的进步基础上实现的。本节就来分析高校英语慕课模式。

一、慕课模式的定义

慕课是一种在线课程开放模式，是在传统发布资源、学习管理系统的基础上建立起来的课程模式，又称为“大型开放式网络课程”。慕课主要由具有协作精神与分享精神的个人所组织，他们将优异的课程上传到网络，供需要的人下载和学习，目的是为了促进知识的传播和发展。

2012 年 9 月 20 日，维基百科将慕课进行了界定，即慕课是一种以开放访问、大规模参加作为目的的在线课程。慕课的英文字母是 MOOC，这四个字母分别有其代表的含义。

M：Massine，代表参与这种开放性课程的人数多，规模大。

O：Oren 代表这一课程具有开放性，只要是想学习的人都可以参与其中。

O：Online 代表这一课程学习的时间是非常灵活的，想学习的人可以自主选择。

C：Conrse 代表课程包含的种类众多。

二、慕课模式的优势

慕课模式应用于高校英语教学必然会引起重大的教学理念与教学方式的改变。也就是说，慕课模式对当前的高校英语教学意义重大。具体而言，慕课模式具有如下几点优势：

（一）提供能力培养平台

我国的高校英语教学虽然一直在不断变革，但是总体上还是将重心放在基础知识教学上。这种教学模式必然阻碍学生将英语教学与专业结合起来，也就很难实现自己综合能力的提升。

受这一教学理念和教学背景的影响，很多学生忽视了英语的学习，并没有意识到英语这一工具的作用。慕课的出现能够为学生提供最新的发展评估和专业动向，有助于激发学生的学习动机和兴趣，促使学生提升自己的专业能力，解决英语教学与自己专业的问题。

（二）平衡不同学生水平

高校学生来自不同的地域，各地的教学水平存在差异，学生的学习能力和学习基础也高低不同。在统一的大班英语课堂上，教师很难实行一对一教学，只能从宏观上对学生进行指导。在这样的教育现实下，很多学生已经追赶不上教学的进度，或者不满足于当前的教学水平。

慕课模式通过开放性的网络平台，给学生提供了有针对性的教学，便于缓解教师教与学生学的矛盾。同时，该模式不受时空限制，既有利于促进基础好的学生能力的发展，也有利于基础差的学生知识的巩固。

（三）形成语言使用环境

对我国学生而言，英语是第二语言，因此本身缺乏语言学习的环境，导致学生在课堂上学到的知识很难在现实中应用。很大程度上说，这降低了学生学习英语的成就感，也对日后学生的语言能力提升十分不利。

慕课的出现能够为学生创设良好的语言学习环境，即学生可以接触到真实的语言，甚至可以与世界上其他国家的人们进行交流，这都有助于提升学生自身的听说能力。

（四）扩大学生知识储备

我国的高校英语教学主要是围绕课堂教学展开的，面对短暂的教学时间、繁重的课业压力，课堂教学很难给学生带来充足的知识。相比之下，慕课教学模式以网络为平台，向学生提供丰富的知识，方便学生进行提取，不仅扩大了学生的知识储备，还提高了学生的学习效率和兴趣。

三、慕课模式的实施办法

作为一种新兴的高校英语教学形式，慕课模式往往会通过以下步骤进行教学，即课程设置多样化、上课方式多样化、考核方式多样化、传统课堂与慕课结合。

（一）课程设置多样化

就当前的高校英语教学来说，慕课模式改变了传统教学模式的单一状况。就师资力量来说，传统的高校英语教师资源非常有限，所讲授的课程针对性也不明确。就教学材料来说，当前大多数高等院校使用上海外语教育出版社出版的《高校英语》《新世纪高校英语》、高等教育出版社出版的《大学体验英语》以及外语教学与研究出版社出版的《新视野高校英语》等，并没有采用与学生相适应的冷门教材。就课程设置来说，虽然各大高校都设置选修课，但是这些选修课大多是为英语四、六级考试设置的。对此，慕课教学模式根据学生的兴趣和需要来选择课程，大大提高了学生的学习兴趣，从而提升了学生学习英语的质量和效率。

（二）上课方式多样化

虽然我国各大高校都在推进高校英语教学改革，上课形式也不再单一，但是仍旧将教师讲授作为中心，其中穿插的多媒体也只是一种辅助形式，是教师板书的延伸而已。但是，在网络多媒体不断发展的背景下，慕课模式实现了上课方式的多样化，学生可以在校园任何地方坐在电脑前学习，或者手拿平板电脑进行学习。

（三）考核方式多样化

在网络多媒体教育环境下，高校英语慕课模式的关键在于考核方式的多样化。如果仅仅依靠传统的笔试或者论文式教学，那么就很难将学生的实际水平测试出来。在慕课模式下，考核方式的多样化主要涉及两点：一是探索个性化考核方式，即根据不同层次的考生设置不同的测试题目；二是探索开放性的考试方式。总之，无论是个性化考核方式，还是开放性考核方式，其前提都是为了激发学生的学习积极性和学习兴趣。

（四）传统课堂与慕课结合

前面已经介绍了慕课模式的优势，但是在发挥慕课模式的同时，还需要注意两点问题。

首先，高校英语慕课模式教学还有待完善，因为需要对教师进行培训，还需要准备与之配套的教学硬件设备。

其次，对大学生来说，他们自身水平存在差异，因此要想让不同层次的学生适应慕课模式，也需要很长一段时间。如果将所有的教学内容置于网上，那么那些本身自制力差的学生就更容易放弃，这当然是教师不愿意看到的。

因此，当前属于新旧交替时期，教师仍旧扮演着重要角色。首先，教师应该积极探索能够激发学生主动性和积极性的慕课课件。其次，教师需要对学生的基本情况有一个清晰的了解，保证慕课课件能够被大多数学生理解和把握。最后，教师还需要了解不同学生的自主学习能力，锻炼学生的心理素质，使他们尽快适应新兴的教学模式。

第六章 新时代线上、线下混合英语教学模式创新研究

第一节 高校英语线上、线下混合教学模式的教学理论

一、线上、线下教学目标

（一）课程目标是学习的出发点

“以学生发展为中心”的课程目标是要培养学生的自主学习能力、创新能力及协作沟通能力。对学生自主学习能力的培养，教师可将教学内容中的知识点录制成微视频，学生利用网络多媒体设备或移动通信终端等进行自主学习，假设在学习过程中出现难以解决的重点、难点，学生可以通过暂停、多次回放和反复观看视频等多种功能加以解决，这样也可以使学生的自学能力得到锻炼；对于学生创新能力的培养，教师在录制微视频时要创设与教学内容相符合的教学情境，让学生将枯燥的知识灵活应用，用于实际，且教师在设计多媒体教学视频中要巧设疑问，使发掘问题、剖析问题、解决问题的过程变成学习三部曲，进而发挥学生的创造性思维，以克服传统教学模式“只灌输”的局限性，打开局限性，从而激发学生的创新意识；而在对学生协作沟通能力的培养方面，教师在制作视频教学内容时，可在知识点讲解后增加测验题，针对学生的学习效果进行检测并及时得到反馈；此外，学生可以组织互动学习小组进行探讨与交流，及时对测验中存在的问题进行答疑解惑，真正将知识化为自我的财产，并在良好的互动过程中分享自己的学习经验和成果，这也可以使学生的协助沟通能力上一个台阶。

课程要求对课程体系起到一定的支撑作用。个性化学习就是为每个学生定制符合自身的学习策略和学习方法。学生根据多维化的教学内容，并按照自身的学习能力、兴趣爱好等选取合适的学习内容，在经过一段时间的学习后，能正确地找到自己的薄弱之处，选择相应的知识点检测，通过做题、查看检测结果、针对性训练、个性化学习等进行循环训练。此外，学生也可根据自身的情况采取 4A 学习法（anytime、any where、any way、any body），即让学生在任何时间、任何地点、采用任何方式、从任何人那里学习。“以个性化学习为中心”的课程要求，不仅能够赋予学生个性化的、完整的、深度的学习体验，调动学生的学习参与度，还能使教师更有精力洞悉学生的学习情况，从而更好地达成个性化教学目标所提出的要求，以改进学生的学习效果，提升学校的整体教学质量。

大学英语线上、线下混合式教学从形式看，是将传统的“人与人”面对面线下教学和“隔屏幕”基于互联网的线上教学混合应用，从内涵上看，则存在如下两个根本特征：

（1）“混合”的直接目的在于“融合”。英语混合式教学并不仅仅是将线下授课的 PPT 和作业布置放置到网上，简单意义上实现线上学习过程和传统课堂教学过程的“混合”，重点在于将线上可以“随时、随地”进行教学的优势，与线下教学的“当面直观、互助深入”的优势相融合，从而发挥线上、线下教学各自的优势，并克服各自客体存在的不足。这种融合应该包括线上、线下教学过程的融合、教学手段的融合、考核内容的融合等。

（2）“混合”的最终目的在于“提高”。大学英语进行线上、线下教学方式混合的最终目的，不在于为学生提供获取关于英语学习资源的更多途径，而在于真正促进学生的英语学习效果。因此，检验混合式教学成果的最终标准，一直都不在于线上资源的多少，或者线上教学课时和线下教学课时的比例，而在于学生在线上、线下学习阶段后的效果。

线上、线下混合教学模式运用于英语教学之中，教师可以真正随时随地为学生提供教学，学生也可以随时随地进行学习，突破了时空限制。学生还可以进行碎片化学习。通过对学习内容或者学习时间进行分割，使学生对学习内容进行碎片学习，这样的学习方式称为碎片化学习，十分符合英语这一学科的学习需要。教师还可以为学生提供个性化的学习资源，根据学生的个人情况进行个性化教学，从根本上提高学生的学习效率和学习积极性。在线上、线下教学模式之下，教师可以将教学内容用先进的、新颖的方式呈现出来，各方面的英语渗透，学生的学习环境得到极大的改善。英语作为一门语言类的学科，有一个好的语境对学生学习来说是非常重要的。运用线上、线下混合式教学模式进行教学，能够为学生学习英语语言创造一个真实的语境，在真实的语境中，学生更加容易理解所学知识，也能够将所学知识更好地运用到实际中来。除此之外，线上教育功能提供在线教育论坛，在线教育论坛为师生之间的交流提供了互动功能，学生通过这一社交功能可以在线上同教师和同学展开讨论，教师也可以在线对学生进行课业的考查，教师与学生、学生与学生之间可以进行学习心得的交流，学生在教师的引导下逐步构建起语言知识架构，建立起对英语学习的敏感性，提高自身的英语素养，获得质的进步。运用线上、线下混合式教学模式进行教学，其所构建的教学小课堂内容丰富多彩，在这里，学生可以提出疑难问题并及时获得解决，还可以利用多种教学方式进行学习，学生对于英语学习的积极性不断提高。

在学习实践过程中，运用线上教学能够获取英语语言知识，构建在线学习社区。线上教学模式将学习过程中的课文导入、句子讲解等学习内容都融入教学视频之中，学生可以根据自身的时间安排随时随地进行学习，还可以凭借自身的喜好或不足之处选择视频内容，使学习过程变得更加灵活，为其个性化学习提供了可能。线上教学模式实际上是对传统课堂教学模式的一种改革和补充，线上教学将与学生现阶段相适应的教学内容和教学资源进行整合，作为课堂教学的一种补充，线上教育与线下教育相辅相成，共同为提高学生的英语素养做出贡献。利用线上、线下教学模式，教师还可以对学生的学习进行线上的监督，对于学生的学习情况和课业完成情况进行评价，遇到疑难问题，教师可以在线上为学生进行解答，学生也可以同其他学生一起进行学习经验的分享和总结，实现共同进步。

传统的课堂教学中，所传授给学生的知识是有限的，并且脱离实际生活，教学缺乏趣味性，但是在线上、线下混合式模式下，线上小课堂对线下课堂的知识进行了扩展和延伸。许多课堂上难以接触到的知识，学生可以线下自主学习，不仅节省了教师教学时间，减轻了教师的负担，还拓宽了学生的知识面。线上小课堂的教学也更具趣味性.运用科学技术可以实现许多线下课堂不能实现的特殊教学方式。线上模式下小课堂的构建能够系统性、针对性地将教学内容分为多个小课堂进行教学，每个小课堂的内容较少，满足了学生对于碎片化学习的需求，并且使得学生学习更具有针对性，学生学习起来也更加方便。大学英语的教学本就是基于英语课堂为学生提供探索知识的场地，而不仅仅是单纯的知识输出，因此线上小课堂正好适应了高校英语教学的这一需求，成为学生知识探索的场地。教师可以合理利用小课堂教学模式对学生的学习成果进行检验，学生也可以对教师的教学效果进行打分和反馈，以便教师进行教学方式的改进。在这样的模式下，教师的教学水平也可以不断提升、不断进步。

要从根本上提高学生的英语学习能力，就要从多方面入手，不断提高其对于知识的综合运用能力。学生在传统的课堂学习中往往无法学习到如何进行知识的运用，做不到知识的融会贯通，此时教师借助线上教学模式对学生进行多方面的培养，使学生在学习过程中能够接触到更多的实践知识，将理论同实践结合起来，也有更多的机会进行口语练习的模拟训练，让学生真正能够将所学习到的知识转化为能力并熟练运用。线上教学作为线下教学的一个补充，可以更加丰富课堂内容，加深课堂内容的深度，在这样的教学方式之下，学生能够全面提升英语学习和运用能力，成为高素质的英语人才，为社会做出贡献。

传统教学中知识资源流动缓慢，且存在时滞，导致师生之间的信息交流不畅，从而不利于教学。而应用了数据挖掘和学习分析的互联网教育平台，创造了实时、快捷的信息交流渠道，能够进行全面、深入的数据挖掘与分析处理。事实证明，利用线上模式这样的信息流动有力地促进了学习者和传授者之间的沟通了解，方便学生掌握学习英语规律，从而优化学习英语过程，提升学生英语学习效果，使教育质量的提高变为现实。

（二）教师引导监控的主导作用

经过对混合教学模式内涵的相关性分析，将理论转化为实践，以教师引导监控的主导作用为中心，分为以下的教学和学习形式：

1. 线下教学

利用互联网各大英语教学资源平台进行线下教学，教师要针对每一位学生提出适合的学习方案，经过综合分析学生的特征、英语学习上的短板以及学习英语的难处，从而为他们自身定制学习计划，将总体的教学目标细分为不同的具体的阶段，因材施教，根据每位学生的能力设置每个阶段的阶段目标。在此阶段目标基础上教师可以制作不同话题的微课，要求微课的内容要具有鲜明的主题、清晰的线索、新颖的教学方式，从而提高学生的学习兴趣，保证学生思路的完整性，提高课堂教学的效率。

2. 线上教学

教师还可以利用互联网各大英语教学资源平台进行线上教学，教师可以为学生在线提供同教学内容相符合的教学资源视频。为了增强学生在线学习的自觉性，教师可以为学生设置在线学习任务，并对完成情况进行检验。教师还可以将视频中的教学重点以提问方式呈现，在平台上发布讨论，在激发学生学习英语的兴趣的同时增强学生对知识点的记忆及掌握程度。教师还可以利用平台组织在线答疑、在线交流，时刻处理学生对知识点的困惑，并对学生的学习情况进行在线评测，为了及时了解学生学习过程中存在的问题，教师可以利用平台建立问题反馈机制，学生也可以对平台的优化提出建议，促进教学进步。

3. 线下学习

在线下，为了增强学生的学习能力、英语应用能力，教师要积极鼓励学生参加各种朗诵比赛、演讲比赛及微型沙龙与论坛等，加强学生之间的交流互动，提高学生的表达能力，让学生感受到浓厚的英语学习氛围，充分培养学生学习英语的习惯。教师还可以组织学生进行个人讲述学习经验、各阶段学习汇报、相关比赛成果展示、自我评价与认识、小组互评及教师评价等活动，提高对学生英语学习的监督和检验，促进学生吸收知识。

4. 线上学习

教师可以透过平台后台看到每位学生的学习时间，学生可以通过平台进行线上学习，在平台上获得想要的海量学习资源，在课后学生还可以通过在线视频进行二次学习，对不理解的知识点进行巩固，加强学习效果。学生还可以通过在线测试更加清晰了解自身学习的薄弱环节，并进一步进行巩固学习。教师可以通过奖赏制度、分数制度等类似监控手段激发学生的学习热情。

在教师引导监控的主导作用方面进行深入讨论。首先，不同于传统课堂——“课堂只教，课后学”的学习模式，混合式教学的指导思想是“视频测验辅助，以学定教”，学生利用网络资源先选择学习，选择不同名师的课程，如利用智能终端观看教学微视频或阅读其他学习资料，被称为线上学习。在这个学习阶段，学生完全可以依照自己的喜好和兴趣安排学习时间，学习时间灵活，同时可以任意选择学习的地点，而不是所有学生在教师的安排下提前一天进行预习，学习后进行复习这种硬式要求，达到“何时、何地”学习的优势，但这种学习方式会让学生缺少紧迫感和约束力，失去面对面的情感交流，并且观看视频、阅读文字资料的学习方式比较枯燥，没有同学一起共同学习，讨论难题时不能很好地诉说，会引起学生的厌烦心理，因此很难激发学生学习的兴趣，往往让学生很难坚持。综上所述，假设学生在一个相对宽松、没有约束和交流的环境下，缺乏教师的监控，进行毫无乐趣的学习活动，将难以取得良好的学习效果，最终会导致线上教育的没落或是学习效果普遍降低，甚至丧失对所学习学科的兴趣和热情。

其次，学生的线上学习本身就不是学生自己的事情，对教师而言就是线上教学，是课堂地点上的转移，需要教师加倍付出和思索。和课堂教学一样，线上教学也需要教师的有效监管，进行备课，并通过设计一些有吸引力的活动和互动，尽可能正确地引导学生目标明确地进行线上学习，这是线上、线下混合式教育模式成功实施的关键所在。因此，我们提出大学英语线上、线下混合式教育模式，必须以教师引导监控的主导作用为中心，教师必须结合学科特点和自己的教学经验，构建受学生欢迎的线上教学模式。

参与混合式教学的线上教师，应从传统的知识传授者、灌输者转变为课程的开发者、资源的设计者和提供者，这样的角色转换，对于教师的要求很高，他们必须对课程十分熟悉，有非常丰富的任职经验，擅长抓住学生的兴趣点，从教学大纲的梳理到知识点的划分，再从片头的构思到教学内容的录制，每一个环节都需要教师们倾注大量的心血。建设一门网络课程并不是简简单单地去录播教室录制，甚至比在传统课堂筹划、讲授一门新课程挑战更大。面对摄影机，没有学生的回应，教师在每一个环节的调动显得十分重要。线下教师就不需要再对课程进行详细介绍和解释，主要针对线上教学进行引导、答疑、重难点分析和总结，解决学生线上学习时遇到的困难和问题，以及学生对课程学习的反馈。线下教师应该重点关注“如何促进学”，教学过程中强调提高学生学习的积极性和热情。总而言之，不管是线上还是线下教学，都必须以教师引导监控的主导作用为原则进行教学活动。

（三）学生作为主体的主动性、积极性、创造性

线上、线下混合式教学更多地以“学生为中心”的教育理念，构建良好的教学环境，在要求教师的角色从“传道授业”的讲授者向“解惑”为主的引导者转变的同时，要激发作为主体的学生学习的主动性、积极性和创造性。学生可以通过自主学习、反复学习，做到与老师和其他同学互动交流而获得知识，从而培养自身学习的主动性、学习的自觉性和对于知识的创新性。教师在网络课程中所担负的工作，可以粗分为线上教科书的制作及线上教学的带领。线上教学只是整个网络课程教学工作的一部分，可与其他网络的及非网络的课程活动相搭配，在课程教师的安排与管理下，共同完成课程教学的目标。

当教师带领着学生在网络联机上从事教学互动时，会有多种不同的形式，这时线上教师的主要工作，并不是要在有限的时间内，对线上的学生进行单向课程讲述，而应该对线上学生进行指导、协助、解答疑惑、激励反思。学生能提出问题、思考、建构、巩固线上教学议题，线上教师应对学生的学习进度及成果做出不断评估与回馈，以有效完成课程的学习目标。

传统课堂教学，是以教师为中心，教师处于教室正中间，扮演着知识的传播者的角色，教学就是由有知识的教师传播经验给想学习知识的学生的过程；即使是课堂讨论，仍然是以教师为主要资源核心。而在网络上进行线上教学时，这个线上教师的角色与职责，不同于教室上课讲述的教师，甚至与一般在教室中带领实体讨论的主持教师也不相同。网络教学强调的是以学生为中心，要学生主动地上网自学，教师只是在旁协助、咨询、辅导、激励；由于学生是以自学为主，又是透过网络媒体来进行虚拟学习，所以在线上教学过程中，会有许多有关课业疑难、人际关系、信息技术问题的产生，这些都需要线上教师来细心管理。卡尔森就认为，线上教师要帮助学生参与活动、提供回馈、归纳意见、编织多种意见、打开僵局、处理脱轨行为、注入新题材、鼓励动机及检讨改进教学等工作。线上教学对学生有两个明确的要求，一是明确自身的学习目标，即学生要清楚自身需要获取什么知识，什么知识对自己有利，获取多少知识后是优秀的，时刻清楚检验知识的水平的方式和方法；二是明确学习行动，即学生要明白为获取知识需要哪几个步骤，需要先完成什么、后完成什么。

在大学英语学习方面，首先，学生需要明白学习任务单上每个学习目标，学习任

务单中介绍了本单元学习的目标和详细的考核方案，更直接的是展示一幅学习途径蓝图，该图应该以活动图的形式详细介绍了学生的学习攻略和技巧，让学生达到学习目标和行动方案“双明确”，以此促进学生学习的信心。接下来，依据任务单中学习步骤开展学习活动，简而言之，一般是观看学生自身相关兴趣的视频，利用短视频激发学生的学习主动性，然后按照视频或者其他学生的学习经验，应用于实际案例中，将所学知识落实，完成教师线上布置的测试。这些测试可能完成得不够优秀，甚至出现疑惑。

对于学生上传的作业，学生之间按照教师设定的评分标准和规定，指出不足之处，针对一些存在的问题开展连线研讨。教师再根据个人教学经验，尝试寻找解决问题的方法，相互学习，时刻关注学生的动态，保证学生的学习自觉性。每位学生将通过查找资料、相互帮助之后还没有解决的问题记录下来。

学生通过这般自我学习和互动学习以后，对知识和技能的理解、掌握也已经上升到了一个新的高度，这时候需要开展些实质性活动，将知识进行实际应用。在大学英语学习方面，如英语角、演讲比赛、给电影配音等活动可以检测学生的学习成果，为教师线下课堂教学设计提供良好的参考。好的线上模式的教学，也可以促进线下模式的教学有序进行。

最后，学习情况的自我总结，包括已经掌握的知识和技能点、待解决的问题、学习的经验等。这一阶段，需要教师的奖赏措施或是加分政策辅助进行。自我总结部分，往往很多学生会忽略，尤其在学习英语的环境下，因为小语种科目的特殊性，学生作为主体的积极性、自觉性显得十分重要。教师施以利益措施，可以保证学生学习的主动性和自觉性。

在大学英语线上、线下混合式教学中，学生是学习活动的主体，他们既要通过线下与教师面对面进行交谈，还要在线上寻找多方面不同内容的教学资源。线上学习活动基本不受时间和空间的限制，线上的学习环境建设不仅方便个人学习，还可以通过协作互动式学习，形成与教师和同学间沟通、交流的新型学习环境。线上学习要求学生改变传统的学习观念和学习方法，从传统的接受教师讲授为主转变为自主学习为主，从传统的课堂听课为主转变为线上自主学习为主，需要学生主动观看视频，积极参与讨论、答疑、练习、作业等一系列的学习活动。学生转变的过程，要求自觉性、主动性和创造性很高。但是如果学生接受这一过程的转变，便能够提升英语综合能力。教师对于最终考试结果由线上、线下所占比例进行评分，以确保线上线下混合教学模式的有序进行。

二、线上、线下混合式教学的理念

混合式教学中的学生是学习活动的主体，他们既要通过线下与教师面对面地进行课堂学习，又要通过线上学习获取课程资源。混合式教学更多地以“学生为中心”来构建教和学的环境，要求教师的角色从“传道授业”的讲授者向“解惑”为主的引导者转变。学生通过自主学习、反复学习，与老师和其他同学互动交流而获得知识，从而培养了自己学习的主动性、自觉性和创新性。

对于主动式学习和被动式学习，学习者的体验是完全不同的。前者是积极的、主动的、高效的，而后者是消极的、被动的、低效的。主动性原则是指任何教学方法的采用都要以激发学生的主动性为原则。传统的课堂教学过于强调教师传授知识的系统性和权威性，而不注重学生自主学习意识和自主学习能力的培养，教师在设计线下课堂教学的时候，要采用类似“对分课堂”“翻转课堂”的方式，以线上教学为牵引，将知识的内化放到课堂上，带领和引导学生进行主动的思考和讨论，并通过竞赛等方式刺激学生进行自主学习。

实体课堂与线上教学的结合突破了传统实体课堂的局限，弥补了线上教学的不足。线上教学的模式是完全的在线自主学习，缺乏有效的教师指导；教师与学生不能进行面对面交流，难免存在一些沟通的障碍。而这种两条主线的教学模式，充分考虑线上与线下并行的关系，两条渠道、各取所长，较以往各类网络教学，是一种创新。它由传统教学中以教师为中心转变为以学生为中心。教学效果将主要从学生的角度进行考查。充分采集来自学生的信息，监督并测量其数据加以提炼运用，传统教学模式基本没有进行技术性的数据处理。新型教学模式中，将充分运用数据挖掘和学习分析技术，在深入挖掘数据的基础上进行详尽的学习分析，查找各要素间的关联，使整个教学过程得到进一步的优化。

不同于传统课堂“先教后学”的学习模式，线上教学的指导思想是“先学后教、以学定教”，学生在信息技术手段支撑下先学，如利用智能终端观看教学微视频或阅读其他学习资料，被称为线上学习。在线上学习阶段，学生可以根据自己的学习特点设定自己的学习步调，也可以任意选择学习的地点，而不是所有学生在固定的时间、固定的地点整齐划一地完成预习，但这会让学生缺少紧迫感和约束力，并且观看视频、阅读文字资料的学习方式比较枯燥，没有面对面的学习氛围，缺少和教师、同学的情感交流，很难激起学生学习的兴趣，往往让学生很难坚持。综合起来，学生在一个相对宽松、缺少约束和交流的环境下，进行的毫无乐趣的学习活动难以取得良好的学习效果。

学生由被动变主动，成为学习的主体。在该混合教学模式下，学生由传统课堂的知识接受者转变为学习主体，很好地发挥了学生的主体性作用。课前学生进行课件预览、视频学习，然后进行自我测验、问题整理；在面授课堂带着相关问题听老师讲解重点、难点，提问释疑，然后自主完成相关实训任务。比如根据学习情境的进程完成所需法律文书的写作，或者完成相关书记员岗位工作的任务等，并在老师的指导下修正自己存在的问题，进一步巩固学习内容，都是学生主体性的发挥。

第二节　高校英语线上、线下混合教学模式的类型

一、线上与线下的混合

混合式教学包含两个教学环节，即线上教学环节和线下教学环节。线上教学是指借助现代信息技术和网络技术，教师通过网络平台，为学生提供线上教学资源，供学生在课外进行自主学习。线下教学即面对面课堂教学，是指教师针对教学的重点和难点，以及学生在线上学习过程中产生的疑问进行面对面辅导及深入讲解，以促进学生更好地理解知识、掌握知识和应用知识。然而，混合式教学并不是线上教学和线下教学两种教学形式的简单组合，而需要运用新型教学方式，使两者进行有机地结合并产生优势互补效应。

近年来，借助现代化网络技术条件，以微课、翻转课堂为主的新型教学方式被广泛接受和运用。微课和翻转课堂的使用打破了单一课堂教学格局，让学生通过微课学习新知识后，再返回课堂进行知识的应用。微课以视频教学为主要载体，针对某个知识点或教学环节而开展线上的教与学活动，能满足学生个性化学习和多样化的发展需要，也能达到推动学生开展探究性学习的教学目标。美国富兰克林学院的教授鲍利斯·贝尔曼对翻转课堂的教学模式进行了实证研究。学生先在课外看教学视频，再到课堂上来与老师进行交流，这种先线上后线下的翻转课堂教学模式能达到比传统教学模式更好的教学效果。

先线上教学再线下教学的混合教学模式，并不是说双线平行实施、不需要交集。但目前大多数国内高校所运用的线上教学平台无法让学生切实感受面对面交流的课堂氛围，一方面，大多数学生仅仅是“观看”了教学视频，当返回线下课堂开展应用讨论时，经常出现无法进行知识点的探究及应用实践等问题。另一方面，线下教学主要借助的 QQ 群、微信群等网络交互平台虽有信息发布和交流功能，却无法实现微课知识的应用和实践功能。因此，要真正发挥混合式教学模式的作用，必须将线下教学与线上教学这两个环节进行深度融合。在线上教学的基础上逐步展开由上返下、由下及

上的双线交替式教学，真正突破传统课堂教学模式，从本质上实现混合。本节所指的线上、线下交互式教学，是指借助双线交互载体，能实现线上交互与线下交互为一体的新型混合式教学模式。这种教学模式的实施，一方面能提高学生通过微课等线上教学资源实现自助式学习的有效性，另一方面能通过现代信息技术和教师教学技能的有效整合，点燃学生主动参与讨论、深入探究问题的激情，实现线下教学的多向互动和多元互动。

将线上、线下两个教学环节融合并贯穿于整个教学的全过程，需要结合混合学习特点，通过构建线上、线下交互教学系统，创新混合式教学模式，才能达到培养具有实践能力和创新能力的人才的目标。

（1）整合线上教学的知识点。通过线上、线下交互系统，将线上教学利线下教学进行有效结合，能使微课中已碎片化的知识点得到系统整合和融会贯通，并经过师生之间、学生之间面对面交流互动，克服微课教学单向传播的局限性，实现在交互式教学中达到知识内化的目的。

（2）推进线上、线下深度融合。依托线上、线下交互系统，将线上与线下两个教学渠道打通，使教学活动在线上、线下的深度融合中交替展开，能克服线下教学难以有效互动的困难，实现在微课知识的应用和实践中增强对知识的理解和掌握。

（3）提升混合式教学的实效性。教师通过线上、线下交互系统中各功能模块的设置及应用流程的设计，促使学生积极主动地开展各种形式的交互探究活动，能培养学生发现问题、分析问题和解决实际问题的能力，提升混合式教学的实效性，实现在问题探究中达到应用型人才的培养目标。

二、“学”与“习”的混合

利用 SPOC（small prirate online course）教学资源平台进行线下教学，教师要综合分析学生的特征、英语学习上的短板，并为他们量身定制学习计划，将总体的教学目标分为不同的阶段，并设置每个阶段的阶段目标，在此基础上教师可以制作不同话题的 SPOC 平台微课，微课的内容要具有鲜明的主题、清晰的线索、新颖的教学方式，从而提高学生的学习兴趣，提高课堂教学的效率。微课的制作可以选取具有经验的教师进行真人拍摄，也可以进行录屏，对学习内容进行单词拓展、难句分析、课文讲解、文化对比欣赏等，为学生学习建立起一个系统的学习网络。

最常见的“学”与“习”混合模式类型的课堂，以当下流行的翻转课堂为代表，它实现的是两种教学方式的有机结合，即线上教学及面对面教学。线上教学侧重于学生的自学，利用学生的自学时间，教师可以提供微视频、课件及相关电子书等教学资源。由于这些资源可以重复使用，所以学生不明白的时候可以反复阅读，直到理解为止。相对宽松的学习氛围，让学生更主动学习，不懂就学，学不明白便记录下来，有的放矢，没有压力地接受新知识，学生感觉非常轻松，也有足够的时间独立思考问题，分析并解决问题，为课堂学习做好充足的准备。

第三节　高校英语线上、线下混合教学模式的主要环节

一、教学方式

（一）教学原则

教学方式应遵循的原则，是指教师在设计线上和线下教学活动时应当遵循的准则，主要包括以简约思维“RISC”（RNA诱导沉默复合体）思想为原则、以基于学习产出“OBE”（官佐勋章）教育模式为原则、以主动性“active”为原则和以系统性“systematic”为原则。

1.ORISCM原则

RISC是一种简约的设计思想，在这里用来表示教师在设计线上课程内容时要遵循的原则。线上课程为了方便学生观看和自主学习，通常是以微课的形式出现，时间不超过15分钟，因此每次微课的内容应当高度聚合，并且能够在规定时间内讲清楚。在对传统课程内容做细粒度划分的时候，应当尽可能地将课程内容分解为相对独立的内容进行线上教学。

2.UOBEM原则

OBE是指基于学习产出的教育模式，这里代表教师在设定教学目标和评估方法时应当遵循的原则。因为教学活动通常是一个较长的过程，如何用合适的、具有可操作性的评估方法对教学过程进行评价是教学工作中必不可少的环节。O2O教学模式涉及线上和线下，对线上和线下教学效果的评估要具有一定的可操作性，将学生所学到的知识、具备的能力和职业素养等一系列能够评定的学习产出定义清楚，并以此为目标反推教学活动应采用何种考核方式、何种教学方式、如何制订教学计划等。

3.“systematic”原则

这里的系统性包含两个层面的含义：首先，线上教学和线下教学构成一种完整的教学体系，线上和线下的内容可以是相互补充的关系，也可以是递进的关系，但对一门课程来说，线上的教学内容和线下的教学内容要具有一定的完整性。

一门特定的课程，并不是所有的内容都适合做线上教学，有些较容易理解的内容

可以放在线上让学生自主学习，而一些较为复杂、较难理解的部分则适合采用线上和线下相结合的教学方式。

（二）教学体系

传统的授课由教师进行支配和主导，仅仅凭借教师讲授、学生听的单一授课方式。而教学课程则通过聘请具有一定教学管理经验的教师建立线上虚拟班级，将授课内容拓展到课外（线上），学生通过网络平台上的微课、在线视频等新媒体，自主学习重点知识，利用课堂时间（线下）组织互动学习小组进行探讨、交流，以便完成知识的消化吸收，从而加强学生的自主学习能力，更好地促进学生协作沟通能力和创新能力的提升。高校构建的教学课程体系能够打破传统课程的时空局限、翻转传统课堂教学中的“教”与“学”、颠覆师生的主体地位，使教学课程的开设具有开放性、体验性、前瞻性。教学课程体系的设计具有完备的要素，围绕课程目标、课程内容、课程要求三方面对原有的课程体系进行解构，跳出学科体系的藩篱，对知识点进行模块化设计，精心择取、凝练、组织教学内容及其他环节，将各知识点进行重构、衔接，从而构成该课程完整的知识体系，将学习从存储知识的过程向应用知识、创造知识的过程转变。

课程资源是课程内容设计的重点。网络技术的发展对教育领域的影响已经势不可当，教学课程便充分实现了“以多维化教学资源为中心”的课程内容。因此，高校在对课程资源进行重置时，一方面要求进行细粒度划分，使其适应线上、线下的学习；另一方面要求高内聚、低耦合，能够根据线上学习效果灵活调整线上学习内容。教学模式要求颠覆传统课程内容，其课程资源由传统课程与网络虚拟课程构成，线上教学资源异常丰富，如视频公开课、资源共享课、MOOC 等更是如雨后春笋破土而出；线下教学资源则是教师在参加各类学术会议、报告会、研讨会后将知识进行梳理总结传达给学生，并针对线上课程内容中所存在的重难点问题进行探究、解决。为了使多维化教学资源为中心的课程内容达到最大优化，课程资源的设定应具备以下几个特征：一是基础性。纳入课程内容的知识必须是核心知识，所要推动形成的能力必须是关键能力，在整个课程体系中具有不可或缺的奠基作用。二是交互性。课程资源所呈现的逻辑结构和表现形式必须有利于学生学习，有利于师生、生生之间的良性互动。三是生成性。每一个课程单元就是一个课程模块，要让不同模块之间有机衔接，从而使优质资源达到有效利用。四是开放性。课程内容以多维化教学资源为中心，体现了课程内容的开放性，要选取优质的教育资源供学生学习。五是个性化。根据自己对知识建构的能力水平及个人兴趣爱好等，学生可以自主在网络平台上选择适合自身的学习内容，以激发其学习兴趣。O2O 课程体系中对教学内容的安排，使教学内容呈现新颖性、灵活性、多维化等特点，这不仅符合高校学生的学习需要，还将知识讲授、能力培养、素质提升融于一体，颠覆了传统课程教学中“以知识为中心”的模式，实现了对传统教学模式的突破。

（三）教学过程

1. 教学前的准备活动

（1）安排线上、线下教学活动。

据调查，93.1% 的人喜欢面授辅导与线上学习相结合的混合学习模式，并且要以面授辅导为主、线上学习为辅。无论是线下教学还是线上教学，都已不再是单纯的传授知识、技能，而是要以学习者为主体，培养学习者诸如信息处理技能、解决问题的能力与创造能力、学习能力、批判性思维能力、社会交流与协作能力等多方面的能力。在此目标指导下，对知识进行划分，不同的知识与信息技术有不同的整合方法。《管理学概论》包括基础知识和应用知识：系统的基础知识以面授为主，也要大量借用网络教学平台的优质资源，深化学习者的理解和掌握；应用知识以网络教学为主，以 BBS 或小组讨论的形式应用所学知识，通过师生或生与生的教学交互，及时检测学习者运用知识的效果。

（2）建设线上平台学习资源。

据调查，教学资源的受欢迎程度依次为：导学 79.31%，案例故事视频 62.07%，在线自测 55.17%，辅导课内容 PPT48.28%。[①] 因此，应从这几方面建立相对应的教学资源：导学主要介绍该课程的主要内容、教学方法、学习方法、考试形式等；案例故事视频是利用信息技术，利用网络教学平台的优质资源，挑选其中与考试相关的、重要的、新颖的案例，通过录屏、录播等编辑方式将其转化成可供灵活下载的视频；在线测试则是将重点、难点、考点转换成问题加以强调；辅导课内容主要是上课的课件，供没来的同学或没有听懂的同学反复观看。

2. 教学中的组织活动

（1）指导使用学习资源。

基于信息技术的教学，改变了学习者的学习方式，还要把对信息技术及资源的学习和应用考虑其中。对开放大学学习者而言，学习资源包括教科书和网上资源。对各类学习资源的使用，仍应充分发挥线下教学与线上教学的作用。教科书的指导和使用一般主要通过面授课完成，班级自建资源中的导学资源给予辅助。网上资源的使用虽以网上学习为主，但仍离不开面授课的指导，告知学习者各类资源的分布设计，梳理出相关的重点资源。如讲解一个知识点，可以借助网上资源，在指导学习者使用资源的同时，帮助学习者加深对知识点的理解。

① 郁莹珺，钟炳伟．智慧教室环境下地方高校教师信息化教学能力提升研究 [J]. 进展：科学视界，2023(1):3.

（2）恰当选择教学策略。

教学策略是为了达成教学目的，完成教学任务，而在对教学活动清晰认识的基础上对教学活动进行调节和控制的一系列执行过程。恰当选择教学策略对教师有挑战性，开放大学的对象是成人，在教学过程中会有突发情况的发生，教师要想恰当选择教学策略，就必须及时把握教学过程中的各种信息，及时获得反馈和调整教学的进程及师生互动的方式。教学策略有多种，没有一种适应任何情况的教学策略，要根据实际情况灵活应用。如在本课程的教学策略选择上，第一是采用了导入策略，在每一章都通过创设情境，提出问题，激发学习者的参与。第二是采用组织策略，因为仅仅呈现情境很难达到让学生互动的目的，要采用随机点名、分组的方式鼓励学生积极发言。第三是强调策略，尤其对比较枯燥的基础知识、基本原理的讲解，要一再强调在考试过程中可能会出现的考法，通过现场出题，让学生作答。第四是提问策略，尤其是在案例呈现过程中，每到一个故事发展的高潮点，就鼓励学生设想故事的发展，设想自己是主人公如何处理案例中碰到的问题，通过步步提问，由易到难，逐步吸引学生的参与。第五是及时反馈的策略，每次学生回答完问题，都要及时给予肯定。

（3）组织开展小组讨论。

建构主义强调有组织的协作会话，对于线上教学，组织性尤为重要，是信息技术与课程教学互动性双向整合向更高层面发展的关键。首先，小组分组有讲究。要事先与班主任和班长沟通，对学习者的已有知识、经验和能力有所了解，然后强弱搭配，挑选组织能力强的学生作为组长。其次，小组讨论要有组织性。该课程的学习者是新生，彼此之间不太熟悉，对网上平台系统也不熟悉，不容易产生互动交流，因此可在机房组织一次小组讨论，让学生之间彼此熟悉，方便教师的统一指导。再次，小组讨论主题要有独创性。小组讨论在机房进行，以往很多学习者会将讨论的主题直接通过百度等搜索引擎寻找答案，进行复制、粘贴，为避免这一情况再度发生，在确定讨论主题之前要事先查看网上关于这一主题的资料，确保该问题尚没有“标准”答案。最后，小组讨论形式有待改进。随着信息技术的发展，可以通过微信、直播课堂、BBS 等多种形式开展小组讨论，既紧跟信息技术发展步伐，又方便学习者的学习。

3. 教学后的评价活动

（1）巧妙设计在线测试。

在线测试是非常重要的一种学习资源，随着信息技术的发展，在线测试已经成为教学过程中实施形成性评价的有力工具，是信息技术与教学深度融合的又一举措。它可以让师生及时得到反馈，让学习者了解自己对知识的掌握程度，让教师看到学习者的学习情况，以便及时调整教学。《管理学概论》为闭卷考试，利用分校开发的在线测试平台，将历年考试和复习资料中的客观题纳入测试题题库，设置不同类型的测试题，每次测试题量少，可多次练习，及时反馈，充分调动了学生参与的积极性。

（2）注意收集评价数据。

教学活动要尽量做到形成性评价与终结性评价相结合。形成性评价主要通过统计出勤率、访谈、座谈、活动小结等方式进行；终结性评价主要通过总校数据的统计结果、出勤率趋势、学习心得、满意度测评、考试合格率等数据来反映。评价数据的收集和分析，一方面离不开学校的学习支持服务；另一方面，88.66% 的学生常用 QQ 和微信交流，这些网聊工具已成为收集相关评价数据的重要渠道，而且更能真实地反映学生的情况，是教学交互和教学评价的有效补充。

二、课时分配

采用三段式的"翻转课堂"教学模式，将课堂教学主要分成课前、课堂上、课后三个阶段，在教学设计中将教师活动和学生活动两部分有机结合起来。关于课前课后学习时间，对学生来说，由于混合式教学中的课前在线学习及课后任务时间相对传统教学占用了其更多的课外时间；对教师来说，由于线下学习时间的碎片化及学生学习互动及反馈的随机性，要求教师利用课余时间来引导和参与互动及反馈。因此不管是学生还是教师都意味着在课外环节需要更多的时间和精力。课前及课后时间要不要纳入标准学时内，如何计算标准学时，这些也是混合式教学中需要进一步研究的问题。

（一）线上：课前

课前教师的主要任务是选取教学视频，教师可以选取需要讲解知识点相关的实际项目案例或名师授课视频。如果找不到，教师可自己录制，通过理论讲解和操作演示，录制与课程知识点一一对应的 5~15 分钟的授课视频，帮助学生通过视频学习，对知识点在理论层画上有一定的认识，熟悉实际操作过程。

接着教师针对视频设定相应的课前自主学习案例，帮助学生通过解答案例中的习题，加深学习的兴趣。学生在授课视频和阅读材料的帮助下，完成课前自主学习案例，并且通过线上的交流讨论，巩固知识点或提出新的问题。

（二）线下：课堂上

课堂教学是师生面对面交流的最佳平台，教师在课前从慕课平台掌握学生的课前预习状况和疑问所在，在课堂中就可以进行重点的分析讲解和解答，也可以组织学生进行讨论，采用课堂问答和主题演讲等形式，调动学生积极性，加深对知识点的理解。

课堂主题演讲时间控制在 5~10 分钟之内，演讲完成后其他学生可以提问，最后由教师进行提炼和总结。无论是主题演讲还是课堂讨论，教师的任务是把控讨论的主题，在自主讨论中积极引导学生按照既定方向进行，同时控制时间，提高课堂授课的有效性。在讨论中，学生必须是主体，在教师点评的环节，也要以正面表扬为主，以期调动学生的积极性和创造性。在课程实践环节，教师也可布置一些主题要求学生分组讨论。学生讨论的分组，完全按照自愿的原则，在完成分组后，选出一个组长，组长要负责主题拟定、组织交流、记录心得等工作，教师则要把握小组讨论的进程，适时指导。

（三）线上 & 线下：课后

教师完成慕课平台上未答疑问题的解答，并评定学生本知识点的学习成绩。学生线下完成老师布置的作业，在线上慕课平台复习巩固已学知识，在作品交流分享、学习测试评价和总结分析中加深对知识点的理解。

三、考核方式

线上和线下教学方式的混合，决定了考核方式的混合性，即对学生学习效果或者教师教学效果的评价应当在遵循“ROAS”原则的基础上，选择能够反映学习产出的方式。仍然以微机原理与应用这门课为例，对学习效果的考核，应当从汇编语言程序设计能力、接口芯片控制能力、自主学习能力、团队协作能力等方面进行考核。可以用汇编语言程序设计综合实验、接口芯片综合实验、线下交流及讨论情况、学生间互评等环节的考核分数，结合笔试成绩，分配不同权重来作为最终的考核成绩。

线下平时表现，占 15%，按照学生的出勤情况、课堂纪律情况和作业上交情况给分。

线下课程设计，占 15%，以一个数据库备份恢复操作的综合实验作为题目，要求学生团队完成，作为学生本学期数据库管理综合能力的考核。

线上、线下互动，占 20%，根据学生参与课堂讨论的次数、平台交流区发表帖子的数量和课后的个人总结等均可作为学生学习态度和学习主动性的评定依据。

线上学习，占 10%，从线上网站中搜集学生的课程学习过程数据，包括学习进度、提问个数、笔记个数、测验成绩，从这几个方面综合评价学生平时成绩。

期末考试，占 40%，本课程将以课堂教学的技术为核心，对线上、线下教学的知识点及案例进行考查。根据考查情况，给予相应成绩。

这种课程考核方案，不仅能评测学生对课程内容的掌握程度，更能对学生的自学能力、探索性和分析应用知识的能力进行全面的评估。

四、教学效果

线上、线下混合教学方法实施后，对教改试点班和普通班的学习情况进行比较分析后发现：虽然教学大纲相同，但由于采用了不同授课方案，从教学进度、考试成绩、能力培养等方面来看，教改试点班都要优于普通班。由于改进了课堂教学内容，使课堂教学更注重学生对知识的理解，课前的线上学习培养了学生自学能力，一个学期下来学生的实践和工程应用能力提高了。而且，试点班学生的期末考评除了期末考试还有线上学习、课堂讨论、课程设计作业等评价，这种面向过程的评价方式更加客观和全面。

（一）激发学习兴趣

无论是在线上学习还是线下学习过程中，教师应做到及时反馈激励，进一步激发学生学习兴趣。尤其在线下课堂面授时，教师应先反馈线上学习情况，每人学习任务完成没有、完成了多少、作业或测试成绩如何。同时反馈线下作业完成情况，及时点评并指导他们进行修改，要求学生及时查漏补缺、巩固本节内容学习等。及时的反馈能激励学生认真学习，并进一步激发学习兴趣。

（二）学习效率提高

线上、线下混合式教学，提高了学生学习效率。在传统课堂教学中，由于学习时间、地点固定，学习资源单一匿乏，教学效率不高，教师和学生都感觉比较累。线上、线下混合式教学模式下，学生学习的时间与地点可以自由选择，学习资源与形式也十分丰富。这种状况一方面正好满足了那些信息技术应用较强、表现欲高的学生的需求，提升了他们的学习兴趣，为提高学习效率打下良好的基础；另一方面即便老师不能亲临现场教学，也可以通过资源库平台和云课堂，遥控学生及时学习，解答学生的问题，指导学生完成相关学习任务。这样学生学习的信息量上升了，学习效率自然就提高了。以英语书写作课为例，在该混合教学模式下，学生学习的英语作文的种类和数量都多了，相应地，学生会写的英语作文种类和数量也多了。学生反馈，一个学期的学习收获比没有开展前几个学期总和都多。

（三）学习成效显著

线上、线下混合式教学模式，让学生形成课前学习、课堂提问、课后复习与学习的行为习惯，学生一直处于学习、询问、消化、学习的状态。主动学习的记忆效果远比被动接受的效果高，完成相关工作任务后能得到及时指导与修改，可巩固相关的技能；得到高分和老师的肯定也增强了学生的学习兴趣和信心。

第四节　高校英语线上、线下混合教学模式的基本要求

一、课堂内容要求

教学内容是课程教学的核心因素，教学内容的好坏对课程教学具有直接的影响。对此，慕课教学的过程中应对教学内容进行合理的编排，可以从以下方面进行安排：

（1）综合考虑课程内容的整体性、时间的安排以及知识点的完整性等，对知识内容进行合理切割。

（2）根据课程的逻辑关系，合理编排微课程，使学生能够以轻松的心态进行学习。

二、教师团队要求

教师还应不断地更新教案与课件，将教学与实时动态紧密联系在一起，使学生的学习需求得到满足。然而，每个学生的个性特征及兴趣爱好等存在一定的差异，所以教师对教学资源的整合就显得特别重要，教师应该尽可能地满足绝大多数学生的需求，为学生解答疑惑，将课程的趣味性与理论性有效结合，因此，教师应具备较高的职业素质水平，能够将优质的教学内容通过科学的方式传授给学生，促进学生的理解，提升学生的学习效果。教师是线上教学的实施者、承担者及受益者。为此，教师应具有较高的专业知识和职业素养。首先，教师应该掌握本专业内丰富的理论知识。其次，教师应加强慕课技术的研究与掌握。最后，教师应提升自己的团队合作意识及能力。教师只有提高了自身的职业素质水平，才能使思法课教学效果和质量得到保障，才能使学生在寓教于乐的学习中收获丰富的文化知识。

线上教师要同时满足四种角色职责：教学者、社交指导员、节目经理及技术助理。教学者的角色是要为学生学习提供咨询、引导及学习资源；社交指导员的角色是要营造一个合作的学习环境；节目经理的角色是要对线上教学活动做组织、控制程序及行政支持的工作；技术助理的角色则要协助学生顺利操作线上教学的系统、设备，并解决学生所遭遇的技术困难。

线上教师的角色为过滤者、救火员、促进者、编辑者、经营者、讨论组长、内容专家、协助者及推销员等。教师带领线上教学时，因应情境要求分别扮演不同的角色；有的大学将网络课程的教学工作细分为教科书设计、教科书制作、教学讲述、带领讨论、作业评量等项目，分别交给不同的人员来负责，所以有的学者将这些分担不同职责角

色的人员给予不同的称呼，如线上助教、线上导师、线上引导者、线上评量者、线上会议主持人、线上活动主席等。在实务上，大部分大学往往没有可以聘用多个线上教学人员的优厚资源，大学教师对所有或大部分的线上教学工作都要一肩承担。

三、学生群体要求

线上教学，应用在教学中，使学生在学习时间、空间的选择上都十分自由。教师不能对学生进行有效的监管，只能凭靠学生在学习过程中的自主性。然而，大部分学生在线上学习的时候不能做到良好的自控与自律，往往会出现代课、缺勤、开小差等情况。如此一来，线上教学的实际效果将难以得到保障，为教师对学生学习的监管带来挑战。教师应该设法提高学生线上学习的自主性，提高线上教学的实效性。

四、技术要求

（1）提供一个支持师生利用计算机网络进行教学活动的有效环境，包括备课、授课、自学、讨论、答疑、作业、测验与考试等。

（2）为课程教学提供丰富的数字化教学资源，支持师生通过计算机网络共享有关的课程资料，包括课程大纲、教科书、讲稿、课件、作业、考题、参考资料、其他网络资源等。

（3）提供课程教学中的各种管理功能，如课程教师介绍、学生名册与简况、授课与作业计划、考试与评分方法、课程通知、学生注册与登录、测验与考试管理等。

（4）网络教学课程与课本文字教科书的本质区别在于其媒体表现形式的多样性、媒体间的互补性，以及教学活动中的交互性，在制作和应用过程中应特别注意充分发挥多媒体的优越性，搜集、创作和利用各种图形图像、视频录像、声音、动画等素材，采用超媒体结构，并加强交互功能。

（5）网络教学课程建设必须注意版权问题。在网络教学课程中引用他人著作中的文稿、图像、动画、视频等素材，需特别注意版权问题，由此引发的侵权责任由作者自行负责。

（6）网络教学课程建设的基本要求。

①资源建设。数字化资源是每门课程必须建设的基本内容，包括经系（中心、部）及学校审查认可通过的课程简介、教学大纲、授课计划、教师信息、教学讲义等基本内容。教学大纲、授课计划应按学校的规范要求编写，在基本内容完善的基础上，逐步完善电子教案、网络答疑等内容，并根据课程需要进行有针对性的网络教学设计，同时将与课程相关的课外资料、相关网站链接到课程网页，形成一整套基本涵盖教学全过程的网上教学资源。

②教学互动。教师在建设网络资源的同时，要积极加强网络教学的应用，与学生在平台上开展课程的教学交流互动，并按照教学进度不断更新内容。要利用教学平台发布课程通知、布置和批阅作业、开展讨论、辅助答疑等。教师应要求学生经常登录网络教学平台，充分利用平台进行辅助学习。教师应及时掌握学生的网上学习状况。

③教学资源积累。教师要利用网络技术，收集教学相关的资源，丰富个人教学资源库、素材库。提倡教师联合开发、共享共用教学资源。

（7）为推动网络教学课程的建设和网络教学活动的开展，学校应建立网络教学课程建设的长效机制，通过立项方式，在 2~3 年内建成 150 门网络课程。

（8）为便于管理和考核，将网络教学课程按其建设和应用情况分为合格、优质两个等级标准。

（9）课程在网络平台上注册，课程简介、教学大纲、教师信息、教学进度安排、考核办法、学习方法指导等课程基本信息上网，教学课件、实践教学指导（适用于有实验教学环节的课程）。

（10）以资源 + 平台 + 服务为基本开发理念，以课程作为主导航，深度整合名师课程、学校自建课程、公共资源和各种备课资源，有效支持全流程教学的各个环节，并通过学习空间实现交流、互动、分享，着力实现信息技术与教育教学的深度融合，教师通过网络教学平台完成教学，学生通过网络教学平台完成学习，通过信息技术统计教学工作基础数据，推动信息技术在教育行业全面深入应用。

（11）建成网络教学平台。平台能够为学校提供一个网络教学门户，作为学校网络教学对外展示的一个很好的平台，能够为学校定制一个个性化的首页，首页能够设置多个栏目，能够将学校的公告通知、教学组织、课程信息、教学组织、精品课程网站等通过网络教学平台与学校已有的数据和资源实现无缝对接，建成教师教学网络空间，让教师在教学空间里完成与学生的教学互动。

第五节　新时代高校英语课程教学的未来发展

信息技术的出现，对开放教育教学而言，既不是抛弃传统的“革命”，也不是简单的“改良”。基于信息技术的教学应该贯穿于整个教学过程之中，是一个不断改进、不断探索的过程。它虽然没有统一的、规范的、详细的要求，但在教学理念、教师角色、教学内容方面又有规律可循。

一、教学理念发展明确化

关于信息技术与教育教学的深度融合，仍存在很多片面的甚至是错误的看法。例如，有的人将信息技术与教育教学的深度融合发展仅仅看作一种时代发展的要求，是上级的要求和命令，是一种时尚，这基本是一种“人云亦云”的做法，对其目的却不太清楚；有的人则认为信息技术和教育教学是相辅相成的。通过整合，学生在学习学科专业知识的同时能掌握信息技术能力，但对其融合发展的实质知之甚少；有的人则将信息技术看作教育教学的一种辅助性的工具和手段，对融合发展的路径掌握得比较片面。反思上述教学改进过程，要实现信息技术与教育教学的深度融合发展，要树立明确的教学发展理念。

首先，要明确信息技术与教育教学深度融合发展的目标意义。信息技术与教育教学的融合发展，不是把信息技术仅仅作为辅助教学的工具，把线下教学和线上教学截然割裂开，而是要利用信息技术，在线下教学和线上教学中营造一种信息化的教学环境，以支持情境创设、启发思考、获取信息、共享资源、进行教学交互等。唯有如此，信息技术与教育教学的融合才能成为培养创新型人才的重要途径和根本措施，这也是二者深度融合发展的意义所在。

其次，要明确信息技术与教育教学深度融合发展的内涵实质。要通过营造信息化教学环境，实现新型的教与学的方式，既要发挥教师的主导作用，又要体现学习者的主体地位，充分激发学习者的主动性、积极性和创造性，把传统的以教师为中心的教学结构变革为以教师主导、学习者为主体的教学结构。信息技术为师生交流搭建了很好的交流平台，随着信息技术的发展，师生之间通过微博、微信、QQ 等新媒体建立了良好的联系互动平台，进而发展成良好的网络学习平台，师生之间的主导作用和主体地位也能得以体现。

最后，要明确信息技术与教育教学深度融合发展的途径方法。虽然没有一套适合所有学科的融合方法，但有一些共同的指导思想和实施原则。例如，要有先进的教育指导理论，对于开放大学教学有指导意义的理论包括建构主义教学理论、网络学习共同体理论、混合学习理论等；要充分发挥教师的主导作用和学习者的主体作用，想方设法调动成人学习者学习的主动性、积极性和创造性；要努力建设信息化教学资源，并且要指导使用这睦资源；要注重教学设计，了解、贴近成人学习者的实际需求。

二、教师角色扮演多样化

信息技术在教学中广泛使用并不能代替教师的作用，相反，信息技术要想与教学深度融合发展，要求教师的角色更加多样化。教师是教学设计者，随着信息技术与教育教学的融合发展，教学过程不再是面授课与线上教学的简单叠加，而是需要经过教师的精心设计，合理规划和安排网上、网下的课时、知识、活动等。教师也是活动组织者。信息技术的运用并不能让学习自发地发生，无论面授课还是线上教学，都离不开教师精心的教学策划和组织，如要引导学习者使用教学资源、恰当选择教育策略等。教师也是资源发布者。借助信息技术条件，不断地开发和整合教育教学资源，并通过网上平台、微信等多种载体进行发布。教师是情感沟通者。信息技术在教学中的运用强化了人机互动。学生更渴望教师的鼓励、欣赏、反馈等，教师的情感沟通成为人机交互学习的动力。教师是舞台表演者。为了制作精良的视频、创设灵活的教学情境，教师要在创设的情境舞台中进行表演，为学习者还原最真实的场景，激发学习者参与学习的积极性和热情。教师是知识的传播者。除此之外，教师可能还扮演着更多的角色，这需要教师敢于改变观念，勇于尝试创新。这些多重社会角色的背后，考验的是教师的专业素质，即教师本身是否具备一定的信息技术素养，是否具备信息化条件下对教学环境的驾驭能力，这是推进信息技术与教学深度融合的关键所在。

三、教学内容创设多元化

信息技术与教育教学深度融合，可以创设多元化的教学内容，进一步提升课堂教学效率和水平，进一步延伸和扩展大学教学效果的广度和深度。

首先是教学内容创设的趣味化。信息技术有强烈的时代特征，能将教科书平面文字知识与信息技术提供的立体影像有机融合，将枯燥的教学内容，利用信息技术的可操作性、可重复性、可创新性等特点，实现对教学内容的初解析、再解析、模拟操作及创新探索，形成直观、先进、趣味的知识体系。目的是让学习者通过直观、形象的感官系统理解枯燥的知识，激发学习者的学习兴趣，养成一定的学习习惯。

其次是教学内容创设的生活化。利用信息技术，将知识点具体化为某种场景，可以是虚拟场景，也可以是真实场景，甚至能够直接指向学习者的现实生活，与其已有的知识经验关联，增加教学内容的活学活用机会。成人教育学者高志敏教授提出了成人教育研究的纲领：“回归丰富的成人生活世界，走进缤纷的成人精神家园”。这一纲领对成人教育教学有着重要的指导价值和意义。据调查，82.76% 的学习者希望提升现有的管理能力，72.41% 的学习者希望能为以后的工作转型做准备，37.93% 的学习者想多交些朋友，34.48% 的学习者为拿文凭。[①] 可见，成人学习者学习是为了更美好的生活，这是成人学习者最真切的发展需求和向往。成人学习者有着丰富的生活经验，如果书本知识与学习者已有的生活经验出现鸿沟，课堂将变成“孤岛”。因此教育要回归生活，还原成人学习者本真的社会生活。唯有如此，才能焕发课堂的生命活力。

① 任志芬，邓新侦．地方高校英语师范专业教师教学能力发展研究 [J]. 外国语文，2023, 39(2):9.

即使在信息技术时代，教学内容仍然是教与学的主体。

最后是教学内容创设的整合化。传统的教学内容以教科书为主，更新很慢，加之教师学习渠道的限制，教学内容的范围存在一定的局限性，难以跟上时代发展，更难以有效调动学习者的主动性和积极性。信息技术的应用，能够在大数据中整合和更新教学内容，使其更加符合时代发展潮流，同时以信息化的传播途径实现互动共享。

长久以来，信息技术在开放教育教学模式中都是重要的教学辅助手段和工具，但随着信息技术与教学的深度融合，信息技术在开放教育教学中的作用已经改变。对开放教育而言，信息技术的应用，应以线下教学和线上教学紧密结合为前提，贯穿在每一个教学环节之中，体现在每一个教学过程中。信息技术日新月异，基于信息技术的教学改进也是一个不断改进、不断探索的过程，但在教学理念、教师角色和教学内容等方面又蕴含着一定的规律。基于信息技术的教学虽然没有一个“固定的模式”可供参考，但其最终的目的是确保教学的有效性，提高教学质量。

第七章　信息化条件下高校英语教师发展模式研究

因为信息技术的广泛应用而改变了信息资源在社会中的分布形态和人们对它的拥有关系，造成了信息的多源性、易得性和可选性，从而改变了人们之间的教育关系。

教育信息化给英语教育发展带来了巨大的机遇，也使广大英语教师面临着前所未有的挑战。首先是理性问题。信息技术在英语教育中的根本作用是什么？在信息化条件下高校英语教师应该树立什么样的教育理念？信息化教育对高校英语教师素质和大学生素质提出什么新要求？其次是实践问题。如何设计信息化英语教学过程？如何进行信息化英语教学评价？如何进行信息化英语教育管理？信息化英语教学环境需要怎样的系统架构？最后是英语教师自身发展问题。信息化英语教育需要英语教师具备什么专业能力以及如何发展这种专业能力？这些问题已经成为当前高校英语教育的关注点，而信息化条件下高校英语教师发展更是目前英语教育研究的重点和焦点，它是实现诸多问题的前提和保障。

本章以信息化条件下我国高校英语教师的发展为背景，从信息化英语教育的视角出发，从理论研究、实践探索、技术手段等方面来透视信息技术给英语教育带来的深刻变化。

第一节　构建虚拟（网络）社区，促进高校英语教师专业素质发展

一、虚拟（网络）社区的发展现状

虚拟社区源于BBS，根据甘永成（2005）的研究成果，其产生主要有以下几个条件：

1. 信息技术为虚拟社区的形成提供了物质技术支持

随着信息技术、网络技术的发展，越来越多的人使用聊天室、论坛、博客等工具结识朋友、探讨问题、共同学习、组成社区，在网上进行互动活动。

2. 虚拟社区为人们的情感交流提供了可能

人只有在与他人的交往与交流中，才能找到自尊，找到归属感，增加自己的身份

认同、文化认同、民族认同等。网络本身所具有的非权威性、平等性、公开性以及文化多元性等特征为人们交流互动提供了一个新的媒介。在虚拟社区中，每个人在网络上的交往都是以文字为载体的非直接交往，是虚拟的。这种交流与互动超越了时空，为人们进行情感交流提供了可能，人们获得了一种社区意义的亲密感情。

3. 虚拟社区满足了信息时代人们的求知欲望和终身学习的需要

信息时代，知识本身的更新速度可谓是日新月异，为了适应新技术的发展和工作的需要，人们必须不断学习新知识、更新旧知识，这样才能跟上社会发展的步伐。信息时代已经成为终身学习的时代，人们不仅可以从网上获取信息，而且还在网上建立各种各样的社区，进行工作、学习体验和感悟的交流。

4. 虚拟社区成为网络学习和远程教育的一个发展趋势

网络数字化学习与虚拟社区的结合构成的虚拟学习社区，既弥补了传统课堂教学与学习者之间互动的不足，又克服了在线学习的孤独感。（甘永成，2005）与传统的学习方式不同，网络环境下的学习是一种个性化的学习方式，学习者可以根据自己的学习需求独立地学习网上的学习课件或资料，在学习过程中可以向同伴和老师寻求帮助，共同探讨问题，互相交流学习体会和感悟，实现资源共享和情感交流，消除了个性化学习带来的弊端，从而有利于提高学习效率。

二、国内外研究现状分析

（一）国内研究现状

1. 对虚拟社区的研究还处于初始探讨阶段

国内虚拟社区还是一个新生事物，其发展历史较短。从现有的文献来看，主要有以下几个方面：虚拟社区介绍；行政社区与虚拟社区的异同；虚拟社区文化与行为；虚拟社区与电子商务；数字化（行政）社区建设。虽然近几年虚拟社区的发展速度较快，但研究还不够深入，对其发展的规律还需进一步探讨。

2. 对虚拟学习社区的研究还有待深入

目前国内基于互联网的远程学习的研究论文比较多，大多是关注互联网所提供的资源和工具可能对教育产生的影响，对学习理论在网络学习中如何应用的研究还不多。（甘永成，2005）一些研究也只是与实践脱节的框架，实证性研究不多。虽然有一些关于网络学习环境的研究，但具体到“虚拟 / 网络学习社区”的研究，国内的相关研究更少，到目前为止，对虚拟学习社区进行系统研究的也只有甘永成的专著《虚拟学习社区中的知识建构和集体智慧发展》，对于以促进高校英语教师发展为目的的虚拟英语学习社区的系统研究则更是少有学者问津。

（二）国外研究现状

国外的研究大致经历了以下几个阶段：对虚拟社区的基本认识，包括基本概念、原理、定义、模式等；如何建立虚拟社区，主要集中在技术层面，如工具的使用及作用；虚拟社区的功能，虚拟社区如何构建社会关系，知识共享及其潜在作用；虚拟社区的实施与评估；虚拟社区的前景，如虚拟社区与电子商务的应用。

国外对虚拟社区的研究主要集中在基本概念和应用实施上，缺乏对虚拟社区应用技术的研究以及虚拟社区与其他学科的关系的调查。总的来说，虚拟社区的发展还处于早期开发阶段，对虚拟社区的研究还很少。

虽然国外对虚拟学习社区的研究不是很多，但较之国内的研究还是丰富了很多，以Belvedere，CAIE，CCL，CNB，Covis，CSILE，KIE，LabNet，OWLink，SchoolNet，TeacherNet，Wired for Learning 等系统为代表的一些计划和项目，从不同的角度进行了关于虚拟学习社区的实证研究。同时，基于问题解决的学习、建构主义、情景学习、合作学习等学习理论，也都逐步运用到计算机支持的领域，取得了丰硕的研究成果。

综上所述，虚拟社区和虚拟学习社区的发展为学习社区的研究提供了可能，在已有研究的基础上，结合虚拟学习社区的实践和运行规律，将使学习理论、知识管理和e-Learning 思想相结合，整合出促进英语教师发展的英语学习社区的指导原则和基本框架，从而更好地为信息化条件下高校英语教师发展的实践提供指导。

三、研究的意义、内容及方法

（一）研究的意义

1. 随着网络多媒体在大学英语教学中的广泛应用，亟待研究新的教学模式，尤其是网络环境下教师发展的新的构建模式

多媒体网络技术的发展为大学英语教学改革提供了难得的发展机遇，促进了大学英语教学的进一步发展，大学英语教学质量得到很大提高，但是学校投入的资金并没有获得较为合理的投资回报，网络环境下英语教师发展问题仍是一个崭新的领域，很多关键的框架性问题模糊不清，信息化条件下教师发展模式还未完全建立，因此，我们需要研究信息化条件下英语教师的发展模式并探究其规律。

2. 研究虚拟学习社区发展规律，提高信息化条件下学习的效率，促进英语教师的专业素质发展

高校英语教师之间的互动和协作将是网络学习的主要特征，虚拟学习社区将是信息化条件下高校英语教师发展的主阵地。传统的英语教师发展模式已经不能完全适应

新的学习环境，如何在虚拟社区学习环境下，通过教师之间的互动与合作，使英语教师的专业素质得到发展需要深入研究。

3. 以知识管理和 e-Learning 相结合的视角研究虚拟学习社区的学习理论，进行前瞻性研究，以促进其改进的方向。（甘永成，2005）基于网络的 e-Learning 学习应用相关模式，如基于问题解决的模式、研究性学习、协作性学习等学习方法和模式，都可以引入到虚拟学习社区中；而虚拟学习社区又可以为这些学习方法和模式提供更好的支持。因此，利用已有的 e-Learning 的理论成果指导虚拟学习社区的学习有着重要的意义。

互动学习社区里的学习目的，是通过教师之间的交流、互动和合作，发挥教师的主观能动性，共同促进知识的建构，增长教师共同体的知识，从而也有利于教师个人专业素质的提高。这实际上就是一个知识管理的过程。知识管理强调知识的共享、隐性知识的重要性，同时也强调知识实践和知识创新。知识管理和 e-Learning 的结合为高校英语教师虚拟学习社区的研究提供了新的视角。

（二）主要内容

本研究运用系统分析的方法和实证研究，从知识管理和 e-Learning 结合视角，通过建立和整合虚拟学习社区的理论框架和概念模型，深入开展基于互联网的虚拟学习社区中的高校英语教师的知识建构与专业素质发展这一崭新的研究。

（三）研究方法

1. 文献调查法

通过各种渠道，研究者广泛收集国内外有关虚拟学习社区、知识管理、e-Learning、外语教师发展等方面的文献资料和会议论文，了解国内外虚拟学习社区的发展现状及发展趋势，及时了解最新的前沿信息。

2. 实证研究法

研究者亲身参与高校英语教师专业发展虚拟学习社区的构建，实地观察虚拟学习社区的学习情况，跟踪学习者的合作学习与交流互动过程，并运用“内容分析”和“信息流分析”等手段，分析学习者合作学习和知识建构的构成和规律以及学习者专业素质的发展过程，同时指出目前存在的问题、解决方案和发展趋势。

第二节　虚拟学习社区的概念、功能及其实证研究

一、虚拟学习社区的概念

虚拟学习社区是具有共同兴趣及学习目的的人们组成的学习团通过相互间的交流、互动、讨论和协作等多种学习方式，共享彼此的观点、思想、资源知识、学习经验和集体智慧，从而促进知识建构和个体智慧的发展，达到学习知识和促进自身学习能力发展的目的。

在虚拟学习社区中，社区所有的成员有着共同的利益，都有创建和维护社区的权利和责任。虚拟学习社区通过虚拟空间，克服时空和区域的局限，可以提供一个方便的、有明确学习目的的多用户学习环境；便于学习者、教师与其他人的交流和合作，以及专家对学习者、教师的学习进行评价。

二、虚拟学习社区的功能

将虚拟学习社区运用到高校英语教师发展研究中主要有以下几方面原因：

（一）人们学习的 70% 的知识来自非正式教育

虚拟学习社区通过网络为教师学习提供了合作、学习交流的空间，扩大了教师学习的时空，从而有利于教师的终身学习。

（二）有利于隐性知识的获得

隐性知识很难获取、编码和传递，也很难通过传统的正式教育、培训和独立的在线学习获取，虚拟学习社区为教师隐性知识的传递和共享提供了一种途径，有利于教师认知能力和元认知能力的提高，从而推动教师专业素质的提高。

（三）整合英语教师专业发展的多种途径

在构建面向高校英语教师专业素质发展的虚拟学习平台时，要有体现教师教学讨论、教学专题研讨活动、优秀教师教学展示活动、开展教研组活动等功能。而目前一些网络平台只提供课程资源的共享功能、教学科研论文的下载及论坛功能，尚未将教学研究专题活动、优秀教师教学展示活动、专家评价活动等整合到一个平台上，不利于高校英语教师专业素质的发展。

（四）在线学习与虚拟社区的结合

虚拟学习社区是一种目的性更强的虚拟社区，是在线学习与虚拟社区的结合。虚拟学习社区与在线学习的主要区别在于：在线学习关注的焦点是学习内容，而虚拟学习社区关注的是教师与教师、教师与专家之间的互动。

虚拟学习社区是虚拟社区和新的学习模式的结合，学习是社区成员的共同兴趣，参与者在社区中要承担一定的角色，如管理者、学习者、指导者、助学者等。社区成员资格取决于学习环境、社区类型和目标。虚拟学习社区还意味着学习不仅仅要注重学习结果，而且更加注重学习过程，如小组学习、元认知学习等。学习者可以更加灵活地选择自己的学习方式，如基于任务的学习、基于项目的学习等。

基于以上因素，虚拟学习社区可理解为：在学习过程中，通过互联网虚拟媒体空间，一组共享语言和价值的人们基于一定的教学策务而进行交流与合作的学习（Gerhard，2003）。

（五）虚拟学习社区中社交真实感的技术支持

许多研究显示，在线用户把计算机辅助通信作为高级社交媒体，社区中的学习者能使用异步文本信息表达交际情感。但仅仅依靠技术还不足以创建真正社区所需要的强大的凝聚力和社区认同感，强大的凝聚力和社区认同感还需要指导者和设计者为学习者创建学习者之间的社交真实感。

一个完善的虚拟学习社区应包括以下四个关键功能（甘永成，2005）：

（1）协作服务：提供一个知识共享的学习环境。

（2）发现服务：帮助学习者抽取和分析学习社区里的信息。

（3）知识库：为获取知识提供知识管理功能。

（4）知识地图：为知识分类提供模式和图解。

根据目前对一些虚拟学习社区的调查，建立虚拟学习社区需要包括以下一些工具：

（1）Web 浏览：包括可达性、书签、多媒体和安全性。

（2）异步共享：包括电子邮件、公告牌、文件交换、新闻组等。

（3）同步共享：包括同步对话、白板、应用共享、虚拟空间、小组空间、远程会议、视频会议等。

（4）学习者工具：包括自我评价、进度跟踪、学习动机提升、学习技能提高等工具。

（5）课程工具：包括课程计划、课程管理、课程修订、课程监控等。

（6）课堂工具：包括教学设计、内容展示、测验。

（7）数据工具：包括在线标注、记录管理、分析与跟踪等。

（8）资源工具：包括资源搜索、信息挖掘和智能代理等工具。

（9）系统工具：包括认证工具、安全工具、资源监控、远程访问工具、故障恢复工具等。

（10）帮助工具：包括学习者支持工具、教师支持工具等。

三、虚拟学习社区的实证研究

虚拟学习社区的实证研究主要集中在美国、加拿大、英国、澳大利亚等西方发达国家，国内在这方面的研究较为滞后。

在实证研究方面，CoVis，LabNet，Wired for Learning，Thought，Web-SMILE，CCL，CALE，CNB，TelNet，Net，KIE，School Net，TeacherNet 等，以及国内的亚卓布 (Edu Cities)(台湾) 和首都师范大学虚拟学习社区的构建大多收到了良好的效果。下面仅就部分项目 进行评述，

CoVis(Learning through Collaborative Visualization) 的设计是实践 社区 (Community of Practice)，该设计主要是针对特定学科的学习而进行的相关研究。CoVis 提供在线讨论、电子邮件、视频会议及其他万维网工具，将学生、教师、专家和实际工作者联系在一起，其学习方式以专题式学习、引导式学习和协作式学习为主。

LabNet 是用来协助中学学科教师专业成长的学习社区。教师通过 Web 浏览界面和网络数据库使用白板、聊天室、论坛、视频会议及电子邮件来进行交流、讨论及反思教学经验，以促进特定学科教师的专业教学知识与技能发展。

Wired for Leaming 是一个由 IBM 提供的可以促进美国 K-12 网上教育发展的计划，主要目的是建立合作性的学习社区。其主要目标包括：（1）帮助学生与教师在沟通过程中形成有意义的联结（Meaningful Connections）；（2）帮助教师通过协作性工具来改善教学并实现教师专业发展的目标；（3）帮助教师、学生及其他社区成员发布信息并共享。

Owlink 计划是由电信公司协助、由多媒体网络连接美国的五所公立学校及一所大学而开展的。其设计理念主要是通过师生使用信息技术来促进学习能力的提高。在这个虚拟社区中，师生可以共享与分享自己的成长（参见 http：//www.rice.edu / armadiiio / Owlink / ）。

亚卓布（中国台湾）是一个以“城市为隐喻”的虚拟网络教育城。亚卓布所坚持的理念是，不仅激励每个学生成为终身的学习者，而且还协助教师专业成长。虚拟网络教育城持续关注信息科技与教育的重要会议，不定期举办相关研讨会、座谈会，并借由教育工作者与学者专家的良性对话，为不同的族群提供各种各样的服务，主要包括：针对学生，提供在线教室、社区互动、个人服务机制与课后辅导学习等服务；针

对教师，提供“勾选式”服务功能，协助教师建立班级网页，凝聚班级合力，提供教师在线研修、教案制作、专业对话与经验交流等服务；学校提供社区管理平台，增进教师与学生以及班级之间的情感交流；针对家长，提供联系教师、了解孩子学习状况、参与孩子在线学习活动的相关机制与功能。

亚卓布是以构建学生学习生活平台为基本理念的信息化服务环境，设有全民学校（EdUClaSSeS）、学习护照（Learning Passport）、亚卓社区（Community）等栏目，提供满足学生和班级的服务，使学生和教师可以按照自己的需求来增减服务项目，从而成为终身的主动学习者。

首都师范大学虚拟学习社区是一个基于网络的智能教学系统，主要面向高等教育和基础教育。与国内的其他网络教学支撑平台相比，首都师范大学虚拟社区具有很高的智能性，主要体现在：它能够通过网络虚拟电子导师告诉学习者学习的内容以及学习的方法，推荐个性化的学习材料，帮助教师更好地了解学生的认知过程和学习困难，从而为学习提供个性化的教学策略。

首都师范大学虚拟学习社区为教师开展各种活动提供网络支撑，比如备课、授课、测评、管理和师生互动等。教师可以充分利用首都师范大学虚拟学习社区设计多种自主学习和研究性学习形式。该社区还支持实时和非实时两种合作学习方式，具有学习论坛和聊天室以及虚拟电子白板支持的合作学习功能。学习者通过“角色表演”和“结对评判”等形式按学习者、评论者和观察者的角色进行合作学习。

首都师范大学虚拟学习社区的实践表明，此网络支撑教学环境有助于教学改革，实现自主学习模式和开展研究性学习，提高教学质量。该虚拟学习社区体现了以下特征：重视每位学习者的学习特征差异；有利于学生分析问题、解决问题能力的提高；有利于培养学生的创新能力和实践能力；有利于激发学生的学习动力；有利于学生的可持续发展；学生不仅学到了学科知识，还同时掌握了利用网络进行学习的途径、方法与技术。

第三节　虚拟学习社区的相关理论概述

一、建构主义理论

在总结并批判继承了不同认知学派的教学理论基础上，建构主义提出了自己的教育与学习理论框架。

（一）建构主义的学习观

（1）建构主义认为，学习不是信息简单地从外向内的单向输入，而是通过新信息与学习者原有的知识经验双向的相互作用而实现的，也就是学习者与学习环境之间互动的过程，是每个学生按照本身已有的经验与知识主动地加以建构，而不是被动地吸收信息。这里的建构是指新信息经过“理解”或“吸收”被感知，这是对新信息的意义建构。

（2）学习是“同化”与“顺应”之间的“平衡—不平衡—新的平衡”的无限反复的过程。学生原有的知识由于新经验的介入而发生调整和改变。由于“最近发展区”的存在，学生势必会从实际的能力实现中不断挖掘自身的潜力，通过认知组织建立起学习者主体的知识与经验的世界，从而达到一种“图式化”。这种“信息传递”的过程是通过学习者的创造性学习来实现的。

（3）建构主义的倡导者认为，知识不是由教师传授得到的，而是学习者在一定的情景（社会文化背景）下，借助他人（包括教师和学习伙伴），利用必要的学习资料，通过意义建构的方式而获得的。因此建构主义学习理论认为“情景”“协作”“会话”和“意义建构”是学习环境中的四大因素（或四大属性）。

（二）建构主义的教学观

（1）建构主义倡导在教师的指导下，以学习者为中心的学习，也就是说强调学习者认知主体作用，同时又不忽视教师的指导作用。学生是信息加工的主体，是意义的主动建构者，而不是外部刺激的被动接受者和被灌输的对象。教师是意义建构的帮助者、组织者和知识的导航者。教师要充分发挥导向作用，激发学习者的积极性，发挥组织者的功能，帮助学生分析问题、解决问题，而不是一味地传授与传输知识。

（2）哥伦布式的发现者。教师要以学生为中心，深入了解学生的学习动向，针对学生的个性差异，帮助学生获得必要的、适应性的经验和预备知识，在“平衡—不平衡—新的平衡”的无限反复循环中，丰富学生的知识技能目标、策略目标和情感目标；要逐渐减少外部控制，逐步增加学生自我控制学习的过程；引导学生通过探索、发现、合作等方式进行学习。

（三）传统教学模式与建构主义教学模式的区别

传统教学方式是以教为主，是“客观主义”“决定论”和“教师灌输式”。在教学过程中，传统教学观采取教师传授模式，学生的主要任务是消化、理解教师所传输的课本知识。传统教学观过分强调教师和课本的权威性，使学生缺乏独立性、自主性的思维和判断能力。传统教学模式下的学习主要是以个体活动形式完成的学习活动。

建构主义强调以“学”为中心，它突出了意义建构中学生的主体性和自主性，学生是发现信息、主动参与信息加工的主体和知识意义的主动建构者，而教师则是学生学习的组织者、指导者和帮助者。学习者的个体差异（已有的知识、认知风格、学习态度、信心、动机、观念等）得到充分的肯定，每一项新的学习活动与学生已有的知识和经验直接相关，是动态的。学习过程不是单纯的知识传递，而是知识的处理和转换。教师的职责是帮助学生在“学”的过程中进行新旧知识的有机结合，重视在教和学的过程中培养学生分析问题、解决问题和创造性思维的能力。

综合研究者们的学术观点，可将传统教学模式与建构主义教学模式的区别如下：

表7-1　传统教学模式与建构主义教学模式的区别

类别	传统教学模式	建构主义教学模式
教学目标	认知目标为主	认知目标、情感目标和策略目标
教学内容	以事实、概念和数据为主	以解决问题为导向，真实情景下的真实任务
教学环境	简单，支持个体学习	复杂，支持合作、互动式学习
教学信息	以“教”为中心、教师传授模式	学习者自己去发现、分析和处理
教师作用	知识的传授者、灌输者	组织者、指导者、帮助者
知识状态	客观的、静止的、确定的	主观的、动态的、情境的

建构主义教学理论强调学习过程中学习者的主动性、建构性。从传统的灌输式、直观式教学到建构主义的能动教学、主动建构，无疑是教学理论的重大变革。这种变革适应新时代学生生理、心理、智力、多样性的发展趋势及要求，它对教学思想和理念的更新有着重要的意义。

（四）建构主义理论对虚拟学习社区的指导意义

虚拟学习社区是建构主义理论应用的最佳场所，能够很好地满足“以学生为中心”的学习环境四大要素的构建，因此，建构主义理论对虚拟学习社区的建立和发展有着重要的指导意义。

虚拟学习社区的学习是以学生为中心的学习。在虚拟学习社区中，学生是学习信息加工的主体，是意义建构的主动者；学习者通过相互交流和沟通，相互支持，从而形成自己的意义建构。

虚拟学习社区强调情景对意义建构的重要作用。虚拟学习社区可以为学习者提供与实际情况相同的具有生动性、丰富性的良好的学习情景，展现多样的学习内容，学生可以获得更多的视觉、听觉、触觉、味觉等更多真实的体验。

虚拟学习社区强调协作学习对意义建构的关键作用。虚拟学习社区的所有学习者不是依靠个人，而是共同完成知识的意义建构，在这个过程中，虚拟学习社区及其管理者将为学习者提供各种协作的功能，从而方便学习者把搜集到的学习资源在网上发布，并同其他学习者一起共同评估学习资源。

虚拟学习社区强调对学习环境的设计。在虚拟学习社区中，学生利用论坛、小组讨论区、即时消息等交流工具和信息资源如文档、数据库、多媒体课件、资料库、网络图书馆等进行自由探索和自主 / 协作学习。

二、情境认知理论

（一）情境认知理论的基本原理

自从布朗、柯林斯和杜吉德在他们的论文《情境认知和学习文化》[①]中首次提出了情境认知和情境学习后，情境认知和情境学习已经成为一种能够提供有意义学习并促进知识向真实生活情境转化的首要学习理论。（甘永成，2005）

情境认知理论认为，知识是一种基于情境的交互活动，是在个体与环境交互的过程中建构的。情境认知与情境学习理论将研究学习的焦点集中在实践共同体里的学习者“合法的边缘性参与”上，是实践共同体基于情境的行动建构。

基于情境认知学习理论，理想的学习情境应该是：能够提供真实或仿真的学习环境，以反映知识在真实生活中的应用方式，为学习者理解、观察、模拟和经验互动创造机会；构建学习共同体和实践共同体，促进学习者对学习过程与结果的反思与评价。

（二）情境认知与情境学习理论对虚拟学习社区的意义

在虚拟学习社区中，我们可以根据情境认知理论进行认知情境、合作情境和问题情境的创设。可以利用音频、视频、文本、图表和动画等，把学习者置于虚拟情境中，提高学习者的灵活反应能力、实践能力、自我反思能力和自我评价能力。虚拟学习社区可以通过交互工具创设合作学习情境，学习者通过合作的社会交互与知识的社会建构获得高级认知能力的发展、合作能力的培养和良好人际关系的形成。在虚拟学习社区中，学习者可以根据自己原有的认知结构和学习兴趣，参与到相应的问题探索、问题讨论和问题解决中，通过观察、概念工具的应用及问题的解决，形成解决问题的能力和高级认知能力。

① 沈洁，任玮．高职专业教师信息化教学能力四维培养模式与评价体系研究 [J]. 工业技术与职业教育，2023, 21(2):4.

三、社会互赖理论

社会互赖理论认为，积极互赖（合作）是产生促进性的互动，群体成员会彼此鼓励和促进学习上的努力；消极互赖（竞争）产生对抗性互动，群体成员会相互阻碍。在缺少互赖的情况下，个体之间不会有互动，个人都是独立工作而很少受干扰。

从社会互赖的角度来看，当虚拟学习社区中的所有学习者为了共同的目标而努力的时候，靠的是彼此间的相互依赖、相互勉励。

四、接触理论

接触理论关注社会互动关系的研究，提倡不同种族、民族、性别的学生在学习上的互动与交流，由此达到群体关系的和谐。接触理论的代表人物阿尔波特强调，单纯机械的接触，不能增进学习效果；只有发展成为合作性的关系，才能形成有效学习。接触理论适合于不同种族、不同年龄、不同性别、不同社会经济地位或不同能力的学生在一起学习。

在虚拟学习社区中，采用异质编组的形式，使具有不同的知识结构、思维方式、认知风格、智慧水平的学习者一起学习，可以起到优势互补、各展所长的作用。

五、学习动机理论

动机通常被定义为激发、引导和维持行为的内部过程，是激励和指引学习者进行学习的一种需要。主流心理学动机理论主要包括期待价值理论、目标理论、自我决定理论和归因理论。

期待价值理论主要包括成功期待、激励价值、成就要求、失败恐惧。在期待价值理论框架中，“自我效能感”和“效价”是两个核心概念。自我效能感指人们对自己从事某项工作能力的主观判断。在 Tremblay 和 Gard-ner 的扩展动机模式中，“效价”包括“学习第二语言的渴求”和“对二语学习的态度”两个要素。“效价”在一定程度上决定了行为的强度。

目标理论来自马斯洛的需求层次理论。在马斯洛看来，个体的行为由一系列从低到高的“需求”所驱动。在后来的研究中，“需求”被“目标”所代替。目标设定理论认为个体行为是由目标所引发的，为了使行为得以发生，必须设定目标并通过选择来实现。目标定向理论包含在学习过程中出现的两种截然不同的成就目标定向：掌握定向和表现定向。

自我决定理论认为在自我决定动机和控制动机之间存在不同类型的管理模式，各种管理模式通过内化进而形成一个连续的统一体。个体的自我决定意识取决于个体的自主性（行为取决于自己）、能力（感觉自己有价值，有一种成就感）和相关性（与他人的联系更为紧密）。

归因理论是从结果来阐述动机行为，因此可以从特定的动机行为来预测个体在某种情况下可能产生的学习结果。

虚拟学习社区的合作学习环境从以下几方面激发学习者的学习动机：问题情境的设计有利于满足学习者解决问题、掌握知识、技能的需要；新颖而有意义的协作活动可以引起学习者互动的需要，有效激发学习者的交往动机和成就动机；适时的反馈评价和奖励评价可以满足学习者自我提高的需要。

六、群体动力学理论

《荀子·劝学》中有“蓬生麻中，不扶而直”，说的是一个人所在群体的情况将决定其个人的发展状况。群体动力学创始人勒温也认为，要改变一个个体，最好从改变他（她）生活的群体入手。因此，对英语教师专业发展研究而言，从群体的角度来进行研究是非常有必要的。

信息技术的发展为从群体的角度研究教师专业发展提供了工具支持，网络信息平台的研发建设不但使教师个体间的关系变得更加密切，而且在促进教师群体内部的合作、促进教师群体知识的发展方面有着巨大的潜力，这都为从群体角度研究教师专业发展提供了必要的技术支持。（王良辉，周跃良，2010）

群体动力学研究的关键是从社会环境的角度来寻找和揭示群体行为与群体中的个体行为的推动力量。群体动力的发挥依赖社会系统，基于群体动力的高校英语教师发展系统是通过模拟社会系统软件的社会交互来实现的。

社会系统可以分成三个相互嵌套的层次——个体、群体、系统。其中群体是由个体组成，而系统是由群体组成。每个层次又分别有四个组成部分——分界线、流程、神经系统、交流通道。

社会系统的关键集中在个体与群体层次；分界线主要区分注册用户与非注册用户；流程主要是一些系统维护功能的建立；神经系统表现在其可定制性，以便应对不同的外部环境；交流通道主要是关注与其他系统的数据交流。

教师可以根据个人爱好、研究兴趣等情况来组建或参与团队；不同年龄段、不同发展水平的教师可以发挥各自的特长，以促进教师专业发展。

第四节　知识管理与虚拟学习社区

一、隐性知识管理理论

构建面向高校英语教师专业发展的虚拟学习社区必须遵循知识管理理论。Michael Polanyi 在 20 世纪 50 年代提出隐性知识的概念，并且最早对隐性知识做了较为系统深入的研究。他认为人类的知识有两种：一种是用书面文字、图表和数字公式等加以表述的知识，这种知识被称为显性知识；而另一种未被表述的知识，如我们在做事情的过程中所拥有的知识，这种知识被称为隐性知识。高校英语教师发展需要吸取教师的成功经验和相关的教学技能和策略，这些知识都属于教师的隐性知识范畴。

教师的隐性知识主要有以下三种：

（1）基于身体的隐性知识。这种隐性知识多植根于人类身体技能的运用或对于工具的使用。这类隐性知识必须经过反复的亲身实践和体验才能获得，如教师在课堂上对计算机的操作技能、课件的演示等，在这些活动中表现出来的操作技能及艺术技能都存在大量的隐性成分。

（2）基于言语的隐性知识。人类的语义中包含着隐性知识的成分，主体间沟通的上下文背景（语境）也存在大量的隐性知识。

（3）基于认知个体元认知的隐性知识。这种隐性知识体现为个体的心智模式、解决问题的方法、直觉、情感等方方面面。这类隐性知识一般通过师徒传授的方式获得。

日本学者野中郁次郎（Ikujirononaka）和竹内弘高（Tadeuchi）认为显性知识和隐性知识之间可以相互转化，知识创造是显性知识与隐性知识之间互动的一种螺旋式程序。他们提出了隐性知识和显性知识的转化模型——SECI（Socialization，Extemalization，Combination，Intemalization）模型。

表7-2　知识的转化方式

转化模式	转化过程	方法
群化（Socialization）	隐性知识—隐性知识	讨论、交流、模仿、实践
外化（Extemalization）	隐性知识—显性知识	比喻、比较、演绎、推理
综合（Combination）	显性知识—显性知识	编码、排序、分类、重新划分
知识单元		
内化（IntemaliZation）	显性知识—隐性知识	体验、体会、阅读、聆听

根据 SECI 模型，隐性知识的转化主要有两种途径：隐性知识转化为显性知识的外化（EXternaliZation）和隐性知识转化为隐性知识的群化（SoCiaIiZation）。教师隐

性知识的挖掘也可遵循这两种模式，常见的方法有下面几种：

（1）故事体方法。故事体方法是让隐性知识所有者以讲述故事的方式来完成外化的过程，并对这一过程加以记录。

（2）访谈。访谈分为个体访谈和团体访谈。

（3）对话交流。教师之间、师生之间的对话交流在知识的外化中起着重要的作用。

（4）导师制。隐性知识群化的一个主要方法是导师制。

知识管理的核心就是将隐性知识明晰化和更好地共享已有的知识，更有效地将思想转化为行动。

二、在虚拟学习社区中运用知识管理技术

（一）充分开发和利用显性知识和隐性知识

在虚拟学习社区中运用知识管理的关键，就是要充分利用和开发各种形式的显性知识和隐性知识。虚拟学习社区中的显性知识主要来源于各种媒介以及个人或项目组的成果。虚拟学习社区的成员可以随时随地访问这种显性知识，从而达到资源共享。而隐性知识隐藏在个体的价值观、经验和文化中，要共享这些隐性知识非常困难；但没有隐性知识，就很难做到知识创新，隐性知识是知识创新的源泉。

（二）运用虚拟学习社区的各种工具和手段

技术被认为是管理虚拟学习社区显性知识的有效工具，虚拟学习社区在建设时要充分考虑 Web2.0 技术所具有的交互功能，如博客、播客、论坛、SNS、WIKI、TAG、搜索引擎和导航等技术，强调学习者彼此的信任感、身份认同、学习承诺及相互协作的欲望。

要建立虚拟学习社区成员之间的和谐协作的关系，增强社区成员的身份认同，可以利用过程管理和空间管理两种手段。

过程管理是指创建支持学习的组织机构和实践活动，以便鼓励虚拟学习社区的学习者更方便地创建、共享和使用知识。过程管理可以包括引入鼓励知识创新和共享的激励机制，也可以包括引入新的标准和实践活动，以保证虚拟学习社区的每一个学习者都有同等的机会访问知识库。

空间管理是指创建一个有利的学习环境，帮助虚拟学习社区的学习者彼此熟悉和了解自己的学习同伴。在这样的情境下，学习者逐步形成一种共同的语言系统和对意义的共享理解能力，学习者随之产生身份认同、彼此信任、相互承诺和知识共享。

（三）虚拟学习社区的系统结构

虚拟学习社区基于浏览器 / 服务器（B/S）的三层体系结构，这三层体系结构分别为客户显示层、业务逻辑层和数据访问层。

客户显示层是为访问网站的用户应用服务的前台图形界面，有助于用户理解和高效的定位应用服务。业务逻辑层位于客户显示层和数据访问层之间，这个层次提供客户应用程序和数据服务之间的联系，主要功能是执行应用策略和封装应用模式。数据访问层是 SQLServer（结构化查询语言），用来定义、维护、访问和更新数据，并管理和满足应用服务对数据的请求。它采用 ASP 技术实现用户界面与 SQLServer 数据库的动态连接。

这样的体系结构可以实现真正的瘦客户端，具备很高的稳定性、延展性和执行效率。

第八章　高校英语教师的信息化教学素养提升

面对全球信息化的浪潮，世界各国高度重视社会信息化建设。加快教育信息化的建设与发展，提高公民的信息化能力与素质，培养适应信息化社会发展的人才，以增强本国的科技竞争力，整体提升综合国力，是各国追求的目标。社会信息化离不开教育信息化，教育信息化不能没有教师的积极参与。世界各国在教育信息化进程中，都对教师教育信息化发展给予了高度重视。没有教师教育信息化，就不会有教育信息化的改革与发展，教师信息化教学能力的培养是教育信息化的关键环节。

信息化教学能力是以促进学生发展为目的，利用信息资源，从事教学活动、完成教学任务的综合能力。教师的信息化教学能力发展的目的是促进学生的发展，所利用的信息资源是介入教学中所有技术作用下的信息化教学资源，教师信息化教学能力是一种综合能力，它由若干信息化教学子能力构成，是信息化社会中教师专业发展的核心能力。

第一节　教师信息化教学能力概述

一、信息化社会与教师专业发展

（一）基础教育改革对教师的要求

我国新一轮基础教育课程改革对教师的教学观念、知识结构、教学方式、教学能力等提出了新要求。新一轮基础教育课程改革，改变注重知识传授的倾向，强调形成学生积极主动的学习态度，从而要求教师由单一的知识传授者成为满足不同学生学习要求的帮助者、指导者、促进者，要求教师能够培养学生的创新精神与实践能力，培养学生终身学习的意识与能力，培养学生良好的信息素养。新一轮基础教育课程改革，使课程结构从单一走向多样、从分科走向综合。在信息化社会里，教师已不再是教学中唯一的知识来源，教学信息资源来源已多元化，教师的课堂教学权威已经被解构，从而要求教师具有新的课程观、教学信息资源观，要求教师从权威的课程执行者转为学习环境的创建者及教学信息资源的收集者、开发者和设计者。

新一轮基础教育课程改革，改变了学生的学习方式，体现了学生学习的主体性、参与性、探索性，要求全面发展不同学生的学习能力。要求教师转变教学方式，加强与学生的教学交往，培养学生搜集和处理信息的能力、获得新知识的能力、分析和解决问题的能力以及交流与合作的能力。新一轮基础教育课程改革，要求改变教学评价方式，改变传统评价过于强调的甄别与选拔，评价要促进学生的全面发展，倡导多元化的评价方式。课程改革对教师提出了各种要求，需要教师具有新的课程观，对教师的知识结构和能力素质提出了更高要求，需要教师转变传统教学方式，加强教学交往能力，教师教学能力的提升要促进不同学生的发展等。

（二）教师专业发展对教师的期待

教师专业发展是目前教育领域普遍关注的话题之一，教学能力发展是教师专业发展的核心。教师专业发展期待教师具有终身学习的意识与能力，动态地实现自身知识的更新及教学能力的提升。要培养学生的创新精神与实践能力，首先需要发展教师的创新意识与应用实践能力，只有创新型的教师，才能培养出创新型的学生。教师专业发展需要教师具有一定的教学交往能力，既包括教师之间的教学对话、合作，以形成教师教学的集体智慧，也包括教师与学生之间的交流合作，以更好地完成教学，促进学生的全面发展。教师专业发展期待教师角色转变，由知识的传授者转变为学生学习的帮助者、指导者和促进者。教师专业发展不仅仅要求教师具有一定的教学能力，同时还需要教师有一定的学习资源开发能力和教学研究能力，尤其是教学研究能力。教师只有在教学实践中研究总结，才能有针对性地反思自己的教学，提高自身分析问题与解决问题的能力，从而有效地提升教学能力。在教学中研究，在研究中提高，以更好地促进教师的专业发展。

（三）信息化社会对教师的挑战

教育信息化是社会信息化的重要组成部分，而教师教育的信息化发展，则是教育信息化发展的关键环节，也是促进教育信息化的重要力量。信息化社会中，教育思想、教学内容、教学方法等都发生了变革，对教师的知识体系和能力素质提出了挑战。

信息化社会中，教师的专业发展受到普遍关注和重视，世界各国都相继公布了教师有关教育技术的能力标准，开展了大量教师教学中信息技术应用能力发展的项目，为信息化社会中教师的教育技术能力发展提供了帮助与支持，在一定程度上，也规范了教师教育技术能力的培训与资格认证。如美国针对未来教师的 PT3 项目、英国教师的 ICT 培训、新加坡的 MP 项目、韩国教师的 ICT 素养培养、英特尔未来教育项目等。同时，联合国教科文组织也颁布了《信息和传播技术教师能力标准》，美国先后四次修订《面向教师的美国国家教育技术标准》，英国政府公布了《ICT 应用于学科教学的教师能力标准》，信息化社会中，教师的专业发展受到世界各国的普遍关注，对教师的专业化发展也提出了挑战。

二、教师信息化教学能力的特点

教师的信息化教学能力，是教师在教学过程中，运用信息技术开展教学活动和完成教学任务的一种重要的特殊能力，它由一组能力组成，包括若干子能力。教师信息化教学能力是建立在教师信息化实践知识基础之上的，要在一定的信息化情境中形成和发展。教师信息化教学能力主要的特点有以下几种：

（一）信息化教学能力的复合性

信息化社会对教师教学能力的要求，已不再局限于单一的传授知识和技能。教师的信息化教学能力既有传授知识、技能方面的能力要求，也有教学技术、技术化的知识内容、技术化的教学方法、技术化的协作教学等方面的能力要求；既有促进教师教学能力发展方面的能力要起，还包括促进不同学生信息化学习能力发展的要求；既有初级的信息化教学能力要求，又要具备更高层次的信息化教学能力素质。传统社会中教师的教学能力同样具有复合性的特点，但信息化社会中，由于信息技术要素的动态介入，使得教师的信息化教学能力更为复杂多样。尤其是现代社会教学信息来源多元化、学习资源环境数字化，使得教师的权威地位以及在教学中应发挥的作用发生了很大的转变。在信息化的学习环境中，对教师驾驭教学的能力提出了更高要求，期待教师的教学能力素质趋向于更加全面化的发展。教师不仅要有信息化教学知识内容的传授能力，更要具备促进不同学习风格和不同学习策略的学生实现信息化学习的能力，使因材施教在信息化社会中得以真正实现。因此，信息化社会中，教师信息化教学能力呈现出综合化、多层次化的特点，具有明显的复合性特点。

（二）信息化教学能力的关联性

教师信息化教学能力是由一系列子能力构成的，但各个子能力又是相互联系、相互影响、相互作用、彼此关联的。首先，基本的教学能力具有能力发展的基础性。教师的信息化教学能力是建立在一定的教学能力基础之上的，如驾驭学科教学内容的能力、一般教学法的相关能力、基本的教学技术能力等，都是教师信息化教学能力发展的基础能力。其次，信息化教学的相关学科内容能力、信息化学科教学法相关能力等的形成与发展，也是教师将教学技术、学科教学内容以及学科教学法融合的过程，体现出能力形成与发展的融合性特征。最后，信息化教学能力发展中不同阶段的能力素质具有一定的递进性。教师的信息化教学能力素质，在不同的信息化教学能力发展阶段有不同的侧重。信息化社会中教师的各种教学子能力，只有通过在动态的发展中寻求新的平衡与协调，才能良性动态地形成与发展。

（三）信息化教学能力的发展性

首先，为了适应不同的、复杂的信息化教学情景与信息化教学实践，以满足不同的学习对象的不同学习发展与能力要求，需要教师信息化教学能力动态地形成与发展，以适应动态发展变化的要求。其次，信息化社会中，信息技术更替周期逐步缩短，由此而形成的信息化学科教学与相关的教学方法，也同样需要不断发展变化，以满足相关教师教学能力变化发展的需求，适应新技术、新工具、新方法带来的变革。正是由于信息技术的时代发展引起信息化教学能力的动态更新与发展，所以需要教师主动适应这种动态变化的发展。再次，课程教学的改革与发展也需要信息化社会中教师能力的调整与改变，以适应教学改革与发展对教师能力结构提出的新要求，需要教师动态调整与发展完善自身的教学能力结构。最后，信息化社会中，教师自身的专业发展本身也是动态的、终身的。教师的专业化成长，需要教师在不同的职业发展阶段，不断完善和发展自身的教学能力结构。教师信息化教学能力的发展是有指向的，指向教师信息化教学智慧的创造，这种发展是终身的。

（四）信息化教学能力的情境性

教师信息化教学能力的形成与发展需要一定的信息化教学情境实践，是在一定信息化教学情境实践中呈现出来的一种特殊的能力形式，具有明显的情境性特点。同一教学对象、同一教学内容，在不同的信息化教学情境实践中开展的学习活动，需要教师有不同的信息化教学能力去适应，以达到开展相应教学活动的目的。教师信息化教学能力不能脱离一定的信息化教学情境中主体实践的体验而单独存在，教师信息化教学能力的体现与发展，必须是在一定的信息化教学情境体验中完成的，没有信息化教学情境的实践性体验，就不会有教师信息化教学能力的发展。教师不仅要具有适应不同信息化情境中主体实践体验的能力要求，更重要的是，教师需要将不同信息化情境中教学的知识能力素质迁移到其他相关的信息化教学情境中，从而促进教师信息化教学实践能力的发展。

第二节　教师信息化教学能力构成

一、教师信息化教学能力的知识体系

信息化社会中教师教学能力的知识结构具有明显的层次性。依据教学中对教师教学能力的不同要求，我们将教师信息化教学能力的知识分为三个层次。第一层次包括学科知识、一般教学法知识、学科教学法知识和教学技术知识。这四类知识是教师信息化教学能力的知识基础。第二层次包括信息化学科知识和信息化教学法知识。这两类知识是教师信息化教学能力的知识主体。第三层次包括信息化学科教学法知识，是教师信息化教学能力的最高知识要求（表 8-1）。

表8-1　教师信息化教学能力知识体系

教师信息化教学能力知识体系	具体知识内容
知识基础	学科知识、教学法知识、教学技术知识
知识主体	信息化学科知识、信息化教学方法知识
最高知识要求	信息化学科教学法知识

第一层次的知识是教师信息化教学能力的知识基础，具体知识内容包括：学科知识，主要指教师所从事学科专业的知识、概念、理论、方法以及相关联的学科理论内容等，是教师从事学科教学的专业知识准备。一般教学法知识，主要指教学的一般性原理、策略和方法等，可以完成教学的准备、教学的实施、教学的管理、教学的评价以及对教学目标和教学过程的认识等，以促进教师教学和学生学习的一般性的教育教学知识。学科教学法知识，主要是学科知识和一般教学法的综合，这也是舒尔曼提出并得到广泛认可的知识，涉及对学科知识的表达、传输以及呈现等，以方便教与学的过程。教学技术知识，主要指广义上教学媒体和教学手段的应用知识，既包括教科书、粉笔、黑板、模型、教具等使用的技能，当然也包括幻灯、投影、广播、电视、计算机、互联网等应用的硬件知识与技能。

第二层次的知识是教师信息化教学能力的知识主体，具体知识内容包括：信息化学科知识，主要指教学技术与学科知识相互融合后的知识，教学技术使学科知识以信息化的方式更方便、更灵活地表达、呈现与扩展。当然，也可以根据具体的学科内容选择合适恰当的教学技术。信息化教学法知识，主要指教学技术与一般教学法融合后产生的新知识。教学技术介入教学过程后，教学中的要素发生了变化，在教学技术的作用下，既会巩固拓展原有的教学法，也会因此产生一些新的教学方法，如网络环境下的探究式教学、协作教学及基于信息技术环境的情景教学等。

第三层次的知识是教师信息化教学能力的最高知识要求，具体内容包括：信息化学科教学法，主要指教学技术与学科知识、一般教学法融合后产生的一类特殊的知识，是教师信息化教学能力的最高知识要求，也是教师信息化教学能力发展中，教师获得知识的最高境界与追求。这类知识已经超越了学科知识、教学法知识、教学技术知识的各自内涵，是三类知识的融合与动态平衡，可以在具体的学科教学中，运用合理恰当的教学技术，设置适合学生学习的信息化教学情境，拓展教师的信息化教学，以更好地促进教师信息化教学能力的发展，促进学生信息化学习能力的发展。

教师信息化教学能力的知识核心则包括教学技术知识、信息化学科知识、信息化教学法知识及信息化学科教学法知识四个方面。

二、教师信息化教学能力的结构

知识是能力的基础，知识需要转化为能力。能力是知识的目的，是运用知识解决问题的能力。能力的体现既要综合运用知识，又要分析解决具体问题。教师的信息化教学能力是信息化教学能力知识体系与信息化教学实践的有机统一。教师的信息化教学能力可以划分为六种子能力：信息化教学迁移能力、信息化教学融合能力、信息化教学交往能力、信息化教学评价能力、信息化协作教学能力，核心是促进学生信息化学习能力。

（一）信息化教学迁移能力

教师信息化教学迁移能力的实质主要有两个方面：一是不同信息化教学情境中的教学适应能力迁移，即横向迁移。二是信息化教学知识技能的转化迁移，即纵向迁移。教师信息化教学迁移能力是教师信息化教学能力的基础能力，也是教师信息化教学能力可持续发展的重要条件。

1. 信息化教学纵向迁移能力（转化迁移）

主要指教师将学习获得的知识技能应用于解决信息化教学中的实际问题，应用于现实的信息化教学活动中的能力。教师通过学习所获得的信息化教学知识与技能，需要将其应用于实际的信息化教学情境中，解决现实中的各种信息化教学问题。对于信息化问题的有效解决，就需要通过迁移，从这个意义上看，迁移也是信息化教学知识技能向信息化教学能力转化的关键。通俗地说，就是学以致用。

2. 信息化教学横向迁移能力（适应迁移）

一种信息化情境下的教学活动，在另外一种新的信息化教学情境中未必适用。信息化教学横向迁移能力主要指教师将一种信息化教学情境中的教学经验创造性地应用于其他新的信息化教学情境中的能力，是教师对原有信息化教学能力结构的拓展与延伸。在信息化教学情境中，教师对教学情境的把握、教学活动和教学方式的策略选择、教学媒体的应用、教学活动的程序等，都要依据自身的相关教学经验和借鉴他人的成功做法。通俗地说，就是举一反三、触类旁通。

（二）信息化教学融合能力

信息化教学融合能力具体包括三个方面的子能力：

1. 信息化学科知识能力

这是指信息技术与学科知识的融合能力。信息技术与学科知识相互融合，会形成学科知识的新形态。原有学科知识形式的新呈现、内容的新拓展，是需要教师将学科知识信息化的一种能力要求。

2. 信息化教学法能力

这是指信息技术与一般教学法的融合能力，是信息技术与一般教学法相互融合后，形成的一类新的知识类型，需要教师具备将信息技术与一般教学法融合，同时还需要教师能够驾驭信息化情景中的一些基本的教学原理、方法与策略等。

3. 信息化学科教学法能力

这是指即信息技术与学科教学法的融合能力。信息技术与学科知识、一般教学法相互作用形成的一种特殊知识形态，需要教师具备教学技术知识、学科教学法知识，当然更需要教师将教学技术与学科教学法融合的能力。只有将信息技术与学科内容知识、教学法相互融合，发挥各类知识内容与各种方法策略的优势，才能使教师在新的学科知识形态和新的学科教学方法与策略的基础上，实现教学效率和效果的有效提高，才能使教师的信息化教学能力得以有效提升，从而促进不同学生学习能力的全面发展。

（三）信息化教学交往能力

信息化教学交往能力，是指教师和学生在信息化教学情境中，彼此交换思想与感情，促进师生间的交流与沟通，以实现学生能力发展为重要目标的一种教学能力形式。信息化教学交往能力是教学活动中师生的信息化互动，是信息化的教学交往实践，体现了教学中教师与学生之间的关系。信息化社会中的教学既是知识、技能的传授，更是学生学习能力发展的促进，因此需要教师与学生间有效地交往。信息化教学中的教学方式体现出选择化和互动化的特点，相应的，学生的学习方式也走向了合作、对话、交流、探究与实践等。教师的信息化教学交往能力包括课堂信息化教学交往能力和虚拟信息化教学交往能力。

1. 课堂信息化教学交往能力

这是指在课堂信息化教学情境中，教师与学生的教学交往能力。在课堂信息化教学情境中，需要实现师生之间的多元化教学交往，需要定位师生之间新的教学交往关系与角色。教师是信息化情境中学习过程的设计者、学习资源的开发者、学习活动的组织者、引导者和管理者，学生是积极主动的学习者。在课堂信息化教学情境中，教师要与学生实现信息化的交流与沟通，实现与学生的平等对话。教师也要对学生的信息化学习过程进行指导，让学生在信息化环境中学会学习。教师还要对课堂的信息化教学活动合理协调，保证课堂信息化教学活动的有序顺利开展，既有对学生学习的协调，也有对教学活动序列的协调。教学协调能力是教师课堂信息化教学交往得以有效进行的保障。教师的课堂信息化教学交往能力，是促进教师有效教学和学生有效学习的重要能力指标。

2. 虚拟信息化教学交往能力

这是指在虚拟的信息化教学情境中，教师与学生的教学交往能力。信息化教学交往能力，在更多意义上指的是虚拟信息化教学交往能力，在虚拟的学习环境中，师生之间的有效教学交往是保障学生学习顺利开展的前提条件。

在内容上，虚拟信息化教学交往能力，主要包括教师为学生提供虚拟学习环境中的学习支持，监控学生在虚拟学习环境中的学习行为，对学生学习中遇到的各种问题，能够通过虚拟的学习环境提供尽可能的帮助。在形式上，虚拟信息化教学交往能力，主要包括教师与学生个体之间的虚拟信息化教学交往，教师与学生群体之间的虚拟信息化教学交往，学生与学生之间的虚拟对话交流与合作交往等，实现多元化的信息化教学交往。

（四）信息化教学评价能力

教师的信息化教学评价能力，主要是指教师对信息化教学和学生的信息化学习做出合理的价值判断，调适信息化情境中的教学行为，规范指导学生的学习行为，以实现教学过程的优化。信息化教学评价，既关注对教师的教学评价，更强调针对学生的发展和学生整体素质提高的评价；既关注结果的评价，更强调过程的动态评价。信息化教学评价体现出发展的、全面的、多元的、动态的特点。教师的信息化教学评价能力可以分为两类：学生信息化学习的评价能力和教师信息化教学的评价能力。

1. 学生信息化学习的评价能力

信息化社会中的教学评价，既要关注学生个体的发展和个体的差异，同时也要关注信息化情境中学生创造性的学习能力和综合素质的提高；既要关注对学生信息化学习中知识技能的评价，也要关注对学生信息化学习中实践能力发展和情感培养的评价；实现从单一的评价方式向促进学生全面发展的评价方式的转变。学生信息化学习的评价具有很强的导向性，强调以促进学生信息化学习能力的发展、创造性实践能力的提高为评价的主要价值取向。

2. 教师信息化教学的评价能力

关于教师信息化教学能力的评价，关注以促进教师有效教学为目的的教师信息化教学质量评价，是相对注重结果的评价，更加强调以促进教师专业发展为出发点的发展性评价，以帮助教师不断提高自身的教学能力和相关业务水平，实现针对教师信息化教学的过程性动态评价。

（五）信息化协作教学能力

传统意义上的教师协作教学，一般是指教师在备课、教学观摩、教学活动、科学研究等方面的有效协作。信息化社会为教师协作教学提供了可能，拓展和延伸了教师协作教学的能力。

联合国教科文组织《信息和传播技术教师能力标准》在“知识深化办法”模块中，提出“教师应能够运用网络资源来帮助学生开展协作、获取信息和与外部专家进行沟通，以分析和解决特定问题”。就教师的职业发展方面，强调“教师必须具备技能和知识，以创设和管理复杂的项目，并与其他利用网络来获取资料的教师、同事和外部专家合作，促进自身的职业发展”。同时，联合国教科文组织《信息和传播技术教师能力标准》在“知识创造办法”模块中，进一步强调“教师必须能够打造基于信息和传播技术的知识团体，并运用信息和传播技术来支持培养学生的知识创造技能及其持续不断的反思型学习”。对于教师的职业发展，进一步提出了“教师应能够发挥领导作用，训练同事，并建立和执行一个关于其学校的远景：一个以创新和持续学习为基础并因信息和传播技术而更加丰富多彩的社区”。

美国《面向教师的美国国家教育技术标准》（2008 版）中也明确提出，教师应能够“与学生、同事、家长及社区成员合作使用数字化工具和资源，支持学生有效学习和创新能力发展。”，应能够“使用各种数字化时代的媒介和方式与学生、家长及同侪就一些信息和想法进行有效沟通”。

信息化社会中，教师需要发展信息化教学协作能力与信息化教学集体智慧，需要利用数字化网络资源与同事、专家合作，打造基于信息和传播技术的集体教学知识和多元化的集体教学能力，以支持学生的有效学习和创新能力的发展，同时促进教师自身的职业发展。有关教师信息化教学协作能力的相关研究，各个国家目前已开始广泛关注，也是当前教师信息化教学能力发展研究的新领域，是各国对教师相关教育技术能力的新要求。

（六）促进学生信息化学习能力

信息化社会对教师的教学能力提出了新要求，学生相应的学习能力也发生了变化。

以往的相关研究注重信息化环境中，教师有效教学能力的提升和对于教师专业发展的促进。目前，人们更多地把研究的问题聚焦于学生的能力发展方面。也就是说，教师教学能力的发展是为了促进学生学习能力的发展，从各个国家的有关教师教育技术能力标准的要求中，能看到这种变化趋势。我们也认为，教师信息化教学能力的发展，是为了促进不同学习风格和策略的学生信息化学习能力的发展。换句话说，虽然关注的是教师的信息化教学能力的发展，但发展这种能力的目的是为了促进学生信息化学习能力的发展。因此，我们在关于教师信息化教学能力的结构图中，将“促进学生信息化学习能力”放在了其他教师信息化教学系列子能力中间，其他子能力的发展是为了促进学生信息化学习能力的发展，是为了促进具有生命活力的人的全面和谐发展。

第三节　教师信息化教学能力的发展策略

一、信息技术作用下的教学走向

人类从工业社会进入信息社会后，机械化、工业化、规模化的教育信息批量生产受到了莫大的冲击，信息技术使教学时空、教学内容、教学资源、教学方式等都发生了巨大变革。

1. 教学时空走向开放

信息化社会中，教学的物理时空得到了拓展和延伸，使教学早已超出了校园的围墙。信息时代的学习，将不仅仅是在课堂与教师面对面的教学中完成，也可以在不同的学校、不同的地区、不同的国家，或是在地球的任何角落，满足不同的学习者不同的学习需求。学习者可以是“在场式”的学习，也可以是“在线式”的学习，还可以是“在场式”学习与“在线式”学习的有机结合。信息技术作用下的教学时空，已经从封闭走向了开放。

在教学的物理空间延伸的同时，师生的情感空间和心理空间也得到了扩展。传统社会中教师的权威早已被解构，单一课堂教学中的师生关系已经演变为网络虚拟空间中带有各种不同学习需求、来自不同国家与民族的各类学习者之间的情感与心理交融，师生关系也已经包括网络虚拟空间中素未谋面的教师与学生之间的教学交往与交流。同时，教学中的教师，也并非是唯一的教学信息来源。信息化社会的教师协作教学也将变得更为可能与现实，教师教学中的各种协作与交流将更为广泛有效。

2. 教学内容走向仿象

传统课堂中的教学，教学内容呈现的多是文字和语言，虽然也有一些直观生动的教学手段和教学工具，但教学内容的抽象化程度依然较高。而信息技术作用下的教学内容，更具仿象性。教学中大量的图片、声音、动画、视频等多媒体表达元素，使抽象的知识内容变得更加直观具体。事实上，自从出现了专业教师，其教育教学的抽象能力一直在逐步增强。然而，这种抽象事物的能力，要通过更多的形象和直观具体地去表达，从而实现对抽象知识或事物现象的更好理解与认识。从这个角度看，教师的专业发展既是其抽象事物能力逐步增强的过程，更是其利用多媒体表达手段，形象直观地表达抽象知识和事物现象能力逐步发展与成长的过程。因此，信息技术作用下的教学内容，通过更多的直观形象表达方式，使教学内容从抽象走向了仿象。

3. 教学资源走向统整

信息技术使优质的教学信息资源实现有效共享，教学资源从分散走向了统整。信息的最大特性莫过于其共享性，而信息化社会中，教学信息资源实现了真正意义上的有效共享，体现了学习者获取教育信息资源的便利性和平等性。信息技术作用下统整的教学信息资源，既可以满足不同学习者的学习需求，也有助于改善教师的教学，丰富教师教学信息资源的选择。统整的教育信息资源，使教学信息来源多元化的同时，也促进了教师的信息化教学能力发展，学生的信息化学习能力也得以增强，从而加速了教育教学的信息化发展，推动了整个教育信息化的进程，乃至深化了整个社会的信息化发展。

4. 教学方式走向个性

信息技术作用下的教学方式，使不同学习者的不同学习需求得以真正实现，教学方式从一统走向了个性。传统教学中的共性与个性问题，虽被人们广泛关注，但始终似乎是教学中的“死结”，在传统教学中难以得到有效解决。信息化使教学方式中的共性与个性问题找到了解决的有效途径，使真正的因材施教成为可能。不同的学习者，既可以根据批量化的教育信息资源，实现统一进度的学习，更重要的是，也完全可以根据个性化的学习需求，实现量身定做的“自助式”“订单式”学习，使学习更具个人色彩，真正体现学习者的主体地位。学习者可以按照不同的学习兴趣，自由地选择学习时空、学习内容、学习方式等，以满足在信息时代个性化的学习需求。

二、教师信息化教学能力的发展策略

为适应教师专业发展及教师信息化教学能力发展的要求，针对信息化教学能力职前培养和在职培训机构各自为政、内容体系不协调、不衔接，甚至相互重叠、信息化教学能力价值取向严重偏颇、资源配置缺乏合理等一系列问题，推行职前教师信息化教学能力培养与职后信息化教学能力培训一体化，通盘考虑教师的职前培养和在职培训，形成并完善教师信息化教学能力终身发展体系。

（一）教师信息化教学能力发展的特点

教师信息化教学能力的发展，符合能力发展的一般规律，但也有其自身发展的特殊性，教师信息化教学能力的发展是动态的、系统的、有指向的。

1. 教师信息化教学能力发展是动态的

教育的发展和教学的改革，需要教师的不断成长，教师的专业发展也需要教师能力素质的不断提高。作为介入教师信息化教学能力中的教学技术，更是具有发展的时代性。因此，教师信息化教学能力并非是固定不变的，而是处于一种动态变化的状态。在不同的历史时期、社会背景、教育背景下，教师信息化教学能力的要求是动态的、变化的、不确定的，但也是有指向的，教师必须适应这种动态变化的不确定性要求。同时教师信息化教学能力的发展也是动态的，这种动态性是教师信息化教学能力不断发展、不断完善、不断提升的过程，也是适应社会的变化，不断更新知识和能力素质、追求新知的过程。动态发展的动力既来自学习、教学实践和协作教学等，更直接来自教师信息化教学能力发展的情意和发展的自主性，需要教师具有自主学习、终身学习的意识与能力。

2. 教师信息化教学能力发展是系统的

教师信息化教学能力的发展，绝非是“哪儿有病医哪儿”，也绝非是简单的“查缺补漏”，而应该是“源头活水”。

首先，教师信息化教学能力的发展不能仅仅依靠职前的知识技能学习，也不能单一地依靠在职参与的一些能力发展项目。教师信息化教学能力的发展，既有知识技能方面的结构要求，也有其自身能力方面的素质要求，是知识技能与能力素质的一体化发展。

其次，教师信息化教学能力在不同的发展阶段有不同的发展侧重。职前教师的能力发展，更加侧重知识的积累和技能的模仿体验，在职教师的能力发展，更加侧重不同信息化教学情景的能力迁移、融合和具体的信息化教学实践。职前能力发展和在职能力发展既有不同的侧重点，又有发展的一体化紧密衔接。

最后，教师信息化教学能力的发展不仅仅是教师个体的专业化成长，更是关乎学生的成长、教育的发展和社会的发展。教师的信息化是教育信息化的关键环节，教育信息化也是社会信息化的重要组成部分。教师信息化教学能力的发展已经不再是单一的个体内部成长，而是关乎个体外部的诸多关联要素。从教师个体成长到促进学生、教育和社会的发展，体现出了发展的系统性。

3. 教师信息化教学能力发展是有指向的

教师信息化教学能力发展是一个有目的、有指向的过程。从教师信息化教学能力发展的知识结构看，寻求教师的信息化学科教学法知识是其归宿，而教师整体知识体系的发展指向了教师信息化教学智慧的创造。从教师信息化教学能力发展的能力结构看，教师自身信息化教学能力的提高、实现教师的专业发展是其归宿，而教师自身能力素质的发展指向了学生信息化学习能力的发展和学生的成长。教师信息化教学能力的知识结构和能力素质发展，都有明确的指向性。

（二）教师信息化教学能力发展的策略选择

教师信息化教学能力发展的促进策略，可以从宏观策略、中观策略、微观策略三方面分析。其中，宏观策略是促进其发展的外部环境条件，中观策略是促进其发展的方法论，微观策略是促进其发展的内部系统和直接条件。

1. 宏观发展策略

宏观层面的教师信息化教学能力发展策略，主要是促进其发展的外部环境条件策略，主要包括社会发展的需求、国家政策的保障、教育改革的引导、学校组织的支持以及教师成长的动力。

（1）社会发展的需求

人类已经从工业时代步入信息时代，信息技术影响和改变着人们的工作、学习和生活方式。现代社会已经是一个高度信息化的社会，信息社会的一个重要特征，就是信息量激增，知识更新周期缩短。教育的信息化是社会信息化的一部分，教师又是教育信息化的重要关键环节。信息技术融入教育领域后，教学的方式、学习的方式、教育信息资源、教学环境以及人们的思维方式等发生了巨大变化。教师要适应信息化社会的发展与变化要求，就必须主动实现其自身角色转型、提升自身的能力素质。也就是说，信息化社会中的教师，既要具有一定的信息素养，还要实现自身角色的转变，更要发展教师的信息化教学能力。

信息化社会需要培养出具有创新精神和实践能力的信息化人才，这就首先需要教师实现自身的信息化发展。应该说，信息化社会呼唤教师的信息化发展，信息化社会中教师的能力，尤其是教师的信息化教学能力，是时代赋予教师的责任与使命。因此，教师信息化教学能力的发展，是信息时代对教师的能力要求，也是信息技术深入渗透教育的发展需要。

信息化社会对教师能力发展的期待，要求教师在学习学科专业知识、懂得一般教学法和学科教学法的同时，还要熟练掌握教学技术的知识与能力。在此基础上，要求发展成为教师的信息化学科知识、信息化教学法知识和信息化学科教学法知识。在信息化教学实践中．逐步生成为教师的信息化教学智慧。从这个意义上看，教师的教学技术能力是教师信息化教学能力发展的技术基础，教师的信息化教学知识和信息化教学实践是主体，信息化教学智慧是归宿。

（2）国家政策的保障

教育信息化是当今教育发展的潮流与趋势，世界各国都十分重视教育信息化的发展。从专门针对信息化社会中的教育规划、教育改革方案，到教育信息化基础设施、教育信息资源、教师信息技术与能力培训等，从国家政策层面给教师的信息化发展以支持与保障。相关的研究，前文已经做了具体论述。从教师信息化教学能力发展的策略看，各国的政策支持与保障，集中体现在相关通用教师教育技术能力标准的颁布与实施、教师相关信息技术能力的国家层面的培训项目支持等。

应该说，随着时代的变化发展，各国都在加强开展教师相关信息技术能力培训的同时，不断地调整对教师的相关能力要求。如美国公布的《面向教师的美国国家教育技术标准》（2008 版）已历经四次修订，新加坡的 Master Plan（简称 MP 项目）规划也是经历三次修订，并于 2009 年年初公布了最新的 MP 计划。各个国家都随着时代的发展，相继调整自己的教师教育技术能力标准与能力发展项目，这是适应了时代变化的要求。我们所主张的教师信息化教学能力动态发展的观点，也正是基于此。动态变化并非是难以确定，而是顺应了时代变化的需要。通用的相关教师教育技术能力的标准，既是对教师相应能力的规范，也是对教师相关能力发展项目的引导。

从国家政策保障的层面看教师信息化教学能力的发展，既要重视教师教育技术能力中相关教师信息化教学能力的明确要求，动态调整教师相关能力标准的规范，又要重视对教师相关能力的培训、考核与认证。但仅仅这些是远远不够的，国家政策层面应该更加重视教师信息化教学能力发展的经费投入。教师信息化教学能力的发展绝非是依靠单一的相关能力培训就能解决的，培训仅仅是其能力发展阶段的重要促进环节而已。我们一直强调教师信息化教学能力发展的多层面和终身化，尤其是教师的自主学习和教学应用实践的策略，显得更为重要。因此，国家也应该从相关政策上鼓励、支持，并有效保障教师信息化教学应用实践。从世界范围来看，我国无论是在政策保障、政策激励方面，还是在经费投入方面，都存在一些差距。

（3）教育改革的引导

为了适应信息化对教育以及教师能力提出的挑战，培养信息化社会所需的、适应时代要求的高素质人才，各国相继推行了教育教学领域的改革，以适应信息化社会对人才培养的挑战与要求。应该说，教育教学改革在课程体系、实践教学、教学方法策略等方面，已经有了很大的改革与引导。我国在基础教育的相关改革也获得了很大发展，这也直接引导了对教育教学评价的价值取向。

在我国，存在教师教育的改革落后于基础教育课程改革步伐的现象。在教师相关信息技术能力培训中，这种现象尤为突出。从教师信息化教学能力发展的角度分析，美国和新加坡教师信息技术能力培训标准的这种价值取向变化，强调了教师信息化教学能力发展的目的是要促进学生信息化学习能力的发展。从这种价值取向的变化看，教师有关信息技术能力的培训，相应的教学评价就不能仅仅局限于教师信息化教学能力的提升，而更应该把相关教师能力标准、教师的相关教学评价以及相关科学研究的目光，及时转向信息化社会中学生的发展。

（4）学校组织的支持

学校是教师教育教学活动的场所，也是教师教学能力发挥的平台。促进教师信息化教学能力发展的所有外部条件中，学校是最直接的促进因素。下面主要从校长的支持、资源的准备、培训的参与、教学的交流等几个方面分析。校长对于学校的发展有一定的驾驭和引导责任，与教师存在着领导与被领导的关系。校长对于教师的信息化教学能力发展的促进策略，集中体现在两个方面：一是校长对教师信息化教学能力的认识。二是校长对教师信息化教学能力的认可。教师信息化教学能力的发展需要来自学校层面的理解、支持、引导、帮助，既包括校长给予教师的精神鼓励，还包括必要时的物质激励手段。校长对教师信息化教学能力的认可，要在学校形成一种能力发展的氛围，这样才有利于促进教师信息化教学能力的发展。

教师信息化教学能力的发展，需要在一定的信息化教学情景中完成。因此，学校相应的信息化教学基础设施建设和教育信息化资源的设计、开发与准备是必不可少的。学校既要完善基本的教学设施建设，也要加大对信息化教学基础设施的配备力度。

在职教师的相关信息技术应用培训，是教师信息化教学能力发展阶段性促进的重要环节。学校可以鼓励，甚至是有计划地安排教师参与相关的信息技术能力发展项目培训，或专门针对本校学科教师的实际情况，组织教师参与校本培训。在职教师的培训，是促进教师信息化教学能力发展的重要方式和渠道，学校应给予足够的重视与支持。

学校有责任引导、组织学科教师开展信息化教学的研讨、观摩，开展教师间的信息化协作教学，包括信息化教学集体备课、集体讨论、集体教学研究等。学校既可以组织面向本校教师的信息化协作教学交流，也可以利用网络等方式，促进不同学校、不同地区，甚至是不同国家的相关学科教师，开展教学交流与对话。既可以是教师间的协作交流，也可以是教师与学生、教师与专家的交流对话。充分的教学协作与交流，有利于教师信息化教学能力发展的经验共享。

（5）教师成长的动力

教师信息化教学能力的发展，外因是条件，内因是根本，发展的最终内驱力，来自教师本身。因此，教师对信息化教学能力的自信心、正确的态度、时间保证、知识的准备等，都是教师信息化能力发展的直接内部促进力量。同时，信息化社会教师的专业成长需要，也直接促进了教师信息化教学能力的发展。

教师信息化教学知识体系和能力素质的发展，是基于教师信息化教学情意的，这种情意是教师态度和自信心生成的直接促进因素。只有教师本人愿意，并在信息化教学能力发展方面有信心，其能力才有可能得以发展。

信息化社会中教师的专业发展，也要求教师信息化教学能力的理性提升。信息技术与教师专业发展的关联，从外部看，信息技术不同程度地促进了教师的专业发展。从内部看，信息技术已不仅仅是教师专业发展中知能结构的一部分，它已经渗透于教师专业发展中知能结构的各方面。

信息化教学能力发展过程中，教师的自主学习贯穿始终。在这个意义上，教师的信息化教学能力发展既是自主的，也是终身的。只有教师对自身信息化教学能力发展有信心，也有兴趣，并愿意为此做出努力，这种能力才会有更大的发展。

2. 中观发展策略

教师信息化教学能力的发展，也需要一定的方式、方法和策略，也就是要有促进其发展的方法论，即教师信息化教学能力发展促进策略的中观层面。在这一层面中，促进教师这一能力发展的关键环节是职前培养、教学实践、在职培训、协作交流、自主学习。教师信息化教学能力发展中观层面的促进策略，主要表现在职前培养与在职培训相结合、传统方式与网络在线相结合、技术知识与实践应用相结合、自主学习与协作交流相结合等方面。

（1）职前培养与在职培训相结合

教师信息化教学能力发展是一个系统的过程，发展的过程从静态走向了动态，从封闭走向了开放，从单一走向了多元，从传授走向了协作，实现了从阶段性教师培训到终身能力发展的观念转变。应该说，职前培养与在职培训都是教师信息化教学能力发展的重要促进环节，是不同能力发展阶段的台阶或锚点，不应将其割裂开来，要将职前培养与在职培训紧密衔接。

世界各国对职前教师，也就是对未来教师的培养都很重视，是从教师能力源头上入手的。如美国等一些西方国家，相关教师教育技术能力标准主要针对的是未来教师，而我国则主要针对的是中小学在职教师。职前教师和在职教师在能力发展方面的侧重点不一样。职前教师主要以技术知识、技能的学习和模仿为主，虽然也有一些教学实践环节，如教学实习等，但总体上要以教师信息化教学知识和技能的获得为主。在职教师主要以知识、技能在新情景中的动态应用实践为主，当然也包括一些技术知识、技能的学习。教师信息化教学能力的知识体系，是教师信息化教学能力的基础，而后者又是前者的目的。

（2）传统方式与网络在线相结合

世界各国教师相关信息技术能力发展项目的经验是，在开展面对面的培训方式的同时，相继开展了网络培训的方式，实现了传统方式与网络在线的有机结合。信息化社会中，获取学习信息资源的渠道已经多元化，教师信息化教学能力发展的知识获取、教学经验分享、教学研讨、协作教学等，都可以通过网络在线的方式来实现，实现与传统方式的有机结合。

（3）技术知识与实践应用相结合

教师信息化教学能力的技术知识，职前教师主要通过系统学习的方式获得，在职教师则主要通过自主学习、参与培训等方式获得。教学技术知识要转变为教学应用能力，就需要重视教师的实践教学环节。职前教师可以在学习中体验模仿，通过积极参与教学实习，强化对技术知识的实践应用转化。在职教师的教学实践，是将所学教学技术知识转化为应用能力的重要环节和有效方式。

（4）自主学习与协作交流相结合

在信息化社会，需要教师既具有自主学习的意识，也具有自主学习的能力，以适应社会发展变化和教师专业成长的需要。自主学习是教师成长的重要动力，教师可以自由选择、自主控制，自主学习贯穿于教师专业发展的始终。教师信息化教学能力发展的开放性、动态性、终身性，都需要教师具有自主学习的能力。

信息化社会的教师协作交流，既包括教师同行间的教学交流、教学观摩、教学研讨等，也包括教师与学生、教师与专家的交流对话。信息化社会中，教师既要能够实现面对面的协作交流，也要发展虚拟的、远距离的、跨时空的协作交流的能力。教师的信息化协作教学，能有效共享集体的知识、经验与智慧，形成教师信息化教学的共同体。

3. 微观发展策略

微观策略是促进教师信息化教学能力发展的内部系统和直接条件。自主学习、教学实践、协作交流，是教师个体促进能力形成与发展的集中体现。微观层面的促进策略，集中体现在教师以自主学习为主的知识积累、以教学实践为主的应用迁移、以协作教学为主的对话交流等方面。

（1）以自主学习为主的知识积累

教师的自主学习是职业发展生涯中必不可少的，是促进教师信息化教学能力可持续发展的基础条件和动力源泉，是教师专业发展的内驱力。教师自主学习的目的就是要实现技术知识积累，促进教学，促进学生的发展。在职前教师学历教育的系统化学习中，需要学习理论知识；在职教师的阶段性培训中，也需要学习理论知识并能够实践应用，以实现教学能力的提升；在教师的协作化教学中，同样需要交流对话、相互学习，共同提高。信息化社会中教师的自主学习，是一种过程，也是一种方式，更是一种能力。自主学习，使得教师在信息化教学能力不同发展阶段获得的离散知识更具系统化，使得信息化社会中教师的专业发展更具动态化、可持续、终身化。因此，教师的信息化教学能力的可持续发展，需要教师实现以自主学习为主的知识积累。

（2）以教学实践为主的应用迁移

教师的信息化教学实践，绝非是简单的技术性教学实践，而是实践中有反思，反思中有智慧。在形式上，教师信息化教学实践似乎仅仅是“躯体的”，但它显然是教师教学技术知识、技能在具体情景中迁移应用的体现，是一种“理论化的实践”。因此，教师要以教学实践为主，在不同的信息化教学情景中，实现信息化教学融合与信息化教学交往，在实践中反思，在反思中成长，最终实现教师信息化教学智慧的生成与创造。

（3）以协作教学为主的对话交流

教师的信息化协作教学能力，是其信息化教学能力的重要子能力。协作化教学能力，集中体现在教学观摩、教学研讨、协作交流、协作科研等方面，有利于促进教师信息化教学能力的整体提升与发展。帕尔默指出：“任何行业的成长都依赖于它的参与者分享经验和进行诚实的对话，同事的共同体中有着丰富的教师成长所需要的资源。”

教师的信息化协作教学，实现教师间的相互交流、相互促进、相互提高，有助于教学经验交流、教学资源共享，有利于促进教师信息化教学能力的发展。教师的信息化协作教学能力，既包括教师同行间的协作交流，也包括教师与专家、教师与学生的交流对话等；不仅仅是指面对面的交流对话，更突出信息化环境中的协作教学与对话交流。信息化社会中，强调教师以协作教学为主的对话交流的发展策略，则更具发展的时代性。

第四节　信息技术与英语教学整合过程中的大学英语教师

目前信息技术与英语教学整合受到越来越多的关注，但在整合实践中，也出现了各种各样的问题。正如庄智象等指出的：①思想上、组织上、管理上面临挑战；②软、硬件建设发展不协调；③培养英语教师的母体——高校英语专业在多媒体教学实践中发展缓慢；④理念、手段、方法之间还存在不匹配、不协调、不成体系等问题。（庄智象，2004）“教师自身的信息化教学技术能力低下而成为制约英语信息化教学的瓶颈问题”，在第二届中国英语教学法国际研讨会上，“多媒体教学模式中的教师角色定位”等问题引起了大家的关注。（蔡基刚，2006）顾佩娅在访谈中指出在计算机辅助教学环境中，教师角色、教学互动等问题尚需解决。本节拟对信息技术与英语教学整合中的教师角色定位及出现问题等情况进行探讨分析。

一、信息技术与英语教学整合过程中的教师技能分析

（一）信息技术与英语课程整合过程中的教师角色定位

目前信息技术与英语课程整合正处于探索、研究阶段，是在传统课堂基础上“以课堂教学与在校园网上运行的英语教学软件相结合的教学模式为主要发展方向”（祝智庭，2002）进行的。北京师范大学现代教育技术研究所的何克抗教授（2000）指出，“整合”的实质是变革传统的教学结构，改变“以教师为中心”的教学结构，创建新型的、既能发挥教师主导作用又能充分体现学生主体地位的“教师主导—学生主体相结合”教学结构。可见，在信息技术与课程整合中，教师不再是传统教学课堂上的核心和控制者，而是以学生为中心的意义建构协助者、合作者、导引者，是学生良好情操的培育者。

根据全球范围内对英语教师角色期待的调查显示：①知识来源占 46.4%；②管理角色占 35.7%；③建议来源占 53.5%；④学习促进者占 64.2%；⑤分享角色占 17.8%；⑥关心角色占 25%；⑦课堂气氛创造者占 14.2%；⑧评估者占 10.7%；⑨勤奋工作示范者占 3.5%。① 通过以上数据可以看出，大部分英语教师认为，在英语课堂上，教师应扮演学习促进者、学习建议提供者的角色。

巴恩斯（1976）和赖特（1987）认为，教师应是促进者、施助者、合作者、咨询者、顾问、提出建议者、无所不知者和提供资源者。沃沃什（1997）将教师角色归纳定位为促进者（facilitator）、咨询者（counselor）和提供资源者（resource）。沃沃什从专业和社会心理方面详细描述了教师的作用和特性。从专业方面看，教师主要特点是：通过分析需求（语言和学习的需求）、目标（短期和长期的）、学习计划、选材和组织互动，帮助学习者计划并实施他们独立的语言学习；帮助学习者学会自我评价；帮助学习者为完成上述任务获得所需的技能和知识。从社会心理角度看教师应具备的特点是：促进者的特点（关心、帮助、耐心、宽容、同情、开放）；激发学习者的能力（鼓励赞扬、消疑解惑、帮助学习者克服困难、随时可以和学习者对话、避免操纵干预控制学习者）；帮助学习者提高自主学习意识的能力。

从国内和国外对教师角色的研究看出，教师的角色与作用同以往的传统意义上的教师角色与作用不同，信息技术与课程整合对教师提出了更高的要求，整合中的教师从单一职责的知识传授者转变为一个集学习导引者、学习促进者、学习协作者、提供资源者和课堂管理者等多元角色于一身的教育者。（吴林富，2006）

① 梁春兰．新形势下的地方高校外语教师能力素养研究：现状，挑战与对策 [J]. 海外英语，2023(3):3.

（二）整合过程中教师角色定位出现的问题

1. 教师作为引导者、促进者出现的问题

在以学生为主体的教学结构中，一些对新型教学结构掌握不好的教师片面理解为以学生为主体的自主性学习活动，而忽略教师的导引、协作角色作用，弱化了教师的作用，出现了学习主体绝对化倾向；教学管理弱化，重活动形式、轻活动效果等问题。

在整合的课堂上，学生是知识的主动建构者和运用者，教师则是引导者和帮助者，而自主性学习活动恰恰能体现以学生为主体的教学理念。但在实施这一教学活动时，教师作为导引者、促进者角色定位存在一些问题，过分强调师生分离，把所有的教学活动都交由学生自己完成，既没有师生间的互动，也没有教师的导引、监控，更谈不上帮助学生解决学习内容、学习策略方面遇到的困难和问题。教师把学生自主学习看作学生自学，在学生学习过程中，教师没有指导、监测学生学习；在学生学习结束后，教师也不对学生学习效果进行检查，可以说教师的作用已经用计算机来代替了。

其实自主学习不等同于学生的自学，自主不等同于自由；否则自主就成为无序的代名词了。课堂上对学生放任自流学习的现象恰恰说明了萨韦努斯（Thavenius）所指出的问题，发展学生自主学习需要教师发挥更大的作用，而这是许多教师没有意识到的；教师的作用是计算机无法替代的，认为计算机可替代教师的说法也早已受到了批评，并且“计算机辅助英语教学资源与富有经验的教师相比是绝对有限的”（Morrison，2005）。

课堂上的自主学习要在教师指导下进行，教师应在课堂上担负起指导、监控学生自主学习的责任，确切地说，学生进行的是指导性自主学习。利特勒（Littler）指出：“自主不是自我指导的同义词；在教室环境下，自主并不是摒弃教师的责任。”白人剧作家（White Wright）认为学生在自主性学习或进行讨论、协作学习时，教师对学生活动不负责任是“专业性的不负责任”。“不负责任”并不意味着对学生放任不管，教师实际上是放松了对学生的控制程度。如果教师对学生的学习一味放松，那么学习程度不一、具备不同自主学习能力的学生对参与这类学习活动的认识和参与程度会出现较大差异，也会给学习活动形式，甚至学习内容带来不利影响，从而导致不同学习者学习效果的严重差异。课堂上，自主学习能力强、学习程度较好的学生会进行有效的学习甚至垄断交际活动；而自主学习能力差的学生因失去教师的有效的、适当的控制，只是形式上进行了学习或自我放纵不学习。可见，课堂上“学生学习过程得到严密监控和细致指导是成功教学的标志之一”。

利特尔伍德（Little wood）认为在教师指导介入下的自主学习对东方学生可能更有效果，这说明了学生学习英语依赖教师指导的客观事实。众所周知，学生学习在一定程度上是有意识的控制行为，有意识的控制行为最终来源于学生的自觉意识，而学生学习的自觉意识要靠教师有意识地引导和培养，学生学习的盲目性、随意性要靠教师来帮助克服，学习中的困难也应由教师来帮助解决。因此，在整合中学生在学习方面被赋予自主性并不意味着教师变得多余了；相反，由于学生的学习自主性是一个需培养、完善的动态发展过程，在不同学习阶段学生离不开教师对他们进步的肯定和不足的帮助，离不开教师的导引、促进和强化。

2. 教师作为意义建构协助者、学习资源提供者出现的问题

在过去的以教师为主体的教学结构中，教师是知识的传授者，是主动的施教者，是教学的绝对主导者。而在整合后的教学结构中，教师要对学生及其学习过程中的教学内容及教学媒体进行指导和把握；教师要根据学生的特点选择、设计特定的教学内容、教学媒体和交流方式呈现、提供给学生，因此，教师是学生意义建构的协作者、学习资源的提供者。

在张海森等进行的实证研究中，揭示了学生期待教师能够为他们创造一种良好的学习环境，这种环境包括为学生制定适当的学习目标、提供丰富的学习资源及能够使得自主学习在课后延伸下去的后续支援学习材料和学习活动等。

在实际的整合课堂上，作为意义建构协助者、提供资源者的教师在设计课堂教学任务时，对学生的实际水平估计过高或估计过低，所提供的学习内容难易度与学生实际水平不符，没有很好地控制学习任务的有效性。教师没有给予完成任务有困难的学生个体特别的指导，没有注意到学习个体的不同造成的学习差异，具体体现在练习和试题的设计没有层次和梯度的变化。

根据汉森（Henson）和埃勒（Eller）的“最近发展区理论”，知道最近发展区是指比儿童现有知识技能略高出一个层次、经他人协助后可达到的水平。依据这一理论，教师在设计学习任务时应考虑到学生的实际水平和具体情况，设定合理的学习目标，不能太难也不可过易，过难容易使学生产生畏难情绪，放弃学习；过易则使学生学习没有动力，挫伤学生的学习积极性，同样不利于学生学习。学生依据自己的实际情况选择适合自己的学习任务，通过完成难度略高于自己实际水平的学习任务，达到学习目的，获得成就感，增强自信心，保持继续学习的热情，提高语言学习效果。

教师通过筛选后提供的资料应达到能控制课堂信息量、控制课程难度，体现如元认知策略、社交策略、情感策略、认知策略、记忆等策略的培养。（何克抗，2002）

教师作为意义建构协助者、学习资源提供者的角色不仅体现在整合课堂上，还应体现在整合课堂后的学生自主学习的后续活动中。在这方面也出现了一些问题，如教师教育资源时提供仅仅停留在以教师展示型为主，较少考虑研究性学习专题资源；课件或专题网页学习任务仅仅围绕课堂教学内容，没有提供拓展性的学习内容，没有

提供适量的开放性文本资料，没有考虑学生的可持续性学习需求，不具备课外延伸性，没有为学生学习个性化发展所需语言技能提供充分生长空间，没有做到如诺尔斯（Knowles）所建议的"计算机应做教师不能做的事以丰富学生的学习经验"。

信息技术与英语课程整合还处于探索研究阶段，教师角色与作用已发生了很大改变，如何使教师在整合中准确定位自己的角色、发挥自己应有的作用是每个教师在教学实践中要考虑的问题。只有在实践中不断探索、逐步完善信息技术与英语课程整合模式，才能使信息技术与英语学科教学整合得越来越科学、越来越有效，从而推动英语教学的良性发展。

二、英语信息化教学中的教师信息素养

以现代信息技术为支撑的大学英语教学模式已成为必然趋势。"硬件"的大量投资和"软件"的优化建设为英语信息化教学提供了丰富的物质资源，可是使这些软硬件资源充分发挥效能、促使英语课程和现代化网络技术有机整合的关键因素是教师，而大学英语教学教师的信息素养更是关键中的关键，是英语信息化教学"人件"建设的核心。

（一）教师在英语信息化教学改革中的关键作用

近年来，中国已经成为"英语教学的超级大国"（尚玉昌，2003）。面对庞大的学习群体，几十人的英语课堂仅靠一个教师教的局面已经不能满足需要，传统的英语教学模式已经力不从心。大学英语教学模式已经到了非改不可的关头。基于此，教育部提出要利用现代信息化手段与技术来改变人才培养模式，开展自主性学习、研究性学习，《大学英语课程教学要求》也提出要建立基于计算机和网络技术的大学英语教学新模式，大力改革大学公共英语教学。经过初步实践，众多的院校不仅已就深化计算机网络环境下英语教学的改革达成了共识，而且已经基本构建起了英语信息化教学所必备的硬件设施和软件资源。这些硬件和软件的投资确实在支持学习和教学方面发挥了很大的作用。可是，任何一个改革都不可能一蹴而就，大学英语网络教学的改革在新旧模式交替过程中也会出现一些问题。单从教师这个角度出发，突出的问题就表现在教师一方面受大学英语四、六级考试压力的影响，对这种新的教学模式既无时间也无精力去深入探索，从而淡化英语信息化教学意识；另一方面受繁重的教学任务的制约，缺乏必要的多媒体网络技术知识，自然也就缺乏驾驭网络教学的能力，致使英语信息化教学收效甚微。

技术是教育中的工具性要素，技术只有为人所用才能转化为现实的教育"生产力"。脱离了人这一决定性要素谈改革，改革就是无本之木、无源之水。所以，"人件"建

设的步伐不应滞后于硬件的投资和软件的开发。“人件”建设的重要性不亚于硬件和软件。“道路”（硬件）修好了，“车辆”（软件）也配置了，而要把“货物”（教学资源）运送到“客户”（学生）手中的“司机”（教师）是该过程中的决定性因素。“司机”的驾驶技术和货物装配组织能力是关键，另外，司机的清醒意识也不可忽视。英语教师就是信息通信技术和英语学科有机整合之路的“司机”。司机必须具备根据货物的质和量，结合自己所拥有的车辆的性能、道路的特点、客户的要求，成功、有效地完成货物运输过程。同样，教师也必须根据本学科、本课程的性质，结合自己学校实际能提供的硬件设施和软件资源，分析本校学生的学习需求，成功、有效地完成教学过程。而“人件”建设的核心不仅是技术管理员队伍建设，更重要的是网络英语教师队伍建设。因为大学英语教学改革是由英语教师进行的教学改革，不是计算机教师的教学改革。英语教师不可能置身事外。所以，英语教师必须把计算机网络技术和课程有机整合，才能使资源物尽其用。（张文兰，2005）

另外，教师在现行大学英语教学改革中的关键作用是由教师在改革中的地位和角色所决定的。“在新教学模式中（教师、学生、教材及教学方法在现代信息技术环境下新的有效组合），教师仍起着一个主导作用。”（陈坚林，2004）这种主导作用体现在教师作为学习的引导者、设计者、促进者和管理者的角色中，即教师首先需要体验如何利用计算机网络的优势去获取新知识，从而引导学生利用这个过程构建自己的知识体系（引导者）；教师有了计算机和课程整合的教学体验后，就能利用计算机网络的优势，结合学生的学习特点设计和创造整合课程的学习环境（设计者）；同时根据自己的体验提供给学生一个资源丰富的学习环境，指导其下一步的学习活动，同时以问题激发学生思维，并为学生的学习活动过程提供示范或描述解决问题的步骤（促进者）。此外，教师还要协调解决在网络学习过程中出现的突发问题，完善教学过程（管理者）。（陈坚林，2000）由此可以看出，英语教师的这种主导作用要求教师首先必须更新教学理念、具备一定的信息能力，同时还要将这些新的教学理念和信息能力融入课程教学原则和教学艺术中。也就是说，在英语信息化教学模式的取向中，英语教师应具备较高的信息素养，培养英语网络教学的驾驭能力，才能满足新教学模式的需要。教师的信息素养是英语信息化教学中“人件”建设关键的核心，是课程与技术整合的关键，是为时下进行的改革提供强有力的人力资源保障的关键，“是大学英语教学改革成功与否的关键，也是学科长远发展的关键”（束定芳，2004）。

既然网络英语教师的信息素养如此重要，那么大学网络英语教师的信息素养的内涵及其现状又如何呢?

（二）大学英语教师的信息素养内涵及现状

1. 大学英语老师的信息素养

“信息素养”这个名词是美国信息产业协会（ILA）主席泽考斯基（Paul Zurkowski）于 1974 年提出来的。他认为信息素养是利用大量的信息及主要信息源使问题得到解答的技术和技能。1979 年美国信息产业协会将信息素养解释为：人们知道在解决问题时利用信息的技术和技能。美国信息专家帕特里克·维埃拉认为，信息素养是一种了解信息系统并能鉴别信息的价值、选择获取信息的最佳渠道，掌握获取和存储信息的基本技能，如数据库、电子表格软件、文字处理等技能。美国图书馆协会把信息素养解释为：“具有信息素养的人，能够认识到何时需要信息，并拥有寻找、评价和有效利用所需信息的能力……从根本意义上说，具有信息素养的人是那些知道如何进行学习的人。他们知道如何学习，是因为他们知道知识是如何组织的，如何去寻找信息，并如何去利用信息，以至其他人可以向他们学习，他们已经为终身学习做好了准备。”（王守仁，2008）目前国内外有关信息素养这一概念尚无统一的、标准的定义。较为成熟科学的释义为：在各种信息交叉渗透、技术高度发展的社会中，人们所应具备的信息处理所需的实际技能和对信息进行筛选、鉴别和使用的能力。

综上所述，大学英语教师的信息素养应该包括信息意识、信息知识、信息能力、信息和课程整合能力及信息伦理 5 个方面。

（1）信息意识

教师的信息意识是教师信息素养的一个重要内容，是人们在信息活动中产生的认识、观念和需求的总和。指的是教师对信息的敏感度，这要求教师具有敏锐的感受力和持久的注意力，能够意识到信息的作用，对信息有积极的内在需求。教师在进行信息技术与课程整合时，只有对信息敏感，具备强烈的信息意识，才会积极主动地挖掘信息，搜集、利用信息，丰富自身的知识。它是教师丰富信息知识、提高信息能力、形成信息意向、完善信息素养的前提条件，同时更是教师进行信息技术与课程整合的前提条件。

（2）信息知识

信息知识是指与信息有关的理论知识和方法。信息知识是信息素养的重要组成部分。在信息时代，信息知识包括关于信息的基本知识。例如，信息的理论知识，对信息和信息化的性质、信息化社会及其对人类影响的认识和理解、信息的方法和原则等；还包括现代信息技术知识，如信息技术的原理、软硬件的知识、信息技术的作用及信息技术的发展和未来等。所有这些基本的信息知识，作为教师，都需要有一定程度的了解并且不断地学习。（钟志贤，2006）

（3）信息能力

信息能力是整个信息素养的核心，指的是教师对信息系统的使用以及获取、分析、加工、评价信息并创造新信息、传递信息的能力。教师应具备：①基本信息素养，即计算机基本技能，教师必须掌握 Word 文字处理、Excel 电子表格及一些常用应用软件的安装和使用，并能熟练应用计算机处理学生考试成绩、编写测验试题等；②多媒体素养，信息时代为教学提供了丰富的媒体，为提高教育教学质量，教师应根据不同的学科特点和教育对象，围绕教学目标、授课内容选择和使用不同的媒体，进而制作多媒体教学课件；③网络素养，网络时代的教师应具有网络基本知识和素养，教师应当掌握计算机网络的一般原理，学会利用网络搜索数据、传输文件和网络交互式教学，能利用电子邮件与同行或学生进行交流，利用电子公告牌或自己制作的网站（页）发布自己的认识和观点。（徐明成，2008）

（4）信息和课程整合能力

信息和课程整合能力是信息素养的目的，指的是教师根据课程特点，依据一定的教学原则，因地制宜、根据需要利用必要的媒体来设计符合教学实际的教学活动，完成教学任务，提高教学效果的能力。把信息技术和不同媒体优化组合，将信息技术有机融入学科教学过程，才能真正发挥信息技术的作用，从而提高教育教学质量。

（5）信息伦理

信息伦理指信息安全和信息道德两方面的内容。信息伦理把握教师信息索养的方向，指的是教师在获取、利用、加工和传播信息的过程中必须遵守一定的伦理规范，不得危害社会或侵犯他人的合法权益。同时，还要了解信息安全、防范计算机病毒和抵制计算机犯罪的常识。信息技术与课程整合背景下教师的信息道德特别指教师在信息技术与课程整合中要保证教学内容的科学性和对他人劳动成果的尊重及知识产权的保护。这是当前教师的信息道德中的重要内容。（赵建华，2006）

以上 5 个方面既相互独立又相互关联，一般来说，信息技能的提升是信息意识增强的结果，同时它又促进信息意识的增强，信息技能的提升通常有助于信息安全的发展，而信息安全意识的提高又必然促进信息技能的发展。

2. 大学英语教师信息素养存在的问题

目前大学英语教师信息素养存在以下问题：

（1）意识层面。通过调查发现，仍有半数以上教师对计算机网络技术应用于大学英语教学的重要性认识不足，认为这种教学模式的效果一般、可有可无或效果不好不应该大面积推广。本课题组还通过和同行朋友网络聊天进一步了解到，这些教师有的持忧虑、怀疑甚至排斥的态度，担心大学英语网络教学全面铺开以后，机器会代替教师而面临失业，因而担心教师的作用会被削弱。抑或担心实施信息化教学模式稍有不慎就会影响四、六级考试通过率，责任重大。还有一些教师因自身的计算机能力较低而对信息技术与课程教学的整合缺乏信心，有的甚至产生“计算机恐惧症”。他们害怕由于自己的误操作而中断教学，或由于无法处理设备的软件故障而使其在学生面前尴尬难堪，所以往往对信息技术产生逆反心理。另外，将信息技术整合于课程教学所需的大量的时间和精力使不少教师对此不感兴趣。

（2）技术层面。目前大学英语教师中只有少部分人的计算机网络知识能完全满足英语信息化教学的需要，而大部分教师的计算机网络技术需要提高，所以英语信息化教学人才的缺乏制约了英语信息化教学的普及和多层次、多形式、多规格的发展。

（3）英语信息化教学法理论知识层面。只有极少数教师在英语信息化教学中能根据课程的需要，就已获取的信息进行整合分析后合理地设计教学方案和任务，而能有效地管理学生学习过程、对学生的网上学习行为进行合理评价和分析。也就是说，大部分的教师对教学过程中如何有效利用信息技术来进行课堂教学整体设计的能力还是很欠缺的。由此可以看出，大部分教师的英语信息化教学法知识很欠缺，需要系统地学习技术和课程有效整合的理论知识。通过网络聊天还进一步了解到，虽说许多教师参加过学校组织的计算机技术培训，但也只局限于计算机基本操作能力，对计算机用于教学方面的知识却少有涉及。另外，许多教师反映，在新的教学模式下，原有的课程教学原则、教学方案设计理论等都需要做一些调整和变化，可是如何调整才能使信息技术为课程服务确实是摆在许多英语教师面前的难题。

目前大学英语教师的信息素养仍然是大学英语信息化教学有效开展的瓶颈。在信息技术日益与教学融合的今天，教师个人必须注重自身信息素养的提高，才能提高自身的专业能力。教育行政管理部门在推行大学英语信息化教学的过程中，也应该采取各种各样的措施来加强教师的师资队伍建设。

（三）大学英语教师信息素养的培养

1. 顺应新环境、更新观念、增强教师信息意识

要突破高校英语信息化教学，观念更新比教学设备更新更重要。改变传统的思想观念是培养教师信息素养的基础和关键。所以，提高大学英语教师的信息化教学技术能力，首先要使广大教师从思想上认识到提高自身信息素质的重要性、紧迫性和责任感，能自觉、主动地加强学习与实践，不断提高自己认识、掌握并创新地将信息技术运用于语言教学的能力。（庄智象，2004）

2. 积极进行师资培训、帮助教师提高信息能力

人才缺乏制约了网络英语教学的普及和多层次、多形式、多规格的发展。目前网络英语信息化教学的人才大致有两类：一是技术专家；二是语言专家。懂技术的语言

不过关，懂语言的技术不过关。一个真正的英语信息化教学专家应当是网络技术专家和语言专家，而且首先应当是语言专家。所以，大学英语信息化教学首先要解决的是英语人才的技术问题，而不是计算机人才的英语问题。因此要通过有效的培训提高英语教师的信息能力。

（1）要加强在职教师信息素养的继续教育。学校要通过有效的师资培训方案的实施，帮助现有的高校英语教师掌握信息技术的应用技能，使他们成为运用现代教育信息技术辅助英语教学的主力军，使高校英语课堂教学成为网络教学的主战场，使广大学生成为网络教学的最大受益者。由于教师本身要从事教育教学工作，不可能有太多的专门时间来培训信息素质，因此在对教师进行信息素质的培养时应坚持以在岗学习、业余学习为主。与此同时，学校还应组织专门的在职培训，组织骨干教师到有条件的高等学校进行短期培训，借助学校的计算机中心组织教师进行校内的信息素养培训活动，包括学校利用寒暑假或双休日组织的信息技术培训、信息技术与课程整合的教学观摩或教学研究等。教师也可以通过网络、阅读等途径进行信息技术相关知识的学习，自我提高信息素养。

（2）做好新教师现代信息技术教育的培训。随着学校规模的扩大和学生人数的增加，对新教师的需求量也相应增大。师范院校及英语院校也可调整目前的课程设置和教学内容，开设相关课程，使这部分人走向教师岗位后能以点带面，带动整个教师队伍的信息能力。

（3）建立相应的评价和管理模式。学校可以建立相应的信息化教学的评价和激励机制，提高教师在教学中使用新技术的积极性。对在教学中积极采用现代信息技术的教师给予奖励。同时，把信息能力作为教师考核的一项内容，或者举行课程信息化技术比赛、课件制作比赛、采用优秀课堂评奖等形式，增加教师的参与意识，从而提高教师的信息能力。（钟丞贤，1999）

3. 加强英语信息化教学的理论与实践探索、提高教师技术和课程整合能力

教师要积极地探索信息化背景下的英语教学设计、教学模式、教学管理模式、教学评估体系、学习模式与评价等。应当看到，技术本身并不是解决一切英语教学问题的万能药。

信息技术只能成为解决问题的部分答案，它无法替代教学艺术，要使它们发挥最大潜力，关键还在于教师是否能够根据教育原则做出正确的决策。教师要遵从语言学习理论和教育学原则，恰如其分地运用技术，方可优化课堂教学，提高学生学习效率。

在信息技术与课程教学整合方面，教师应明确信息技术在语言教学中的优越性和局限性，不能“唯网至上”。要合理地设计教学活动，有效地实施教学方案，将信息技术灵活多样地整合于教学活动，促进学生的研究性、创造性和自主性学习活动，并

且有效管理基于信息技术环境下的学习活动，还能利用信息技术，通过多种测评系统收集、分析、解释和管理数据，对信息技术环境下的教学过程和学习活动进行有效、合理的评价。（赵建华，2006）

目前许多学校对教师进行的现代教育技术培训主要侧重于计算机技术本身，认为教师只要掌握了计算机技术，便能自然而然将其运用于语言教学中。而实践证明，这是一种错误的假设。真正科学的培训强调信息技术与教学实际相结合，突出信息技术的教育应用，培训重点是技术在课程和教学中的整合，而不是技术本身。（钟启泉，1999）所以师资培训机构或语言教育研究机构也可开展一些网络英语教学法的研讨，侧重培训教师应用计算机进行课堂教学的能力，而不单单培训教师的计算机技能。

随着信息化时代的到来，网络技术、多媒体技术为高教领域带来一场新的革命，使获取信息、处理信息、传播信息能力成为21世纪高校教师必备能力。高校教师正面临着深层次的改革：更新教育观念，提高教育技术，探索新的教学模式，提高教学效率和效益。这就要求高校教师尽快从传统教学模式中走出来，而大学英语教学改革实际上是对教师的教学意识和素质的改革。只有具备了一支高素质的教师队伍，才谈得上建立教学模式，去实验、去交流、去推广，才能把教学改革推向纵深发展，使学生成为最大的受益者。“人件”建设的步伐应该先于硬件和软件建设，有“路”无“车”、有“车”无“货”、有“车”有“路”无“司机”都会造成资源的大量浪费。英语教师队伍是网络教学改革中“人件”建设的核心内容，教师的信息素养是将信息技术充分有效地融入课程教学原则、推动教学改革纵深发展的关键。教师主观意识的转变和客观培训条件的创造都是至关重要的。作为教师只有在教育观念上跟上时代的发展、在教学过程中明确自己的职责、在教育发展中加强自身信息素养的提高和发展，才能成为具备较高信息素养的现代化学者型教师。

参考文献

[1] 张帆 . 我国高校英语教师的文化教学观念与教学实践研究 [J]. 佳木斯职业学院学报 , 2023, 39(5):3.

[2] 郁莹珺 , 钟炳伟 . 智慧教室环境下地方高校教师信息化教学能力提升研究 [J]. 进展 : 科学视界 , 2023(1):3.

[3] 任志芬 , 邓新侦 . 地方高校英语师范专业教师教学能力发展研究 [J]. 外国语文 , 2023, 39(2):9.

[4] 沈洁 , 任玮 . 高职专业教师信息化教学能力四维培养模式与评价体系研究 [J]. 工业技术与职业教育 , 2023, 21(2):4.

[5] 梁春兰 . 新形势下的地方高校外语教师能力素养研究 : 现状 , 挑战与对策 [J]. 海外英语 , 2023(3):3.

[6] 张艳红 . 信息技术与高校英语课堂融合的教学实践研究 [J]. 现代英语 , 2023(3):4.

[7] 张晓燕 . 高职英语信息化教学现状与改善路径分析 [J]. 陕西教育 : 高教版 , 2023(2):3.

[8] 刘艳奋 . 基于信息化的高职英语课堂生态教学的探讨 [J]. 2023.

[9] 高莉莉 . 信息化教学环境下的高职英语分层教学实践研究 [J]. 海外英语 , 2023(1):4.

[10] 李晶 . 信息化元素在高校英语智慧课堂构建中的应用探究 [J]. 海外英语 , 2023(5):3.

[11] 崔开济 . 信息化背景下线上线下混合式英语教学模式研究 [J]. 启迪与智慧 : 下 , 2023(2):3.

[12] 潘香萍 . 大班环境下高职公共英语信息化教学方案探究 [J]. 湖北开放职业学院学报 , 2023, 36(5):3.

[13] 寇星辉 , 阿曼尼沙 · 艾海提 . 教育信息化 2.0 背景下英语互动性教学的实践研究 [J]. 中国科技经济新闻数据库 教育 , 2023(4):4.

[14] 秦莹 . 信息化背景下高校商务英语智慧课堂生态系统的构建与实践 [J]. 中国新通信 , 2023, 25(1):3.

[15] 敖卓玛 . 基于信息化教学的高职大学英语课程思政实施探究 [J]. 西部素质教育, 2023, 9(3):4.

[16] 郑青 . “信息化智慧型” 大学英语课程思政教学路径研究 [J]. 海外英语 , 2023(6):3.

[17] 席磊 , 陆少兵 . 生态学视域下大学英语教师信息素养提升策略 [J]. 高教学刊 , 2023, 9(12):4.

[18] 潘娜 . “互联网 +” 背景下提升英语教师信息素养存在的问题与策略 [J]. 教学管理与教育研究 , 2023, 8(4):2.

[19] 薛大平 . 信息化发展背景下高校英语教育模式的拓展研究 [J]. 中文科技期刊数据库 (全文版) 教育科学 , 2023(3):4.

[20] 郭芸妍 , 蔺朝坤 , 赵凤娟 . “互联网 +” 时代地方高校英语专业师范生信息化教学能力现状调查及提升策略研究：以云南省本科师范院校为例 [J]. 大众文摘 , 2023(2):3.

[21] 李洁 . 教育信息化背景下大学英语混合式教学模式构建与实践探究 [J]. 教书育人 : 高教论坛 , 2023(1):3.

[22] 孙翠敏 . 教育信息化背景下高校大学英语教师信息化教学能力调查现状分析 [J]. 海外英语 , 2023(1):3.

[23] 何玉红 , 李鑫 . 宁夏高校英语教师信息化教学能力现状调查与分析 [J]. 英语广场 : 学术研究 , 2023(5):5.

[24] 夏娟 . 教育信息化背景下的大学英语应用能力培养探究：评《教育信息化背景下高校大学英语教学改革模式》[J]. 外语电化教学 , 2023(1):1.

[25] 刘忠才 , 陈平 , 张云 . 信息化背景下高校英语教师在线教学现状和策略提升研究 [J]. 齐鲁师范学院学报 , 2023, 38(2):7.